超実践！

ブランド

Brand Management

10 Steps to Build a Company of Choice

マネジメント

入門

愛される
会社・サービスをつくる
10 のステップ

上條憲二

Kenji Kamijo

Discover

ブランドマネジメントの10ステップ

ステップ	1	2	3	4	5	
何を するか (What)	基本を 知る	機運を つくる	組織を つくる	環境を 見つめる	進む方向を 考える	
なぜ (Why)	基本を知れば、 よりスムーズに 進む。	唐突に 進めても、 賛同は 得られない。	ブランドは みんなのもの。 一人では できない。	置かれている 環境を知らずに 行動するのは、 無謀。	進むべき道筋が イメージできると、 確信につながる。	
どう やって (How)	「ブランド」 「ブランディング」 の基本を知る。 ■「ブランド」の キホンのキ とりあえず、 これだけ覚えて おきましょう。	自分たちの ブランディングを 想像する ブランディングを 進めるための 雰囲気をつくる (ブランディングの ための土壌を耕す) ブランディングの キッカケをつくる (ブランディングの 種を蒔く) ブランディングの 機運をつくる (ブランディングの 発芽をさせる) ブランディングの 仲間を見つける	ブランディングを 進める 組織をつくる チームの 意志を 共有する 外部パートナーを 探す ■コンサル会社 ■デザイン会社 ■調査会社 ■広告会社 ■制作会社 ■印刷会社 …	(下記SWOT表)	(下記クロスSWOT分析)	
該当 ページ	14-74	78-97	98-123	130-164	176-197	

ステップ4 環境を見つめる:

外部環境	マクロ環境	PEST分析 ■市場機会(O) ■脅威(T)
	ミクロ環境	業界 ■業界における機会(O) ■業界における脅威(T)
		競合 ■対競合の強み(S) ■対競合の弱み(W)
		顧客 ■顧客に対する強み(S) ■顧客に対する弱み(W)
内部環境		■内部環境の強み(S) ■内部環境の弱み(W)

ステップ5 進む方向を考える:

クロスSWOT分析

		外部環境	
		機会(O)	脅威(T)
		■マクロ環境の機会 ■ミクロ環境の機会	■マクロ環境の脅威 ■ミクロ環境の脅威
内部環境	強み(S) ■対競合の強み ■対顧客の強み ■内部環境の強み	自分たちの ブランドの 強みがある ゾーン	
	弱み(W) ■対競合の弱み ■対顧客の弱み ■内部環境の弱み	ブランドとして、 気をつけなければ いけないゾーン	

プロポジションリスト
(ブランドが自慢できることリスト)

ブランドの「ありたい姿」
ディスカッション

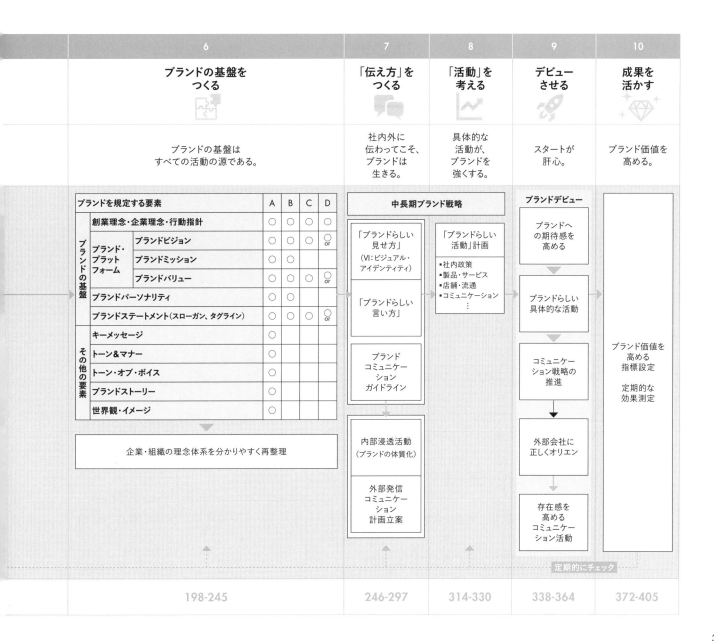

		6						7	8	9	10

6 ブランドの基盤をつくる

ブランドの基盤はすべての活動の源である。

7 「伝え方」をつくる

社内外に伝わってこそ、ブランドは生きる。

8 「活動」を考える

具体的な活動が、ブランドを強くする。

9 デビューさせる

スタートが肝心。

10 成果を活かす

ブランド価値を高める。

ブランドを規定する要素		A	B	C	D
ブランドの基盤	創業理念・企業理念・行動指針	○	○	○	○
	ブランド・プラットフォーム ブランドビジョン	○	○	○	○ or
	ブランドミッション	○	○		
	ブランドバリュー	○	○	○	○ or
	ブランドパーソナリティ	○	○		
	ブランドステートメント(スローガン、タグライン)	○	○	○	○ or
その他の要素	キーメッセージ	○			
	トーン&マナー	○			
	トーン・オブ・ボイス	○			
	ブランドストーリー	○			
	世界観・イメージ	○			

企業・組織の理念体系を分かりやすく再整理

中長期ブランド戦略

「ブランドらしい見せ方」
(VI:ビジュアル・アイデンティティ)

「ブランドらしい言い方」

ブランドコミュニケーションガイドライン

内部浸透活動
(ブランドの体質化)

外部発信コミュニケーション計画立案

「ブランドらしい活動」計画

■社内政策
■製品・サービス
■店舗・流通
■コミュニケーション
…

ブランドデビュー

ブランドへの期待感を高める

ブランドらしい具体的な活動

コミュニケーション戦略の推進

外部会社に正しくオリエン

存在感を高めるコミュニケーション活動

ブランド価値を高める指標設定

定期的な効果測定

定期的にチェック

198-245	246-297	314-330	338-364	372-405

3

はじめに

Q そもそものギモン。「ブランド」って効果あるの？

「ブランド」についての「あるある」のギモン

「ブランド」「ブランディング」、日常生活の中で、よく耳にする言葉ですね。そして、よく聞く割には、いまひとつきちんと説明できない曖昧な言葉でもあります。ここでブランドに関する「あるある」のギモンをいくつか挙げてみましょう。

「ブランド」って……
- イメージのことでしょ
- 見た目のことでしょ
- カッコいい広告でできるんじゃない。広告会社に頼めば
- 高級品のこと
- 製品などを高級路線、プレミアムにすること
- ネーミングのこと
- 消費者向けの商品にはいいかも知れないけど、BtoBの業界には向かない
- 中身より形から入るような感じ。ちょっと安易な発想
- 大企業ならできるけど、中小企業には関係なさそう

たしかに、どれも思い当たりますね。

「ブランド」についての「誤解」

一方で、「ブランドは効果があった」「ブランディングで業績がアップした」「ブランドは経営に役立つ」などという報告もあります。そして、実際にその方法を著した書籍もたくさん出版されています。

実は「ブランド」についての「あるある」のギモンは、「ブランド」についてのよくある「誤解」でもあるのです。

どれも「ブランド」について、一部は言い当てていますが、決してすべてを語っているわけではありません。実にぼんやりしたよく分からない概念です。

では、「よく分からない概念なのに、効果がある」とはどういうことなのでしょう。これから、それを解き明かしていきます。

ただ、結論から言うと「**ブランドには効果があります**」。そして、その効果はかなり「**絶大**」なのです。

A 「ブランド」には、効果・効能があります

あるブランドコンサルティング会社が発表するブランドランキング

　世界最大のブランドコンサルティング会社インターブランドは、毎年「Best Global Brands」を発表しています。また、日本法人も毎年「Best Japan Brands」を発表しています。少し専門的な話になりますが、これは「ブランド」を金額換算するという独自のノウハウによりブランド価値をランキングしたものです。

　そのインターブランドがブランド価値が高い企業を分析し、次のように「ブランド」の効果・効能を発表しています。

「ブランド」は、いいことだらけ。CPL・ARMの効果

＜対外的＞
- **Choice**（チョイス:選ばれる）
  →顧客から選んでもらえる。
- **Premium**（プレミアム:高価な）
  →高くても買ってもらえる。
- **Loyalty**（ロイヤルティ:忠誠心）
  →買い続けてもらえる。

＜対内的＞
- **Attract**（アトラクト:惹きつける）
  →社員が魅力を感じる。
- **Retain**（リテイン:とどめておく）
  →社員が転職しない。
- **Motivate**（モチベート:動機を与える）
  →社員がやる気になる。

（上記は同社「ブランドカンファレンス」における資料より）

社員の健康にも好影響

　最近の研究では、「ブランド」はそこに働く社員の健康にも良い影響があるということが分かってきました（詳しくはコラム7）。

　「ブランド」には、そのブランドが固有に持っている「ブランドコンセプト（ブランド理念）」というブランドの核（ブランドビジョン、ブランドミッション、ブランドバリューなどと言われます）が存在します。その「ブランドコンセプト（ブランド理念）」に共感し、共鳴すると、その人自身が「生きがい」「働きがい」を感じるため、結果として心身の健康が得られるのです。

「ブランド」の効果

【対外的効果】

- Choice（チョイス：選ばれる）
  →顧客から選んでもらえる。
- Premium（プレミアム：高価な）
  →高くても買ってもらえる。
- Loyalty（ロイヤルティ：忠誠心）
  →買い続けてもらえる。

【対内的効果】

- Attract（アトラクト：惹きつける）
  →社員が魅力を感じる。
- Retain（リテイン：とどめておく）
  →社員が転職しない。
- Motivate（モチベート：動機を与える）
  →社員がやる気になる。

【健康効果】

- 社員が「ブランドコンセプト（ブランド理念）」に共感・共鳴
  →「生きがい」「働きがい」
  →心身の健康

対外的効果、対内的効果、健康効果→会社の長期的な利益の源泉。個人の心身の健康。

「ブランド」は
「企業の資産」である

「ブランド」はマーケティングの
4Pの一部では「ない」

　企業ではマーケティング戦略として4Pという考え方が定着しています。

　つまり、**Product（製品戦略）**、**Price（価格戦略）**、**Place（流通戦略）**、**Promotion（広義の販売促進戦略）** という4つのPで表される戦略を組み合わせたマーケティングミックスという考え方です。（サービス産業の場合は、さらにPeople/人材戦略、Process/業務、販売プロセス、Physical Evidence/物理的証拠の3つのPが加えられ7Pと呼ばれています）

　そして、この中のPromotion戦略は、広告、SP（狭義の販売促進戦略）、PR、人的販売の4つのチャネルで構成されています。

　Promotion戦略は販売促進戦略（この場合は「広義」。少しややこしいですね）と訳されますが、端的に言うと、商品やサービスのことを知ってもらい、理解してもらい、購買・利用意欲を促進するための活動のことです。

　「ブランド」が広告やSP、PRなどで認知を拡大したり、良いイメージを抱いてもらうという役割に留まっていたら「ブランドは（マーケティング戦略の一部である）Promotion戦略の一部だ」と言えるでしょう。

　しかし、それが変わってきました。

「ブランド」は経営戦略そのものに関係する

　それほど新しい考え方ではありませんが、アメリカでは1980年代の後半から「ブランドは企業の資産であり、事業戦略およびその業績を左右する」という認識が起こってきました。（特に、マーケティング戦略論、ブランド論の第一人者であるアメリカの学者、デービッド・アーカー教授がその考え方を提唱しました）

　先に述べたブランドコンサルティング会社であるインターブランドが、「ブランド」を資産としてとらえ、その価値を金額換算するという世界で初の試みを1988年から始めましたが、これも「ブランド」を経営資産とする考え方をベースとしています。

　つまり、「**ブランド**」は**Promotion戦略の一部ではなく、企業資産の一部、言い換えれば企業の経営戦略そのものに大きく関与するものである、との認識に変わってきたのです。**

ブランド「で」マネジメントする

「ブランド」と経営戦略との関係が重要視されるにつれ、これまでの「ブランドマネジメント」の考え方も大きく変わってきました。

これまでは「ブランドをマネジメントする」という考え方でした。この言い方は、決して間違いではありません。自社の「ブランド」が適正に運用されているか、「ブランド」の考え方に則って活動をしているかを管理するものです。しかし、ややもすると、自社の「ブランド」を表現する「ロゴマーク」や「デザイン」などが適正に使われているかどうかをチェックしたり、正しい使い方を守るように指導するといった活動に傾きがちです。

これに対して「ブランドでマネジメントする」という考え方は、**自社の「ブランドコンセプト（ブランド理念）」に基づき、経営を行っていく、それを正しくマネジメントする**、というものです。この考え方を便宜的に「**ブランド経営**」と呼ぶことにします。

この「を」と「で」の違いはとても大きく、ブランド価値が高い企業を注意深く見ると、企業の事業活動の根幹に、自分たちしか有していない「ブランドコンセプト（ブランド理念）」が確かに存在しています。

企業として「何をすべきか」「何をしてはならないか」、それらの判断に自分たちの「ブランド」が基準として使われています。

自分たちの固有の資産である「ブランド」により事業活動を行うことで、外部からも内部からも「選ばれる存在」となる、そしてそこに働く人も「健康になる」。

「ブランド経営」、ぜひチャレンジしてみませんか。

注：「ブランドコンセプト」という表現について
「ブランドコンセプト」についての概念は幅広く、一般的には様々な表現が使われています。例えば、ブランド理念、ブランドプラットフォーム（ブランドビジョン・ブランドミッション・ブランドバリュー）、ブランドプロミス、ブランドプロポジション、ブランドエッセンス、企業の「約束」などが該当します。
本書では、理解をスムーズに進めるために、ブランドの核となる考え方について「ブランドコンセプト」あるいは「約束」と表現しています。
また、第6章で詳しく説明しますが、自社のブランドについての基本的な要素を定めたものを「ブランドの基盤」と表現しています。
「ブランド」に関わる言葉はカタカナ用語が多いのですが、それらについても以降の章で解説します。

「ブランド」の考え方の変化　Before・After

	Before	After
考え方	「ブランド」はPromotionの一部	「ブランド」は企業の資産
マネジメント	ブランド「を」マネジメントする	ブランド「で」マネジメントする
内容	■ロゴマーク、シンボルマーク ■ネーミング ■デザイン ■イメージ ■プローション 　（広告、SP、PR、人的販売などの 　コミュニケーション活動） …	経営戦略そのもの ■「ブランドコンセプト（ブランド理念）」に沿った、 　すべての事業活動
位置づけ	ブランドプロモーション活動	ブランド経営

この本のキッカケ

「ブランドには確かに効果がある」、これは私自身の経験による確信でもあります。

もちろん、すべてがうまくいく、必ず成功するとは言えません。ただし、成功につながるような道筋はあります。

その道筋を、初めての人でも分かるように書きたい、「うまくいった」という実感を多くの方に味わっていただきたい、それがこの本を執筆したキッカケです。

私は長い間、広告会社で企業のコミュニケーション戦略を立案し、実施する仕事に携わってきました。

「企業のイメージアップのためにはどのような広告戦略がいいのか」

「具体的な商品やサービスを多くの方に知ってもらい、買っていただいたり、利用していただいたりするにはどうすればいいのだろう」

「商品やサービスをずっと使い続けていただく方法とは何か」

このように、お客様とのコミュニケーションの仕方を考えてきたのです。

その後、ブランドコンサルティング会社に転職し、ブランドを創るとはどういうことか、業種・業態、企業規模が異なる企業を担当しながら、実際の業務を通じて学び、実践を続けてきました。

それらの経験をもとに大学教員に転職。

「ブランド論」について研究も重ねる一方、自身が勤務する大学で「ブランディング」を当事者として実践する立場になりました。愛知県にある小規模私立大学です。必ずしも存在感がある大学ではありませんでしたが、ブランディングが成功した事例と言われています。

この本は、「研究者」×「コンサルタント」×「実践者」として、いわば3in1の筆者が、「理論・実践・現場感」を大事にしながら、「ブランド」や「ブランディング」についてできるだけ分かりやすく、そして、「これなら自分でもできそうだ」と感じていただけるように書きました。

ようこそブランド、そして、ブランドマネジメントの世界へ。

上條憲二

【編集部注】
本書のコラムは分担執筆となっています。無記名のコラムは著者によるものです。

この本の効能

この本の執筆テーマは、Will・Skill・Actualです。

Will（心）に効く

何事にも言えますが、何か自分自身で「やってみよう」と思い立つときは、その想い、決意が大切です。誰かに指示されたからではなく、白紙の状態から何かを創る、想像力を働かせて構想してみる、実はこれはとても楽しい時間です。

採用されるかどうかは関係なく、自分なりの「仮説」を持つこと。それはその人にしかないとても有効な「武器」でもあるのです。

この本が、「心に火が点いた」「よし、やってみよう！」というように、あなたのWillを発揮するきっかけになればとても嬉しいです。

Skill（技）に効く

意志はとても大事ですが、それだけだと単なる自己満足に終わってしまいます。基本的な知識、進め方などの知見をまず身につけましょう。

この本は、単なる知識だけではなく、使えるノウハウ、実践ノウハウを厳選してまとめました。これだけ押さえておけば大丈夫というSkill集でもあります。

Actual（実現・現実）に効く

意志があり、知識・ノウハウがあっても、それだけでは実現化はできません。

具体的なカタチにしていかなければ、それは「絵に描いた餅」です。ほんの少しでも、具体的な姿にしていく、目に見えるカタチにしていくことが、実は一番大事なことです。

想いを一歩ずつカタチにしていく、理論や理屈だけに終わらせない。「Work」に回答していくと実現のための具体的なカタチが見えてきます。

11

Will（心）、Skill（技／ノウハウ）、Actual（体／実現）

【Will: やる気が出る】（心）
- まず、自分がやってみようと思える
- チャレンジしたくなる
- 勇気が出る

【Skill: ノウハウが分かる】（技）
- ブランドについての知識、ノウハウがまるっと分かる
- 分からなくなったら、辞書代わりに調べられる
- 知らない人に教えられる

【Actual: 実現する】（体）
- 実践編の「Work」に答えていくと、自分たちのブランドができ上がる
- 自分なりの仮説ができる
- 興味があるところからでもチョイスできる

この本の仕組み

この本は全部で10章です。各章はその章のテーマに合わせて複数の項（Q&A）により成り立ちます。また、各項の構成は次のとおりです。

［理論編］Theory

「ブランド」「ブランディング」の知識やノウハウを文章と図表で分かりやすく解説します。

［実践編］HintとWork

実際に行う場合に参考にしてほしいことを「Hint」としました。「こんなふうに考えると良い!」「具体的な進め方」「これがコツ!」という実践訓です。

そして、各項の最後には「Work」のページを設けました。最初からひとつずつ回答していくと、最終的には自分たちの会社・組織・製品などの「ブランディング」ができ上がる仕組みになっています。ぜひ、チャレンジしてみてください。

Q.疑問:えっ、何?
↓
A.理解:分かった
↓
Hint.興味:なるほど
↓
Work.実践:やってみよう

Contents

もくじ

Chapter 1
基本を知る

そもそも
「ブランド」って何?
「ブランド」の
キホンのキ

第 1 章 の テ ー マ は
[ブランドの基本]です

STEP	何をするか	どのように	
▶ 1	基本を知る	ブランド、ブランディングの基本的知識を得る	準備
2	機運をつくる	ブランディングを始めるための雰囲気をつくり、仲間を見つける	
3	組織をつくる	ブランディングを推進する組織をつくる	
4	環境を見つめる	マクロ環境（政治、経済、社会、技術）分析 ミクロ環境（業界、競合、顧客）分析 内部環境分析 外部環境の機会・脅威、自社の強み・弱みを把握	
5	進む方向を考える	外部環境、内部環境を「クロスSWOT」分析 プロポジションリスト（自社が提案できること） ブランドの「ありたい姿」議論	凝縮
6	ブランドの 基盤をつくる	ブランドの基盤（ブランドコンセプト）策定 ・ブランドビジョン、ブランドミッション、ブランドバリュー ・ブランドパーソナリティ ・ブランドステートメント　など 企業・組織の理念体系の整理	
7	「伝え方」をつくる	「ブランドらしい見せ方」「ブランドらしい言い方」を決める ブランドコミュニケーションガイドライン 内部浸透活動計画 外部発信コミュニケーション計画	拡散
8	「活動」を考える	「ブランドらしい活動」を具体的に考える	
9	デビューさせる	ブランドへの期待感を高める活動	
10	成果を活かす	各施策の定期的な測定・診断	診断

01

Q
そもそも、
ブランドって
何ですか？

A
ブランドは
「'頭の中'にある
確固たる存在」のこと。

Theory [理論編]

▎ブランドは'頭の中'にある

「製品は工場に、商品はお店に、ブランドは'頭の中'にある」と言われます。製品が工場で生まれ、それが店舗に並ぶ、消費者がどれにしようかなと選ぶ、その時点で「これにしよう！」と思われていなければ、残念ながらまだブランドになっているとは言えません。

お客様の'頭の中'に確固たる存在を築き、それによって選ばれる、それがブランドのあるべき姿です。

もちろん、広告やロゴマーク、パッケージデザインなど、「見せ方」の工夫によって、一定のイメージを伝えることはできます。しかし、それだけでは、お客様の'頭の中'に確固たる存在を築くことはできません。

後の章で詳しく述べますが、人がブランドを体感するのは広告や見た目だけではありません。製品やサービスなどの品質、営業担当者の人柄、店舗のつくり方、その会社の経営者の様子、ホームページ、SNSなどの評判……、こうした様々な接点（ブランドタッチポイント）から、知らず知らずのうちにブランドを感じています。

■ ブランドは認知・連想・ロイヤルティ

「ブランドは企業戦略を左右する資産である」と説いたブランド論の第一人者であるデービッド・アーカー教授は「ブランド・エクイティ（ブランドの資産価値）」という視点から、ブランドの要素を次のように規定しています。

- ブランド認知：そのブランドを知っているか
- 知覚品質：
  顧客が購買目的に応じて対象に感じている品質
- ブランド連想：
  ブランドから派生する連想。顧客との関係性を強化する
- ブランド・ロイヤルティ（loyalty）：
  ブランド価値の中核。ブランドに対する愛着、忠誠心。一度獲得すると失われにくい
  （参考『ブランド・エクイティ戦略』『ブランド論』ダイヤモンド社）

つまり、ただ単にそのブランドのことを認知するだけではなく、そのブランドとしての品質が確保され、イメージの連想が広がり、「このブランドが好きだ、愛着がある」と認識することにより、‘頭の中’に徐々にでき上がっていくものなのです。

言い換えれば、ブランドタッチポイントを通じて、そのブランドにまつわる様々なイメージを‘頭の中’に貯金しているのです。

図01-1 ブランド＝‘頭の中’の確固たる存在＝‘頭の中’にある「イメージの貯金箱」

■ ロゴマークは「イメージの貯金箱」を開けるカギ

企業名や製品、サービス名を特徴的にデザインしたものを一般的にロゴマーク、あるいはシンボルマーク、ブランドシンボルなどと呼びます。

ロゴマークを見たとき、人は一瞬でそのブランドのイメージを連想します。コカ・コーラのロゴからは「赤い」「さわやか」「アメリカ」、BMWのロゴからは「高級」「ドイツ」「ドライビングの楽しさ」、スターバックスのロゴからは「都会的」「洗練」「知的」などといったイメージが浮かんでくるでしょう。

私たちは単にロゴの文字やデザインを見ているのではなく、その背景にある「独得の存在感」を感じているわけです。

つまり、こんな言い方ができます。

ブランド ＝ '頭の中'の確固たる存在＝
'頭の中'にある「**イメージの貯金箱**」
ロゴマーク＝ '頭の中'の存在の目印＝
「**イメージの貯金箱**」を開けるカギ

専門的な言い方になりますが、ロゴマークは「ブランド価値をストックする器」とも言われています。

図01-2	ロゴマーク＝'頭の中'の存在の目印＝「イメージの貯金箱」を開けるカギ

図01-3	国旗を見ると その国を連想する

自由の女神
ハリウッド
大統領
……

ビックベン
王室
ビートルズ
……

サッカー
カーニバル
サンバ
……

※ロゴマークは「その企業、団体、サービスなどを図形などにより象徴」したものです。
国旗も文字通り「その国の象徴」のため、ロゴマークと同様に、その国のイメージを連想させる機能を果たしています。

Hint ［実践編］

ロゴマークは「ブランド価値をストックする器」

文字だけだと分かりにくい

| Nikon | UNIQLO | NIKE |
| Nintendo | Coca-Cola | SUBARU |

形や色がつくとイメージの連想が働く

W．ork

ブランド名を聞いて、
思い浮かぶイメージを挙げてみましょう。形容詞、名詞など。
次に「（ブランド名）と言えば○○である。」と
一言で表現してみてください。

ブランド	連想されるイメージ（いくつでも）
例 ディズニー	楽しい／愉快／笑顔／優しい／ワクワク／ドキドキ／驚き／ 感動／親切／日常を忘れさせてくれる　…… ➡ ディズニーと言えば ……　｜ 夢と魔法の王国 ｜ である。
Nintendo	➡ 任天堂と言えば ………　｜　　　　　　　　　　　　　　　｜ である。
Coca-Cola	➡ コカ・コーラと言えば ……　｜　　　　　　　　　　　　　　｜ である。
TOYOTA	➡ トヨタと言えば ………　｜　　　　　　　　　　　　　　　　｜ である。
NIKE	➡ ナイキと言えば ………　｜　　　　　　　　　　　　　　　｜ である。

あなたの'頭の中'にある、そのブランドの存在です。
「（ブランド名）と言えば○○である。」と表現できれば、ブランドが存在している証拠です。

Brand Management

02

Q

ブランドは何から
感じるのですか？

A

人々は様々なところ
からブランドを認識し、
感じます。

Theory [理論編]

ブランドとの接点は
ブランドタッチポイント

　私たちは何かを購入したり、利用したりするとき、実は様々な経過を経てその決断をしています。近くの店舗で商品を買うとき、家族でレストランに行くとき、入学する学校を選ぶとき、海外旅行をしようとするとき……、私たちは多くの情報に触れ、それを自分なりに処理しています。

　例えば、飛行機で旅行をする場合を考えてみましょう。

テレビ・新聞・SNSなどで広告を見た
→飛行機での旅行をしてみたいと思う
→ネットで調べる
→いくつかの航空会社のホームページを調べる
→比較する
→航空会社を決める
→チケットを予約する
→詳しく聞きたい場合はコールセンターに電話をする
→コールセンターの人と話す
→当日、空港まで行く
→移動の途中、航空会社の広告を見かける
→受付カウンターに行く

→待合室に行く
→機内に入る
→客室乗務員から挨拶される
→自分のシートに座る
→座席のパンフレットなどを見る
→機内サービスを受ける
→機長の挨拶を聞く
→機内エンタメを楽しむ
→現地に到着する
→客室乗務員に見送られる
→空港に着く
→カードメンバーなどの場合は、後日、
　自分あてにメールが届く、情報誌などが届く……

　これらのすべてがブランドとの接点、すなわち「ブランドタッチポイント」なのです。

■ ブランドは細部に宿る

　街で素敵なレストランを見つけました。外観もおしゃれだし、雰囲気もよさそう。今度、家族の誕生日に行ってみようと思って、ホームページを見ました。全体的に落ち着いていて洗練された感じを受けます。料理もおいしそうです。期待は高まります。
　家族の誕生日当日、お店に行きました。
　ホームページから受けた印象とは少し違います。店内が雑然としていて、少し狭い印象です。ウェイターに料理の中身を聞いても、いまひとつ要領を得

ません。
　肝心のお料理。決して美味しくないわけではないけれど、期待していたほどではありません。
　食事を済ませるとシェフが挨拶に来られました。お料理にはこだわりがあるようですが、実際のところ、それほど熱い想いは感じませんでした。もしかして「誕生日」のサプライズがあるかもと思いましたが、それはなく、そのまま店を後にしました。
　期待していただけに、少しがっかりしました。

　この例では、事前の期待が高まっていた分、最終的に失望感を味わいました。このようなケースは決して珍しいことではありません。この場合、少しずつブランドが損なわれているのです。
　「思っていたのと違う」「こんなはずでは」と思われてしまったら、'頭の中'に確固たる存在感を築くことはできません。たとえブランドタッチポイントのひとつずつは小さくても、そのひとつずつがブランドイメージの「貯金」につながっているのです。

　いくら広告やホームページのデザインが良くても、肝心の商品、店舗、サービスの質が伴っていない、あるいは逆に、それらの質が良くても、伝え方が拙かったり、従業員の対応が悪ければ、結局のところマイナスの印象を与えてしまいます。
　ブランドタッチポイントのすべてに目を配ること、一貫性を持たせること。少し大変ですが、その姿勢が大事です。**ブランドは細部に宿るのです。**

図02-1　　ブランドタッチポイントの模式図（レストランの事例）

すべてのタッチポイントから
ブランドを感じる。
ブランドは細部に宿る。

ブランドタッチポイントは「カスタマージャーニー」としてまとめる

顧客がブランドタッチポイントに触れるルートをカスタマージャーニーと呼びます。
カスタマージャーニーは自分たちのブランドを見直すきっかけになります。

カスタマージャーニーの例（航空会社の場合）

広告	マス広告 インターネット広告 駅貼りポスター ダイレクトメール
予約	インターネット 旅行代理店店舗 マイレージカード
発券	発券カウンター 旅行代理店店舗 チケット チケットカバー
空港への移動	交通広告 ターミナルビル内広告 空港施設サイン

制服、立ち居振る舞い……

ヒト

| 搭乗手続 | 出発準備 | テイクオフ | フライト | 到着 |

チェックイン
カウンター
地上係員制服

機体デザイン
待合室
空港ラウンジ
搭乗口サイン

キャビン・インテリアシート
客室乗務員制服

機内映像
機内誌
通販カタログ
食器類・食事

到着ロビーサイン
地上係員制服

ステーショナリー類 （名刺、封筒、便箋他）	コーポレートアイテム
ダイレクトメール インターネット	マイレージサービス
クレジットカード 利用明細書、封筒	自宅
交通広告 グループ会社 （ホテル／バス／タクシー）	空港からの移動

W o r k ［実践編］

あなたの会社のブランドタッチポイントを
できるだけ多く挙げてみましょう。

ブランド	ブランドタッチポイント（いくつでも）
あなたの会社 もしくは 商品・サービスなど	お客様・取引先に触れるすべてのものを書き出してください。 できれば「カスタマージャーニー」の形で「お客様・取引先」が接する順番に書いてみましょう。

03

▌ 機能的価値と情緒的価値とは

Q ....

ブランドは
どうやってできるの
ですか？

　私たちは商品、サービスを利用するとき、知らず
知らずのうちに機能的、情緒的という2つの側面か
ら判断しています。

機能的価値（Functional Value：左脳的）
- 目に見えるもの
- 比べることができるもの
- 事実として判断できるもの
- 安い、高い、近い、遠い、重い、軽い、など
  測ることができるもの
- スペックなどの機能

A ....

機能的価値と
情緒的価値から
生まれます。

情緒的価値（Emotional Value：右脳的）
- 目に見えないもの
- 一概には比べることができないもの
- 好き嫌いという見方があるもの
- 測ることはできないが、何となく思うもの

▌実は、情緒的価値がモノを言う

ブランドは機能的価値と情緒的価値の融合により生まれます。機能的価値は、最低条件として必要です。基本的な機能が不足していたり、その企業の業種や商品・サービスなどが要求されるレベルに達していない場合はブランド以前の問題です。

機能的な価値の場合、他社の機能が上回っていたら、そちらが選ばれてしまいます。同じようなものなら、より価格が安いもの、よりスペックが高いものが選ばれがちです。

では、情緒的な価値の場合はどうでしょうか。情緒的なので言葉にはなかなか表せませんが、「何となく好き」「気がつくとファンになっていた」「なんか気になる」といった思い・想い。かなり「ふわっ」とした要素ですが、実はこちらのほうがブランドには大事です。

インターブランドはブランド価値が高いブランドの特徴として「情緒価値が高い」傾向を挙げています。

> 「ブランドの役割」を評価するにあたっては、それぞれの購買要因の特徴を理解し、どの程度、「右脳」で評価される要因なのか、すなわち、その購買要因が、どれほど「情緒的」であるかを検討する。（『ブランディング７つの原則【改訂版】』日経BP　日経新聞出版本部）

機能的価値は他社にマネされることがありますが、情緒的価値はマネができません。つまり、独自の存在になることができるのです。

▌物ではなく、物語

情緒的価値はどうやら、その物に対してではなく、その物の背景にあるものによって生じているようです。私たちは、物のスペックだけではなく、物語という目に見えないイメージに、ついつい惹かれているのかも知れません。

好きな映画、音楽、タレント、「推し」、あるいは友人・知人を思い浮かべてみてください。なぜ好きなのか、ちょっと考えてみましょう。

物語とは、歴史であり、蘊蓄であり、エピソードであり、想い、あるいは独特の世界観などです。

物語は他社がマネすることは絶対にできません。また、たとえスタートアップの企業で、まだ歴史がなくても、創業の想いはあるはずです。想いは物語のプロローグそのものです。

「物ではなく物語」
「最良よりむしろ最愛」
これらがブランドを確立するための大事なポイントになります。

図03-1 ブランドは「機能」と「情緒」の融合から生まれる

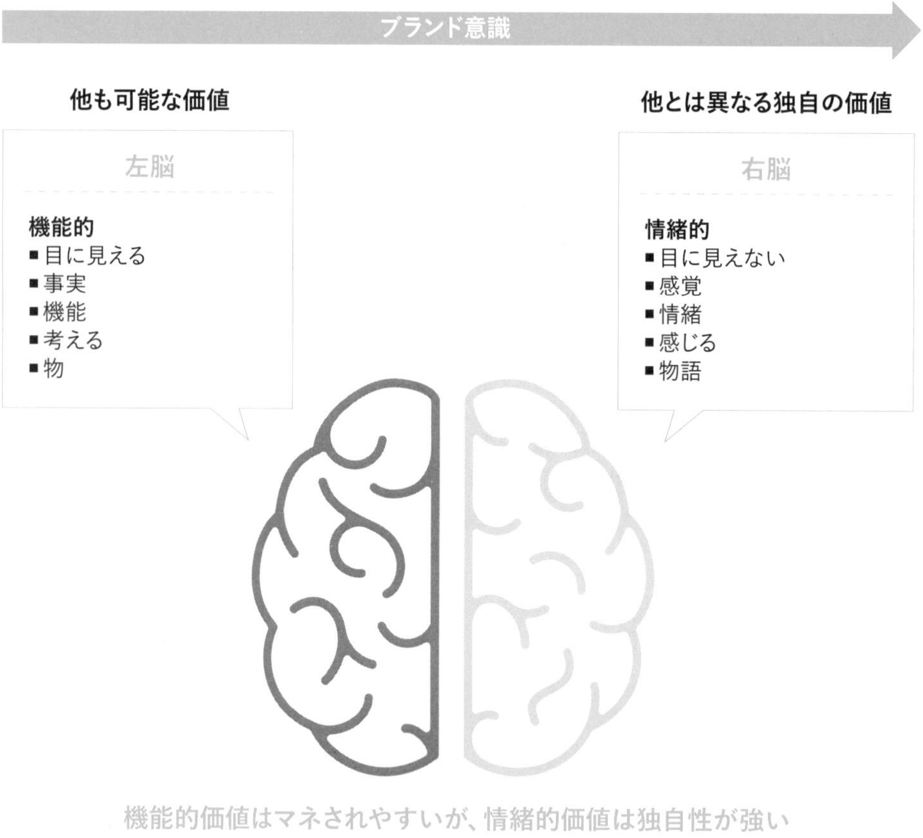

ブランド意識

他も可能な価値

左脳

機能的
- 目に見える
- 事実
- 機能
- 考える
- 物

他とは異なる独自の価値

右脳

情緒的
- 目に見えない
- 感覚
- 情緒
- 感じる
- 物語

機能的価値はマネされやすいが、情緒的価値は独自性が強い

（『ブランディング7つの原則【改訂版】』日経BP 日経新聞出版本部／p.277の図をもとに筆者作成）

Hint ［実践編］

機能だけではなく、情緒がブランドを強くする

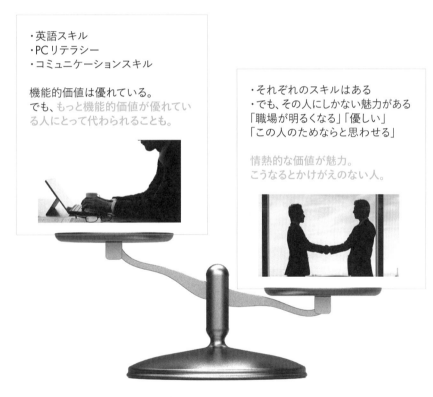

・英語スキル
・PCリテラシー
・コミュニケーションスキル

機能的価値は優れている。
でも、もっと機能的価値が優れている人にとって代わられることも。

・それぞれのスキルはある
・でも、その人にしかない魅力がある
「職場が明るくなる」「優しい」
「この人のためならと思わせる」

情熱的な価値が魅力。
こうなるとかけがえのない人。

機能的価値＜情緒的価値
物＜物語
最良＜最愛

W o r k ［ 実 践 編 ］

あなたが「好きになった」「ファンになった」ものを
考えてみましょう。なぜ、そう思ったのですか。

	好きになった理由	
	機能的には	情緒的には
例： （クルマ）ブランド	■エンジン性能が良い ■走りが良い ■運転していて疲れない ■運転支援装置がついている	■運転していて楽しい ■安心感、安堵感がある ■カッコいい ■誇らしい
好きな会社：		
好きな商品：		
好きな場所：		
好きな （　　　　　　）：		

Brand Management

04

Q...

ブランドの
ターゲットは
誰ですか？

A...

ステークホルダー
すべてです。

T heory ［理論編］

▌ ターゲットは顧客だけではない

　ブランドは「'頭の中'の確固たる存在」と言いましたが、誰の'頭の中'なのでしょうか。

　もちろん、自分たちにとって大事なお客様である取引先や最終消費者と呼ばれる顧客であることは間違いありません。しかし、それだけではないのです。

　ブランドは対内的、つまりインナーにも効果的に働くため、従業員もその対象です。お客様には「Aという存在」として認識されたいが、従業員には「Bという存在」として認識されている……、これではチグハグで、いつまで経っても「Aという存在」としてのブランドは確立されません。

　最終消費者や直接の取引先、自分の会社の全従業員は当然のこととして、実は、もっと広く、ステークホルダーすべてがブランドのターゲットです。

ステークホルダー

ステークホルダーとは企業の利害関係者のすべてです。企業や団体によって異なりますが、最終消費者（顧客）、取引先、得意先、従業員、株主、地域社会、行政機関などを指します。

▌ブランドは「両思い」から

ブランドは相手（ステークホルダー）の'頭の中'にでき上がるものなので、いくら自分たちが「こんなにすごい」「ここがお薦めだ」と主張しても、相手がそのように認識してくれなければ意味がありません。残念ながらそれは「片思い」なのです。

「自分はこんなブランドだ、これをあなたに提供する」という「約束」があり、相手がその「約束」を「良い」と認め、そこに「期待する」。
このような公式が成り立つとき、ブランドが生まれ、さらにより強くなります。ブランドは「両思い」から生まれ、育つのです。

話が少し逸れますが、プロポーズを想像してみてください。うまくいった場合は「約束」と「期待」の公式が成り立ちますね。

後の章で詳しく述べますが、この場合の「約束」のことを、ブランドコンセプト（ブランド理念）などと称します。
「ブランドは顧客との『約束』である」という考え方がありますが、ブランド価値が高いブランドには、明らかに他とは異なるブランドコンセプトが存在しています。

図04-1　ブランドは自社と
ステークホルダーの間に成立する

自社
自社企業側の
価値観
志
約束

BRAND

ステークホルダー
顧客（企業）側の
価値観
欲求
期待

ブランドは
両思いから育まれる！

■「約束」破りはブランド毀損

「約束」と「期待」の循環がスムーズに進んでいるとブランドはより強くなります。しかし、先のレストランの話のように、「約束」を破ってしまうと、相手には「失望感」や「期待外れ感」が生まれてしまいます。

何しろ、相手の'頭の中'の存在なので、これは如何ともしがたいことです。

ブランドを創るには時間がかかりますが、毀損は一瞬です。これまでも、何らかの形で「約束破り」をしたために、ブランドを毀損した事例はたくさんあります。

- 自分たちのブランドの「約束」とは何か
- それは相手に何を提供することか
- 「やるべきこと」「やってはならないこと」は何か
- 顧客（ステークホルダー）が自分たちのブランドに「期待」していることは何か
- ブランドタッチポイントは「約束」を果たしているだろうか……

このようにブランドの「約束」を実際の行動に移していくためには、考えなくてはならないことが実はたくさんあります。

今すぐにはできないかも知れませんが、このような視点はぜひ持ち続けましょう。

| 図04-2 | コンセプトは「約束」と「期待」の連鎖 |

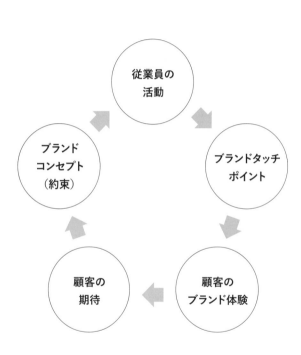

「期待」は「さすがですね」 という言葉から

このような経験はありませんか。

- 何かをしたときに「さすがですね」と言われた
- 何か「いいこと」をしてもらったときに相手に対して「さすがだ」と思った
- 何かをしてしまったときに「〜ともあろうものが」と言われた
- 何かトラブルがあったときに相手に対して「〜ともあろうものが」と思った

実は、この「さすが」と「ともあろうものが」という言葉はブランドの判断基準としても使える言葉です。これは、知らず知らずのうちに抱いている「相手への期待値」の言葉なのです。

相手が期待値を上回ったとき、「さすが」と思い、その逆に期待値を下回ると「ともあろうものが」と思います。いずれにしても、ブランドとしての基準値が存在していることになります。

「さすが」とも「ともあろうものが」とも言われなければ、それはまだブランドができ上がっていないことになります。

あなたが誰かから「さすがですね」と言われていれば、ご自身のブランドができている証拠です。まだ言われていなければ、残念ながらブランドではなく「ネーミング」（識別記号）の段階なのです。

相手の期待値を上回った
→「さすが」

相手の期待値を下回った
→「ともあろうものが」

何も言われない
→期待値がない。
**　ブランドができていない。**

> ・参考・
>
> 日本の老舗5つ星ホテルの「帝国ホテル」では、1999年から「さすが帝国ホテル推進活動」という活動を進めています。挨拶、清潔、身だしなみ、感謝、気配り、謙虚、知識、創意、挑戦という9つの実行テーマにより個人賞、団体賞、年間大賞を決めています。（「帝国ホテル」HPより）

W_{ork} ［実践編］

あなたの会社（あるいは部署など）は「さすが〜だ」と
言われていますか。

「さすが〜だ」 と呼ばれている。 呼ばれたことがある。	それはどんなときですか。 それにはどんな意味があると思いますか。 →相手に期待値がある証拠です。 ブランドになる要素があります。
「さすが〜だ」と呼ばれていない。 呼ばれたことはない。	相手からの期待値がまだありません。
自分は「さすが〜だ」と 言われたことがある。	それはどんなときですか。 それにはどんな意味があると思いますか。
自分は「さすが〜だ」と 言われたことはない。	まだ期待値ができていません。 あなたなりの「さすが」を見つけてみましょう。

05

ブランディングとは

> **Q**.......................
>
> ブランドって
> 創ることが
> できるんですか？

- ブランドって大きな会社だからできるんでしょ？
- ロゴマークを変えたり、いろいろなデザインを新しくしたりしないといけないのでは？
- 広告会社に頼まないと……
- そもそも、そんな知識はないし
- お金がかかりそう

> **A**.......................
>
> できます。
> それをブランディング
> と言います。

心配無用です。ブランドは「ステークホルダーの'頭の中'の確固たる存在」なので、企業活動を通じてそれを達成していけばいいのです。

その過程として、ロゴマークやデザインなどが自分たちのブランドコンセプト（ブランド理念）に合わないと思えば、変更すればいいし、適合していると考えれば、そのままでも構わないのです。

ロゴ、デザイン、広告などはあくまでも手段です。ブランディングを進める中で、それらを大きく変更する企業は多いですが、それ自体は目的ではありません。

もちろん、お金は必要かも知れませんが、それでもお金をかければいいというわけではありません。また、会社の大小、業種・業態は全く関係ありません。

　自分たちの「約束」（繰り返しますが、「約束」をブランドコンセプト、あるいはブランド理念と言います）に向けて、すべての企業活動を集約させていき、ステークホルダーの皆さんに「なるほど、こんな約束をしてくれるのか、こんな提供をしてくれるのか」と認識してもらえる存在になること。これが「ブランドを創る」ということであり、ブランディングなのです。

　特に、企業全体のブランディングのことを「コーポレートブランディング」と呼びます。

　ブランディングについて、インターブランドは次のように定義しています。

> 　「ブランディング」は、あらゆるビジネス活動をマネジメントし、ビジネスアセットであるブランド価値を最大化することを目指す活動である。（『ブランディング7つの原則【改訂版】』日経BP　日経新聞出版本部）

コーポレートブランディングは「宝探し」から

　コーポレートブランディングと言うと少しハードルが高いような印象を受けますが、「企業風土の見直し」とか「企業文化の刷新」と言えばどうでしょうか。

　企業風土や企業文化は自然発生的に根づいているもののため、そう簡単に変えることはできません。良い部分もあれば、都合が悪い部分もあります。

　これまで多くの企業のブランディングのお手伝いを経験してきましたが、**コーポレートブランディングの源は「その企業の特有の歴史、文化、発想、創業者の想いなどの中に存在する『宝探し』である」**と確信しました。

　その「宝」を大事にして、その「宝」をどのように解釈すればステークホルダーへの「約束」になるかを考えていくこと。どのようにすれば具体的なカタチになるか、この活動がブランディングのキモです。

　すべて、自分たちでできます。もちろん外部の会社にコンサルティングをお願いしても構いません。しかし、基本は「自分たち」でできるのです。

　繰り返しますが、お金の多寡、会社の大小、業種・業態の違いなどは全く関係ありません。

　「宝」は自分たちしか有していない、まだ、発見されていない「財産」なのですから。

　なお、「約束」（ブランドコンセプト、ブランド理念）に関してはとても重要ですので、第6章で詳しく述べます。

図05-1 ブランドは「意図的に創る」ことができる

ブランディングは「自分たちの『宝』を探し」、具体的なカタチにしていくこと。
その結果、選ばれる存在になること。

ブランディングの道筋

自分たちの歴史、文化、発想、創業者の想い、
社員の想い、エピソード…

▼

「宝」を探す

▼

「宝」を解釈し、「約束」
(ブランドコンセプト、ブランド理念)を決める

▼

その「約束」に従って
企業活動を行う

▼

「約束」に対して
ステークホルダーが「期待」する

ステークホルダーの
「'頭の中'の確固たる存在」になる

▼

ステークホルダーから
「選ばれる存在」になる

［実践編］Hint
強いブランドと弱いブランド、違いは明白

ブランドが確立されている場合

ブランドの「約束（ブランドコンセプト／ブランド理念）」が明快	社員		タッチポイント	顧客の認識
	研究／製品開発			
	流通			
	プロモーション			
	サービス			
	営業・人事／総務……			'頭の中'に価値がストックされる

ブランドが確立されていない場合

ブランドの「約束（ブランドコンセプト／ブランド理念）」が曖昧（いろいろな考えがあって何が「約束」か分からない）	社員		タッチポイント	顧客の認識
	研究／製品開発		?	
	流通		?	
	プロモーション		?	
	サービス		?	
	営業・人事／総務……		?	'頭の中'に価値がストックされない

W.ork [実践編]

あなたの会社の「約束」をチェックしてみましょう。
「約束」に該当する言葉は会社によって異なるため、
この機会にどんなものがあるか、確認してみましょう。
「約束」には独自性があり、明快であるほどブランドは成功します。
（このページだけではスペース不足の場合、別紙などにまとめてください）

	あなたの会社の「約束」に該当する言葉
理念に類する言葉	■ 創業理念、企業理念、○○訓、○○の教え、○○精神、行動指針、クレド、○○way　など
ブランドなどに類する言葉	■ ビジョン、ミッション、バリュー、コーポレートメッセージ、コーポレートスローガン、ブランドステートメント、タグライン、ブランドコンセプト、ブランドアイデンティティ　など
その他	

上に記したあなたの会社の「約束」について、次の点を確認してみてください。

「私の会社の『約束』は〜」
1.独自性がある　　　　　**3.あまり独自性があるとは言えない**
2.比較的、独自性がある　　**4.全く独自性がない**

06

Q ....
ブランドと
「企業の事業活動」は
どのような関係ですか?

A ....
両者は
表裏一体の
ものです。

Theory [理論編]

▌アップル「Think Different」の話

　ブランドは「企業の事業活動」と表裏一体、これはどういうことでしょうか。

　その話をする前に、アップル社の創業者であるスティーブ・ジョブズ氏が1997年、倒産寸前だった同社に復帰した際に行った有名なキャンペーン「Think Different」をご存知でしょうか。このキャンペーンを始めるときのジョブズ氏による挨拶を見てみましょう。

　（略）アップルの存在理由は、人々が仕事をこなす箱を作るためではありません。それは私たちの得意なことです。場合によっては、他のどこよりもうまく作れていると言えるでしょう。けれど、アップルの存在理由は、そのためだけではないのです。

　アップルの中心にあるコアバリューは、「情熱を燃やす人は、世界をより良い方向に導く」ということです。それが私たちの信じていることです。（略）

　キャンペーンのテーマは「Think Different」です。違う考えを持ち、世界を前に進ませた人々を讃えます。それが私たちの存在する理由であり、アップルの魂につながっています。（JASON RODMAN「スティーブ・

ジョブズが何を考え『Think Different』の制作にあたったか」より引用。https://jasonrodman.tokyo/steve-jobs-think-different/)

ブランドは「約束（存在理由）」を定め、事業活動はその「実態」をつくる

スティーブ・ジョブズ氏が亡くなった後も、アップルのブランド価値は9年連続世界一を維持しています（インターブランド「Best Global Brands」2021年10月現在）。

文字通り、世界一のブランドですが、1997年の時点でアップルはパソコンをつくるのではなく「Think Different」というバリュー（価値観）が存在理由だと言い切っています。アップルはこの独自のバリューによって「事業のあり方」を明確に示しています。この場合の「存在理由」はまさに、アップルが社会に対して提案し続ける「約束」であり、とりもなおさずアップルブランドのコンセプトと同義であると考えられます。

「Think Different」キャンペーンは広告キャンペーンとしてスタートしましたが、実際には広告の範疇を超え、ブランドそのものの方向づけを行っています。

これは、アップルに限ったことではありません。
例えば、日本の企業で「エバラ食品工業」という会社があります。コーポレートブランドは「エバラ」です。「エバラ」は「焼肉のたれ」「鍋などの調味料」などで有名ですが、「自分たちは『たれ』、調味料のブランドではなく、『家族のだんらんを届けるブランド』である、『こころ、はずむ、おいしさ。』を届けるブランドである」と定義しています。そして、その基本方針に沿って、商品開発、生産、営業・販売、コミュニケーション、人材育成、社会貢献活動などを行っています。

これまでの項で、「ブランドはプロモーション戦略の一部ではない」「ブランドは広告ではない」と述べてきましたが、ブランド価値が高い企業、あるいは自分たちのブランドを大切にしている企業は「ブランドと事業活動は切っても切れない関係にある」ことを認識しています。

44ページに、日本を代表する企業のブランドに対する考え方を紹介していますが、ブランドはブランドが経営の真ん中に位置づけられ、様々な事業に展開されていることがうかがえます。

| 図06-1 | ブランドの約束と事業活動 |

ブランド
自分たちの「約束（存在理由）」
事業活動
**ブランドの考え方に沿って、
実態をつくっていくこと**

| 図06-2 | マーケティングにおけるブランドの位置づけの変遷 |

（『マーケティング〈第2版〉』日経文庫をもとに作成）

H i n t [実 践 編]
コーポレートブランドに対する企業の考え（一例）

味の素株式会社

AJINOMOTOでは、「コーポレートブランド価値向上」を新中期経営計画の目標の一つに掲げています。当社では、企業価値を「ASV（Ajinomoto Group Shared Value）エンゲージメント」「コーポレートブランド価値」「時価総額」の3つの視点で捉えています。社員がASVを体現することで、コーポレートブランドの価値が上がり、時価総額の拡大につながると考えているからです。

カルビー株式会社

グローバルでのブランディングに関して、これまでは現地主導によるプロダクトベースでのローカライズを中心に展開を進めてきたのですが、2年ほど前からコーポレートブランド「Calbee」を浸透させようという活動を推進しています。その中で、ブランドは国境や言葉の壁を越えた「共通言語」のような存在であると感じます。開発、製造、販売、コミュニケーション等、さまざまな活動の中で、多少の齟齬があっても、「ブランドをどうしていくか」という観点に立つことで初めて同じ目線で話しあえる事ができる。ブランドは判断軸として基盤となるものだと感じております。

株式会社ワークマン

ブランドは無形資産の一部だと思っています。製品は真似できても、ブランドは真似できない。WORKMANが「100年続く競争優位」を築くための重要な存在です。

大和ハウス工業株式会社

私たち大和ハウスグループの経営のシンボル「エンドレスハート」は、ステークホルダーからの「信頼」、「期待」の証であり、グループ全社員の心をひとつに結ぶ「絆」を表すものです。私たちはこれまで、住宅をはじめ多岐にわたる商業施設、生活施設などの建築を通じて、街と暮らしの基盤を創ってきました。そこで暮らす人、働く人、使う人に喜んでいただき、私たちの事業が社会と共に持続的に成長するために、意義のある商品やサービスを適確にお届けしなければなりません。そのすべての接点で「エンドレスハート」が常に輝く存在となり、お客さまをはじめすべてのステークホルダーの皆様からの信頼と期待の証となる。それが一番の使命であると考えます。

株式会社資生堂

これからは、商品・サービスそのものの価値以上に、その背景にあるフィロソフィーが問われる時代になります。とりわけ我々のように、お客様のライフタイムバリューにおいて、継続的なお付き合いをしていただくことでビジネスの持続可能性が支えられる消費財ブランドにとって、フィロソフィーを体現するブランドは、企業価値そのもの。お客様と企業を繋ぐ絆です。

（インターブランドジャパンHP「ブランドリーダーインタビュー」より抜粋・引用。 https://www.interbrandjapan.com/ja/bjb-ranking/japanbrands-2021-interview）

W．ork ［実践編］

前項で確認した「約束」
（企業理念、ブランド理念など）チェック表について、
次の問いに答えてみてください。

Q1 総合的に見てあなたの会社の「約束」は
具体的な事業に活かされていますか。

1. 非常に活かされている
2. 比較的、活かされている
3. あまり活かされていない
4. 全く活かされていない

Q2 あなたの部署の活動は「約束」を
具体的に実現していますか。

1. 非常に実現している
2. 比較的、実現している
3. あまり実現していない
4. 全く実現していない

Q3 あなた自身は、自分の仕事をする上で、
会社の「約束」を意識していますか。

1. 非常に意識している
2. 比較的、意識している
3. あまり意識していない
4. 全く意識していない

Q4 自分の会社、自分の部署、自分自身が、
企業としての「約束」に基づいて
活動をしているかどうか、
客観的に判断してみましょう。

私が働いている会社（組織・団体）は
「約束」を事業の軸として位置づけ……、

1. 経営していると思う
2. ややそのように経営していると思う
3. あまりそのように経営していると
　思わない
4. 全くそのように経営しているとは
　思わない

　企業としての「約束」に基づいて事業活
動を行っている場合は、「ブランドでマネ
ジメントする」という「ブランド経営」を
行っていると判断できます。（ブランドと
いう用語を使うか使わないかは別として）

07

Q ....

ブランドという言葉、
日本語では何と
言い換えられますか？

A ....

「らしさ」と
言ってみましょう。

ブランドは「らしさ」と言い換えると
分かりやすくなる

　これは私自身のブランドコンサルタント時代の経験です。企業を訪問することになり、「御社のブランド戦略について、一緒に考えさせてください」と提案したとき、実にいろいろな反応がありました。

- ブランドコンサルタントって何をするんですか
- ブランド戦略はビジネス戦略ではないし、ビジネスはビジネスコンサルタントにお願いしています
- ブランドは広告会社に任せていますし……
- デザインやネーミングとは違うんですか
- 「ブランドに則った事業活動?」、私たちは経営戦略に従って、人事、開発、生産、流通、マーケティング、広告それぞれの事業活動を推進しています。ブランドって言われても、何をどうサポートするんですか

　「はじめに」でも述べましたが、ブランドという言葉の曖昧さ、解釈が人によって違うことで起きる反応です。これはむしろ当然かも知れません。

しかし、こう考えることができます

「ブランドは独自の存在理由」
→「他との違いが明確」
→「独自性が顧客の'頭の中'に存在する」
→「それによって選ばれる」
→「つまり'個性'や'特性'によって選ばれること」
→「'○○らしさ'によって選ばれる
　　存在になること」

ブランド＝「らしさ」
ブランディング＝「○○らしさ」に基づいて、
　　　　　　　　事業活動を行うこと

なお、「ブランドは'らしさ'である」という考え方は、現在では一般的に使われています。

【らしさ】
（単独で用いる場合）その人や物事の特徴
【らしい】
　　～としての資質を十分に備えている
　　　　　　　　　　　　（『大辞泉』より）

悪い意味での「らしさ」もありますが、ブランドの場合は「ステークホルダーに受け容れられる'らしさ'」と考えておきましょう。

ブランドという用語を全く使わないブランディング

企業によっては、ブランドやブランディングという言葉を全く使わないでブランディングを進めているケースもあります。理由は先に述べたように、ブランドという言葉は人によって解釈が異なることが多いためです。

その場合「○○らしさ戦略」とか「○○らしさ推進活動」などと称しています。言葉を変えることで、認識や議論のポイントが絞られ、スムーズに進む傾向があります。

- ○○らしさって何だろう
- ○○らしい活動って何だろう
- ○○らしい製品、サービス、営業、施設って何だろう
- ○○らしい人材ってどんな人なんだろう
- ○○らしい経営者ってどんな人なんだろう
- ○○らしい広告・コミュニケーションって何だろう

ブランドやブランディングという言葉に違和感があるならば、そこにこだわる必要は全くありません。研究者ではなく実践者の場合は、早めに共通理解を得て活動を進めるほうが得策です。

自分たちの会社や組織を徹底して考え、「自分たちらしさの源」を見つけ、それをよりどころにして

企業活動・組織活動を考えていく。それこそがブランディングだと言えます。

　ちなみに、ブランドコンサルタントの仕事は、「〇〇らしさ」を見つけるお手伝いと、「〇〇らしさ」の「見せ方」「言い方」「活動の仕方」を提案することです。ビジネス系コンサルタントとコミュニケーション実践者（広告会社、デザイン会社、制作会社など）にまたがる仕事です。

■「らしさ」を決める3条件

①その企業に「能力がある」「意志がある」

　自分たちの会社に潜在的・顕在的な能力がある。あるいはそれらの能力に基づき、自分たちはこうしたい、こうなりたいという意志がある。これがすべてのスタートラインです。

②活動が、社会やステークホルダーのニーズを満たしている

　能力、意志・意欲があったとしても、それが社会的ニーズ、ステークホルダーのニーズに応えているものでなくては「独りよがり」ということになります。

③他との違いがある

　能力も意志・意欲もある、社会的なニーズにも応えている、しかし、それが他と同じであったら、他のブランドで十分ということになります。

　どこに違いを見出すか、何をもって独自の価値を謳うことができるか、考えましょう。

図07-1　「'頭の中'の確固たる存在」＝固有の価値＝個性、特性＝らしさ→ブランド

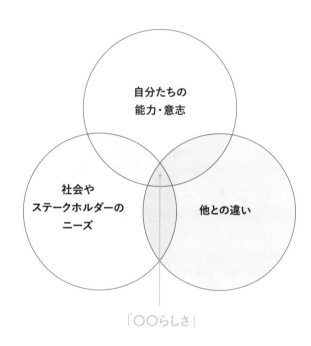

自分たちの能力・意志

社会やステークホルダーのニーズ

他との違い

「〇〇らしさ」

［実践編］

Hint

「らしさ」は外に表れる

人物の場合

いろいろな要素を見て「その人らしさ」を判断する。

ブランドの場合

いろいろな要素を見て「○○らしさ」を判断する。

人もブランドも同じ。
接点（タッチポイント）を見て、「らしさ」を判断する。

W_{ork} [実践編]

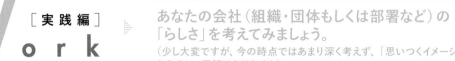

あなたの会社（組織・団体もしくは部署など）の
「らしさ」を考えてみましょう。

（少し大変ですが、今の時点ではあまり深く考えず、「思いつくイメージ」で結構です。
ちなみに、正解はありません）

① あなたの会社が得意なこと、実現する能力、意志があることは何ですか。

① ～③を踏まえて、あなたの組織の「らしさ」を考えてみましょう。

→私の会社（部署）の「らしさ」は

である。

② あなたの会社は、社会、ステークホルダー（顧客、取引先など）のどんなニーズに応えられていますか。

③ あなたの会社の仕事・業容は、他の同様の組織（他企業、他団体など）とどんな点で違いがありますか。

Brand Management

08

Q ....
業種・業態に関係なく
ブランディングは
できるのでしょうか？

A ....

はい、できます。

[理 論 編]
Theory

BtoB企業にもブランド価値が高い企業は多い

ブランドとは「'頭の中'の確固たる存在」であり、ブランディングはそのための事業活動を行うことです。業種・業態・規模の大小は関係ありません。

インターブランドが発表している「Best Global Brands」「Best Japan Brands」にはブランド価値が高いBtoB企業がいくつもあります。

【Best Global Brands 2021（2021.10）におけるBtoB企業】カッコ内の数字は順位
Cisco（16）、Intel（17）、IBM（18）、SAP（20）、GE（31）、Accenture（32）、Siemens（60）

【Best Japan Brands 2021（2021.2）におけるBtoB企業】カッコ内の数字は順位
ダイキン（26）、コマツ（28）、シマノ（31）、デンソー（39）、富士通（41）、キーエンス（49）

企業じゃなくてもブランディングはできる

また、同社の日本法人が発表している「Japan Branding Awards」では、企業だけではなく、他の

組織・団体も受賞しています。

【Japan Branding Awards における団体受賞】
2018年度：B.LEAGUE（団体）
2019年度：TIAT（東京国際空港ターミナル／団体）、
　　　　　　　愛知東邦大学（大学）、**さくらねこ**（公益
　　　　　　　財団法人）、**スノーピーク**（キャンプ事業）
2020年度：TBS（放送局）

技術も地域も、サービス、その他諸々も、ブランドになる

　皆さんが使っている「Wi-Fi」。これもブランドです。正確には技術ブランドです。このブランド名を開発したのもインターブランドですが、同社のホームページには次のようなレポートがあります。

　1999年、まだインターネットのワイヤレス接続があたりまえになる前、数名の業界リーダーたちがWECA（Wireless Ethernet Compatibility Alliance）を立ち上げました。彼らが目指したのは、高速無線LANの国際標準規格の採用を世界に働きかけることです。しかしながら、この新しい技術の採用を推し進める前に、'名前'が必要でした。'IEEE 802.11'が技術名称でしたが、世界のどこでも見かけることができるような、もっと覚えやすい名前が必要でした。

　インターブランドが開発したネーミング案から彼らが選んだWi-Fiという名前は、'High Fidelity'の略である'Hi-Fi'に着想を得ています。ワイヤレスでありながら、どこへ行っても接続が途切れることが無い、IEEE 802.11の技術の高品質さを反映したネーミング、それがWi-Fiなのです。

　ローンチ後、Wi-Fiは世界中で無線アクセスの代名詞となり、世界的にシームレスなアイコンとなりました。（インターブランドジャパンHPより抜粋・引用。interbrandjapan.com/ja/work/Wi-Fi_weca.html）

　複雑な説明をしなくても理解しやすくする、個性や特徴を一瞬で連想させる、これもブランドの特性です。正確には、まず、他との違いの識別記号として「ネーミング」があり、様々な活動を通じてその「ネーミング」に付加価値が生まれ、やがて、確固たる存在としての「ブランド」になります。

　ブランドになる対象はかなり広く考えることができます。企業、組織、事業、団体、チーム、個人、商品、サービス、仕組み、店舗、技術、国、地域、街、村、特産品……。

①能力・意志がある
②社会・顧客ニーズに対応している
③他との違いがある

　これらの条件を満たしていれば、それは十分、ブランド（＝○○らしさ）になり得ます。

いろいろなブランディング

BtoBブランド

三重電子は電子部品を中心に製造するBtoBの中小企業です。2019年創業50年をきっかけにブランディングに挑みました。それまでは「誠実だけど、垢抜けない地方の好青年」（林社長談）という認識でしたが、なんとか「もっとスマートにしたい、もっと誇れる会社にしたい」との想いで活動を推進しました。社員の皆さんは議論に議論を重ね、「その先の笑顔をつくる」というコーポレートビジョンを策定しました。BtoB企業なので、製品は最終消費者に直接届くわけではありません。しかし、「自分たちの先の先」にいる、製品を使う人たちの笑顔を想像して仕事をする、という意味が含まれています。同社はこのコーポレートビジョンに基づいてすべての事業活動を進めています。

技術ブランド

2008年にSUBARU（当時は富士重工業）が発売した「運転支援システム・EyeSight（アイサイト）」。「ぶつからないクルマ？」として有名になったSUBARUブランドの乗用車に装備されている技術ブランドです。このブランドの登場は、自動車会社各社による自動車安全技術開発の進化のきっかけとなったと考えられます。
なお、アイサイト発売当時、SUBARU以外のクルマの販売会社に「このクルマ、アイサイトついているんですか」という顧客が現れたという逸話があります。ネーミングにとどまらず、自動車安全技術の代名詞としてのブランドとなりました。

地域ブランド

まちの宝を育てよう。
まちいく
ふじかわ

江戸時代に山梨県富士川町に存在していた日本酒「本菱」を120年ぶりに復活させ、それとともに、地域ブランドを創り上げたプロジェクトです。このプロジェクトのミッションは、「目指せ、日本の田舎代表の酒」。地域の宝を見直し、それをテコに街の人たち、そしてその試みを応援する全国の人たちによる地域ブランディング・富士川ブランディングの活動です。「本菱」はデビューして、2年目で「ロンドン酒チャレンジ2018銀賞」「インターナショナル・ワイン・チャレンジ2018入賞」を果たし、3年目になる2019年は「フランスKura Master2019」と「ロンドン酒チャレンジ2019」でダブル金賞を受賞。商品化からわずか4年で国際賞を7度受賞しました。

大学ブランド

RYUKOKU
UNIVERSITY

龍谷大学は、西本願寺に設けられた「学寮」にはじまり、400年近い歴史をもつ総合大学です。2012年度から本格的なブランディングをスタートさせました。歴史と伝統を基盤としながら「本質を知り、未来に立つ」という大学が目指す学生像をブランドコンセプトとして設定しています。スローガンは「You, Unlimited」。2020年度から新たな長期計画に基づきブランドの再構築活動を行っています。「見せ方」であるロゴマーク、デザインなども新たにし、社会的な責任を果たしながらブランドの評価を高める活動が好評です。ブランドの再構築活動は、「Japan Branding Awards 2021」の「Best of the Best」を受賞しました。

何がブランドになるか、考えてみましょう。

［実践編］
Hint

BtoB企業は、
むしろブランディングが効率的

▌ BtoB企業はまず信頼性

　最終消費者を対象とするBtoC企業に比べて、BtoB企業の場合はブランドの有効性に疑問を抱く声が意外に多く聞かれます。しかし、実際にはむしろBtoB企業こそブランディングが必要なのです。

　通常当該企業と取引する場合、「取引価格の適正さ」などが判断基準になります。しかし、その背景には、企業の評判、実績などに裏付けられた「信頼性」が必要です。いくら価格的に安くても、信頼性が欠け、今後の仕事自体に不安が残るようではその取引は難しいでしょう。

▌ BtoB企業はターゲットが明確

　一般的に、顧客が商品・サービスなどを購入・利用するためには、大まかに言って、次のようなステップがあると考えられています。

①プロモーション活動（広告、SP、PR、人的販売）を見聞きする

②商品名、ブランド名を知る
③興味・関心を持つ
④購入意向を持つ
⑤購入・利用する
⑥利用に満足する
⑦継続利用する・推奨する

　BtoC企業の場合、多くの消費者を対象とせざるを得ないため、①②に労力や経費をかける必要があります。もちろん商品によってはターゲットを絞ってコミュニケーションする場合もありますが、それでもこの部分のウェイトは高くなります。

　一方、BtoB企業の場合、相手企業（つまりコミュニケーションの対象）は明確で、コミュニケーションの手段もBtoC企業に比べて限定的です。自社の営業担当者やWebなどを通じての直接的なコミュニケーションが可能だからです。基本的にはテレビCM、新聞広告などで大々的に広告認知・商品認知をはかる必要はあまりありません。

　つまり、BtoB企業の場合、③からスタートすることが可能であり、購入・利用促進という「より収益に近い」段階からコミュニケーションが始まるのです。

　直接的な購買担当者だけでなく、その組織全体、上位組織、経営者など取引に関与する人たちに対し、自分たちの企業、商品、技術、サービスなどのブランドに対する信頼を得ていくことがBtoB企業にとっては重要になります。

▌ 人材の力+ブランドの力＝強力なパワー

BtoB企業の場合のブランドタッチポイントはいくつもあります。ホームページ、パンフレット、名刺、封筒、資料スライド、商品・サービスそのもの……。さらに重要なタッチポイントは営業担当者、サービス担当者などの「人材」です。

その人たちの姿勢、話す内容、話し方、見せ方、伝え方はブランドに対する認識に大きく影響します。つまり、そのタッチポイントが「○○らしい」かどうかが問われます。

BtoB企業にはよく見られる「強い営業力の企業」であればあるほど「企業の約束」が明快でなければなりません。「自分がブランドだ」「自分のやり方でここまでやってきた」という気概は大切ですが、それを持ちつつ、「こんなアプローチの仕方が○○らしい」「○○らしいプレゼンのためにはこんな工夫をする」「アフターフォローはここまでするのが○○らしい」などと、発想を広げてみましょう。

BtoB企業ならではのブランディングをぜひ考えてみてください。

ブランドとコミュニケーション

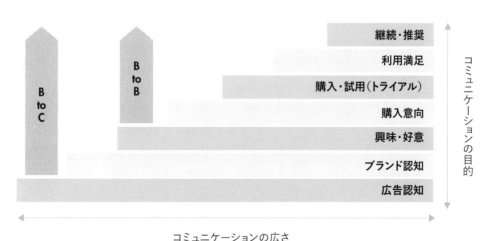

W_{ork}

あなたはどんなブランドを知っていますか。
考えてみましょう。

問い	回答
あなたが知っている BtoB ブランド（コーポレートブランド）をひとつ挙げ、 そのイメージを答えてください。	**BtoB ブランド：** **そのイメージ：**
あなたが知っている技術ブランドを挙げてください。 （いくつでも）	**例：スカイアクティブ（MAZDA）**
あなたが知っている地域ブランドを挙げてください。 （いくつでも）	**例：安曇野ブランド**

09

Q

ブランド体系って
何ですか？

A

ブランド全体を上手に
コントロールするための
仕組みのことです。

Theory ［理論編］

コーポレートブランドと
プロダクトブランドの関係

こんな経験はありませんか。

- 広告で商品のことは知っているけれど、どこの会社の商品だったっけ
- あの商品、いつも買っているけれど、○○会社のものだとは知らなかった
- 会社名は分かるし、具体的にどんな商品があるかも何となくは分かるけど、実態はよく知らない
- この会社は知らなかったけど、親会社のロゴマークが有名だからグループ会社だと思った
- この商品とあの商品、全く違う分野なのに同じ会社の商品だった。驚いた
- この商品があの会社の商品であることは知っている

　これは実はブランド体系という「ブランドを管理する仕組み」の良し悪しによって生じています。
　このブランド体系をきちんと整理することで、ステークホルダー（特に顧客）に対し効率的にブランドの連想力の濃淡をつけることができます。

ブランド体系の主な3つのタイプ

　ブランド体系にはいくつかの考え方がありますが、ここでは大きく3つのパターンをご紹介します。便宜的にコーポレートブランドとプロダクトブランドについての関係で説明します。

　コーポレートブランドが「家風」、プロダクトブランドがその家の「子どもたち」となぞらえてみましょう。

　（なお、「子どもたち」については便宜的にプロダクトブランドを当てはめていますが、企業によっては「事業ブランド」なども該当します）

1.マスターブランド体系

　コーポレートブランドが前面に表れているタイプです。いわば「家風」がメインであり、その家で「子どもたち」（プロダクトブランド）が生まれ、育つというものです。

　コーポレートブランドをメインに訴求することで、そのブランド傘下の個別ブランドの信頼性も高めることができます。単一的な事業を展開する場合に適していると考えられます。

　グローバルではBMW、ハーゲンダッツなど。国内ではMAZDAなど。

2.エンドースドブランド体系

　エンドースとは「保証する」「裏書する」という意味です。コーポレートブランドという「家風」が、子どもであるプロダクトブランドを保証する、という意味です。日本企業の場合は、このケースが多く見られます。コーポレートブランドの傘下にありながら、プロダクトブランドの個性も訴求する場合に適しています。

　トヨタのクラウン、SONYのウォークマン、SUBARUのレガシィ、MeijiのR-1など。

3.フリースタンディングブランド体系

　このケースは、コーポレートブランドがほとんど表に出てきません。プロダクトブランドという「子どもたち」が独自に活動し、独自の存在感を獲得していく形です。

　幅広く事業を展開している企業に適しています。

　例えば、P&G。コーポレートブランドはP&Gですが、プロダクトブランドはアリエール、ファブリーズ、SK-Ⅱ、パンパース、ブラウン、ジレットなど、多岐にわたります。

　なお、実際にはそれぞれのタイプの複合型の体系を採用している企業も数多く存在します。つまり、メインの事業に関してはマスターブランド体系を構築し、サブの事業においてはエンドースドブランド体系、あるいはフリースタンディングブランド体系を採用するというように、柔軟に対応しているケースもあるのです。

▌適切なブランド体系を考える

ブランド体系の整備はとても大切です。

よくあるのは、「自信がある商品ができたので、独自のネーミング、ロゴ、デザインに工夫して、大々的にキャンペーンをしよう！」というプロダクトブランド至上主義的な考え方です。

マーケティング予算を費やし、コミュニケーション活動を進めますが、コーポレートブランドをあまり意識しないことも多く、「家風」と「子ども」のイメージにはギャップが生じがちです。つまり、コーポレートブランドが有している財産をうまく使えない一方で、プロダクトブランドは自力で頑張る、という事態が生まれてしまうのです。

自分たちの企業、商品・サービスにとってどのようなブランド体系が適切なのか、よく考えて設計しましょう。

図09-1	主なブランド体系

	マスターブランド体系	エンドースドブランド体系	フリースタンディングブランド体系
基本体系			
役割	コーポレートブランドがコミュニケーション記号	コーポレートブランドの保証のもとに個別プロダクトブランドを訴求	各プロダクトブランドごとにコミュニケーション記号を有する
主要訴求点	コーポレートブランド	コーポレートブランドと個別プロダクトブランドを訴求	各プロダクトブランドを訴求
事業との関係	単一事業を展開する場合に適する	コーポレートブランドのもとに個性を持って事業を展開する場合に適する	多岐にわたる事業を展開する場合に適する
プロダクトブランド間の相乗効果	高	中	低
コミュニケーション効率	高	中	低
リスク分散	低	中	高
事業拡張性	低	中	高

ブランド価値を高めるための ブランド体系のチェックポイント

　どのようなブランド体系をとるべきか。これは、企業のあり方に大きく関係します。どの体系が良いかは一概には言えませんが、ブランド価値を高めるためには下の図のような関係性が理想的です。特に「マスターブランド体系」と「エンドースドブランド体系」の場合はそれが言えます。

　つまり、コーポレートブランドのコンセプト（約束）が、傘下の個別ブランド（事業ブランド、プロダクトブランドなど）の成長を助け、個別ブランドのそれぞれの活動がコーポレートブランドに寄与するという関係性が求められます。

　また、個別ブランドどうしも、それぞれが別々に機能するのではなく、互いの活動が相乗効果（シナジー効果）を発揮できるようにすると、さらにブランド全体は強固な存在感を獲得することができます。

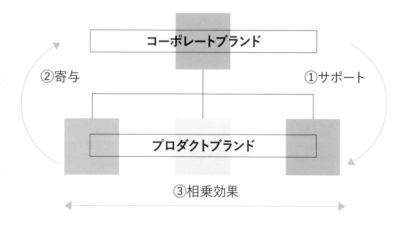

①コーポレートブランドがプロダクトブランドの方向性を示し、個々の活動を「サポート」する
②個々のプロダクトブランドの活動がコーポレートブランドに「寄与」する
③プロダクトブランドどうしが相乗関係にある

ブランドの体系については『ブランディング7つの原則【改訂版】』（日経BP　日本経済新聞出版本部）の「ブランド体系」（p.59〜p.64）を参考にしています。

W.ork　［実践編］　 あなたの会社のブランド体系をチェックしてみましょう。

1.下記の空欄を参考にあなたの会社のブランド
　体系をチェックしてみましょう。

（なお、企業によってブランド体系は大きく異なるため、必
ずしもこの枠組みに該当するとは限りません。その場合は
ご自身で独自にお考えください）

正式社名

グループブランド

コーポレートブランド

事業ブランド

プロダクトブランド（サービスブランド）

2.あなたの会社のブランド体系はどのタイプに
　近いですか。
　1.（どちらかと言えば）
　　「マスターブランド体系」
　2.（どちらかと言えば）
　　「エンドースドブランド体系」
　3.（どちらかと言えば）
　　「フリースタンディングブランド体系」
　4. ブランド体系らしいものはない

10

Q......................................

ブランディングは
具体的にどう
進めるのですか?

A......................................

全部で10段階の
ステップがあります。

Theory [理論編]

▎ 自分たち「らしさ」を見つける地図

　ブランディングとは「自分たちの『らしさ』を見つけ、それに基づいて企業活動を進めることにより、『選ばれる存在』になること」です。「**自分たちの『らしさ』」、これは言い換えれば「自分たちしか持っていない『宝』」**です。

　とはいえ、どうすればいいか悩みますね。特に、最初はそうでしょう。知らない場所にポツンと置かれたような感じです。そんなときに必要なのが、目的地までの地図です。これで無事に辿り着けます。この項では、ブランディングのための地図について説明します。

▎ コツは「凝縮」と「拡散」

　全体を通じてですが、ブランディングのコツは、ひとことで言えば「凝縮と拡散」です。様々な状況からエッセンスを抽出し、そのエッセンスを大事にしながら活動をしていくというイメージです。どこか美味しいワインづくり、コーヒーづくりに似ていますね。

まず、「凝縮」です。

　企業を取り巻く環境は様々です。一企業だけでは対応が難しいマクロ環境、業界や顧客、競合会社などのミクロ環境、そして自分たち自身の内部環境も大事です。自分たちにとって都合がいいこと（機会）もあれば、都合が悪いこと（脅威）もあります。また、環境に対しての自分たちの強みもあれば、弱みもあります。

　それら、様々な環境を一度おさらいしてみましょう。その中から、「これが自分たちの『宝』ではないか」「こう考えると自分たちが『輝く』のではないか」「これが『自分たちらしさ』ではないか」というエッセンスを絞り出します。つまり、様々な要素を凝縮して「宝」を抽出するのです。

　次は「拡散」です。

　「自分たちの『宝（＝らしさ）』」（このことを「ブランドコンセプト」「ブランドの約束」と称します）に基づいて、企業としての具体的な事業活動を展開していきます。

　ここでは、「どのような活動が『自分たちらしい』のか」が判断の基準となります。ブランドタッチポイントすべてに「ブランドらしさ」が宿っていなくてはなりません。

▌10段階のステップ

　ここでブランディングを成功させるための10段階のステップを紹介します。

1. 基本を知る

　まず、ブランド、ブランディングについて基本的な知識を得ましょう。

2. 機運をつくる

　突然、「ブランディングを始めましょう」と言っても周囲は混乱します。まず、組織内にブランディングの機運をつくりましょう。

3. 組織をつくる

　ブランディングは企業全体（あるいは、事業部などの組織全体）に関わります。一人で進めることはできません。進めるための組織を思い切ってつくりましょう。

4. 環境を見つめる

　自分たちはどこにいるのか、置かれている環境を冷静に見つめ、自分たちにとって都合が良いこと、都合が悪いこと、自分たちの強み、弱みを分析しましょう。

5. 進む方向を考える

　様々な分析を経て、では自分たちはどこに進むべきか、何が「自分たちの『宝』になりそうか」をイメージしましょう。

6. ブランドの基盤をつくる

　一番大事なパートです。すべての活動の基盤となる、「ブランドらしさの源」であり「自分たちの『宝（＝らしさ）』」そのものです。前のステップの「進むべき方向」の検討を踏まえ「これだ！」という解答を見つけましょう。ブランドの基盤を便宜的に「ブランドコンセプト」と称します。（ブランドコン

セプトについてはやや複雑なため、第6章で詳しく説明します）

7.「伝え方」をつくる

必要に応じて、ロゴマーク、デザインなどの「ブランドらしい見せ方」（「ビジュアル・アイデンティティ」と言います）や「ブランドらしい言い方」を決めます。また、それらのルールをまとめた「ブランドコミュニケーションガイドライン」の作成、ブランドの考え方を組織内で共有するための「内部浸透活動」、企業の外に対して伝えるための「外部発信コミュニケーション計画」などを立案します。

8.「らしい活動」を考える

ブランドの真価が問われるのは実際の活動の中身です。ブランドコンセプトを定めていても、それが具体的な活動として行われ、成果を結ばなければ意味がありません。ここでは、どのような活動が「ブランドらしい」のかを考えましょう。

9. ブランドをデビューさせる

いよいよ、ブランドのデビューです。社内外の期待感を高め、存在感を示すためにはどうすれば良いか、考えましょう。

10. 成果を活かす

ブランドがデビューし、様々な活動を続けます。成果があればそれを活用し、よりブランドを強化させましょう。様々な活動が正しく行われているか、ブランドに合致したものであるか、そうでないのか、あるいはブランドの考え方そのものが適切であるかどうか、定期的に診断しましょう。

▌期間の目安

それぞれの活動に費やす期間ですが、これは一概には言えません。環境把握、方向性、ブランドの基盤づくりに数年をかける企業もあれば、来年には経営が新体制になることが決まったので、それまでに何とかしたいという企業もあります。

〈ひとつの目安〉

1. 基本を知る　2. 機運をつくる　3. 組織をつくる

この部分は企業によって全く異なります。組織の意思決定が早い企業の場合は数ヵ月くらいですが、企業によっては1年以上に及ぶ場合もあります。

4. 環境を見つめる　5. 進む方向を考える　6. ブランドの基盤をつくる

環境把握のための調査などを行う場合はその時間を見込みます。その後、集められた調査結果をもとに、分析、方向性検討、ブランドの基盤づくりを行うため、全体として3ヵ月〜を見込みます。

7.「伝え方」をつくる　8.「らしい活動」を考える

3ヵ月〜

9. ブランドをデビューさせる

1ヵ月〜

10. 成果を活かす

継続

図10-1		ブランディングの具体的な進め方		

ステップ	何をするか	どうやって		期間
1	基本を知る	■ブランド、ブランディングの基本的知識を得る	準備	数ヵ月〜
2	機運をつくる	■ブランディングを始めるための雰囲気をつくり、仲間を見つける		
3	組織をつくる	■ブランディングを推進する組織をつくる		
4	環境を見つめる	■マクロ環境（政治、経済、社会、技術）分析 ■ミクロ環境（業界、競合、顧客）分析 ■内部環境分析 　外部環境の機会・脅威、自社の強み、弱みを把握	凝縮	3ヵ月〜
5	進む方向を考える	■外部環境、内部環境を「クロスSWOT」分析 ■プロポジションリスト（自社が提案できること） ■ブランドの「ありたい姿」議論 ■ブランドの進むべき方向をイメージする		
6	ブランドの基盤をつくる	■ブランドの基盤（ブランドコンセプト）策定 　・ブランドビジョン、ブランドミッション、ブランドバリュー 　・ブランドパーソナリティ 　・ブランドステートメント　など ■企業・組織の理念体系の整理		
7	「伝え方」をつくる	■「ブランドらしい見せ方」「ブランドらしい言い方」を決める ■ブランドコミュニケーションガイドライン ■内部浸透活動計画 ■外部発信コミュニケーション計画	拡散	3ヵ月〜
8	「活動」を考える	■「ブランドらしい活動」を具体的に考える		
9	デビューさせる	■ブランドへの期待感を高める活動 ■「ブランドらしい活動」の実践 ■外部発信コミュニケーション活動の実践		1ヵ月〜
10	成果を活かす	■各施策の定期的な測定・診断	診断	継続

［実践編］
Hint

ブランディングのポイントは「意外に気がついていない『宝さがし』」

　どんな会社にも、その会社にしかない「宝」があります。ブランディングのポイントは「自分たちの『宝さがし』」です。そして、その「宝」は「ブランドらしさ」の源でもあるのです。

「自分たちの『宝さがし』」のコツ

1.友達に「会社の自慢」をしてみましょう。
自慢のタネ：
　歴史、文化、伝統、商品、サービス、モノづくり、人材、エピソード、創業者、経営者、社員の想いなど、どんな切り口でも結構です。
　自慢するときは、「機能的な自慢」だけではなく、「情緒的な自慢」をしましょう。
例：
　「私の会社は売上○千億円で、一部上場で、社員が○万人いて……」△
　「私の会社は『これまでの業界のイメージを一から変える』仕事をしています」○
　「私の会社はBtoBです。社会を支える多くの会社を『支える』、それが誇りです」○

2.あなたの会社が新聞に取り上げられることになりました。見出しを想像してみましょう。
例：
　「業界の慣例に一石。○○社○○システムがもたらす、今後の潮流」
　「超一流の『黒子』○○社。○○技術の○○％のシェア。カギは『職人魂2.0』」

3.人やメディアなどから言われて「嬉しかった」「分かってもらえた」「自分たちは気がつかなかったがそんなふうに思われているのか」と思ったことを挙げてみましょう。

4.今後、こんな会社になってみたいと思うことがあったら書き出してみましょう。
　この場合、何かに例えると、志や想いが明らかになってきます。
例：
　「○○業界のアップルになる」
　「○○ビジネスのコンビニを目指す」
　「○○の町医者のように、絶えず顧客のことを気遣う存在になる」

5.1〜4について、みんなで話し合ってみましょう。
　何人かでざっくばらんに話し合うと、一人では気がつかなかった思いがけないヒントが浮かんでくるものです。

W [実践編]
ork ▶ あなたの会社の「宝さがし」をしてみましょう。

1. 久しぶりに会った友達に「会社（あるいは所属組織、
   商品、サービスなど）の自慢」をしてみましょう。

2. あなたの会社（あるいは所属組織、商品、サービスなど）
   が新聞に取り上げられることになりました。
   どんな見出しがいいか、想像してみましょう。

3. 自分以外の人やメディアなどから言われて
   「嬉しかった」「わかってもらえた」
   「自分たちは気がつかなかったがそんなふうに
   思われているのか」と思ったことを挙げてみましょう。

4. 今は実現していなくても、今後、こんな会社に
   なってみたいと思うことがあったら書き出して
   みましょう。この場合、何かに例えると、
   志や想いが明らかになってきます。

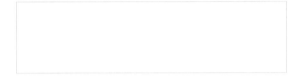

**もしかしたら、今ここに挙げた内容は「宝」に近い
かも知れません。**

Q

ブランディングを
始めるタイミングは
いつですか？

A

思い立ったときが
タイミングですが、
「大義名分」があると、
なお良いです。

Theory [理論編]

▌ ブランディングのキッカケ

　私のブランドコンサルタント時代の経験です。こんな会話がありました。

　「ブランディングが大事なことは分かったんですが、いつから始めればいいんですか」
　「思い立ったら、すぐ始めたほうがいいですね」
　「いや、なかなかそううまくはいきません。社内ではブランディング自体がよく理解されていないですし、コーポレートブランドとなると会社全体の活動ということになりますし……。なんか、みんなが納得できるキッカケがあるといいんですが……」

　こういう会社はときどきあります。ブランディングは早く始めるに越したことはないのですが、キッカケがつかめないという悩みを聞きます。コーポレートブランドとなると、必然的に全社横断型のプロジェクトになることが多く、関与する人も多岐にわたってきます。その人たちに活動を納得してもらわなければなりません。まして、ブランドやブランディングという言葉の意味すら曖昧な状況では簡単にスタートすることはできません。

ところで、こんな経験はありませんか。

- 新しい年になったし、「今年こそ、○○という目標を決めて、実行しよう」
- 4月の新年度から、資格を取るための勉強をしよう
- 海外旅行を予定しているから、それまでに英会話を身につけよう

- 引っ越しをするから、いっそのこと、生活スタイルをガラリと変えよう
  ……

新しいことを始めるのに時期は関係ありません。本当はいつからでもスタートできます。でも、それ相応の大義名分があると決意が湧きますね。

図11-1	ブランディングのキッカケを見つけよう

「ブランディングを始めましょう」と 提案したとき、ありがちな社内の反応

- ブランディング？ 何それ。今、やる必要あるの？
- それって、全社は関係ないよね。宣伝部とかがやればいいんじゃないの？
- 効果はどうなの？ 業績は上がるの？ 会社は儲かるの？
- そんなことより、経営戦略、経営計画、具体的戦術を立てるべき
- 大企業やBtoC企業がやることだよね、ウチには関係ない
- 「ブランドは‘らしさづくり’?」そんなもの、いまさら？

ブランドやブランディングについての 理解がないために消極的な意見も多い

- 単なる説明だけでは説得できない
- 成果が出せるかどうかは、社内の意識共有と活動次第
- 「信じてもらうしかない」が、それでは納得は得られない
- しかし、ブランディングは全社員の協力が不可欠、巻き込まないことには始まらない……

そこで、何とかスタートさせるための「キッカケ」を考える

- 「大義名分」があるとキッカケになりやすい
- 「大義名分」は、ロイター板のようなもの。
  ブランディングで大きくジャンプするためのキッカケ
- 自分の会社に合ったキッカケを探そう

ブランディングを始めるキッカケとなる 7つの大義名分

①周年

　会社創立○周年、創業○周年などの周年です。5年、10年など、5年刻みで考えましょう。この場合、周年を目指すのも、周年を記念してスタートする、という考え方でも、どちらでも結構です。周年事業は会社として取り組む企業が多く、その一環としてとらえると納得感が高まります。

例：会社創立30周年

　30周年を迎える2年くらい前からスタートさせる。あるいは、30周年にプロジェクトをスタートさせ、1〜2年後にデビューさせる、など。

②経営計画立案

　中期○ヵ年計画、長期○○年ビジョンなどの計画策定のタイミングは大きな機会です。経営計画とブランドは「切っても切れない関係」にあります。自分たちのブランドをどうしたいかが明確でない経営計画は、それ自体が問題かも知れません。

③社屋移転

　社屋移転、引っ越しなどは従業員の心機一転のタイミングでもあります。また、ブランドは新社屋の看板、エクステリア、環境装飾、インテリア、諸設備、備品などをどのようにするかの基準にもなります。

④創業者引退、新経営陣就任、組織改編

　創業者引退、新しい経営者が就任する、経営陣が変わる、組織改編などのタイミングもブランディングを始める機会です。特に、それまで会社を支えてきた創業者の方の引退は、「財産を受け継ぐ」＋「新しい財産を創る」役割が求められ、そのためにブランドとして何をすべきかを考える必要があります。

⑤スタートアップ

　スタートアップの場合、自分たち自身をどうしていくか、自社ブランドをどう育成していくかを考えることは必須です。

⑥M&A（合併、買収）

　複数の企業により新たな組織を構成し、文化を築いていくタイミングです。ネーミング、ロゴマーク、デザイン、ブランドステートメントなどの「見せ方」、そして新会社の「あるべき姿」「あるべき活動内容」など、ブランディングのすべてを行う必要があります。

⑦画期的な新製品、新サービスなどの開発

　いずれも社内の意識の心機一転の機会であるだけでなく、外部に対しては存在感を示す好機です。社内外のムーブメントをとらえ、今後の自分たちの存在意義を考えるタイミングにすることができます。

Work ［実践編］

あなたの会社（所属部署など）のブランディングの
キッカケを考えてみましょう。

	ブランディングのキッカケ	check
1	周年を迎える（あるいは、周年を迎えたばかりである）	
2	中期・長期経営計画を立案中である	
3	社屋が移転する予定がある	
4	創業者引退、新経営陣就任、組織改編などの動きがある	
5	スタートアップ	
6	M&A（合併、買収）の予定がある	
7	画期的な新製品、新サービスなどの開発の予定がある	
8	その他、どんなキッカケが考えられるか？	

テ ー マ は
[ブランドの基本]です

◎ そもそも、ブランドって何ですか?

Ⓐ ブランドは「'頭の中'にある
確固たる存在」のこと。

　ブランドは広告、ネーミング、高級品、デザインなどではなく、人々の'頭の中'にある確固たる存在のことです。単なる「見せ方」だけではブランドはできません。

◎ ブランドは何から感じるのですか?

Ⓐ 人々は様々なところから
ブランドを認識し、感じます。

　人がブランドと接するポイントを「ブランドタッチポイント」と言います。ブランドタッチポイントは多岐にわたります。ブランドを正しく認識してもらうためには、ブランドタッチポイントの一貫性が大切です。ブランドは細部に宿ります。

◎ ブランドはどうやってできるのですか?

Ⓐ 機能的価値と情緒的価値から
生まれます。

　ブランドは機能的価値(Functional Value)と情緒的価値(Emotional Value)によって生まれます。もちろんどちらの価値も必要ですが、情緒的価値は特に大事です。情緒的価値はそのブランド固有のものであり、他がマネをすることはできません。「物ではなく物語」「最良よりむしろ最愛」、ブランドを確立させるための大事なポイントです。

◎ ブランドのターゲットは誰ですか?

Ⓐ ステークホルダーすべてです。

　ステークホルダーとは、企業や商品・サービスなどの利害関係者を指します。ブランドは人々の「'頭の中'にある確固たる存在」であるため、通常の顧客(お客様)だけでなく、社員、取引先なども含めたすべてのステークホルダーが、その対象になります。相手に対しブランドの「約束」(ブランドコンセプト)を果たすことで、相手の「期待」に応えられます。「約束」「期待」の「両思い」によりブランドが育ち、より強くなります。

**Q ブランドって創ることが
できるんですか？**

**A できます。
それをブランディングと言います。**

　ブランドは意図的に創ることができます。会社の大小、業種・業態は全く関係ありません。
　金額の多寡も大きな問題ではありません。ロゴマーク、デザイン、スローガンなどの変更は手段であり、目的ではありません。大事なことは自分たちの「約束」（ブランドコンセプト）を決め、事業活動の中でそれを実行していくことです。なお、企業全体のブランディングのことを「コーポレートブランディング」と言います。

**Q ブランドと「企業の事業活動」は
どのような関係ですか？**

A 両者は表裏一体のものです。

　ブランドは自分たちの「約束」を定め、ステークホルダーの「期待」に応え続けることにより、より強固に育っていきます。そのためには、「約束」を具体的な事業活動として推進していく必要があります。ブランドは自分たちの「約束」であり、事業活動はそのブランドの考え方に沿って、実態をつくっていくことです。

**Q ブランドという言葉、日本語では
何と言い換えられますか？**

A 「らしさ」と言ってみましょう。

　ブランドという言葉自体の解釈が異なる場合は、「らしさ」と言い換えることで、理解がスムーズに進み活動しやすくなります。実際、ブランドとかブランディングなどの言葉を全く使わずに「〇〇らしさ戦略」「〇〇らしさ推進活動」などのように称してブランディングを進めているケースもあります。

**Q 業種・業態に関係なく
ブランディングはできるのでしょうか？**

A はい、できます。

　ブランドは「'頭の中'にある確固たる存在」なのでBtoC企業だけでなくBtoB企業もブランディングを行うことができます。企業の大小、業種の違いなども関係ありません。また企業だけでなく様々な対象がブランドになり得ます。企業、組織、事業、団体、チーム、個人、商品、サービス、仕組み、店舗、技術、国、地域、街、村、特産品などで、ブランディングが可能です。

Ⓠ ブランド体系って何ですか?

Ⓐ ブランド全体を
上手にコントロールするための
仕組みのことです。

ブランド体系は企業レベルのコーポレートブランドとその傘下の事業・製品・サービスなどのブランド（プロダクトブランドなど）の整合性を考慮して、全体をコントロールするための仕組みのことです。
　大きく3つの体系があります。
①マスターブランド体系
②エンドースドブランド体系
③フリースタンディングブランド体系
これは企業の経営戦略によって異なります。

Ⓠ ブランディングは
具体的にどう進めるのですか?

Ⓐ 全部で10段階のステップがあります。

ブランディングのコツは、「凝縮と拡散」です。自分たちを取り巻く環境をつぶさに把握、分析し、「これこそが『自分たちらしさ』『自分たちの宝』」というエッセンスを抽出（凝縮）し、そのエッセンスを大事にしながら活動を続けていく（拡散）という進め方です。全部で10段階のステップがありますが、きちんと進めれば効果が上がります。

Ⓠ ブランディングを始めるタイミングは
いつですか?

Ⓐ 思い立ったときがタイミングですが、
「大義名分」があるとなお良いです。

ブランディングは一人ではできません。コーポレートブランディングの場合は必然的に全社的なプロジェクトになる上、プロダクトブランド（あるいは事業ブランドなど）も多くの人が関わってきます。その場合、ブランディングを始めるキッカケとして何らかの「大義名分」があると進めやすくなります。

そもそもの
「ブランド」の意味

起源は「焼き付ける」

　ブランド、Brandという言葉の起源は古代ノルド（今の北欧あたり）語の「Brandr」と言われています。英語で「焼く」を表す「burn」の語源も同じです。

　かつて自分の所有する家畜に「自分のもの」という「焼き印」を付けていましたが、これは、他人のものと自分のものを区別するための印、つまり「識別記号」でした。

　日本にも商品などに家紋や屋号などの「焼き印」を押す伝統的な企業がいくつもあります。

識別記号からブランドへ

　その識別記号がいつのまにか「'頭の中'にある確固たる存在」としてのブランドに成長していくのですが、このままだと少し分かりにくいですね。

　例を挙げて説明しましょう。新入社員（仮にOKさん）が入社後、初めての名刺を受け取り、取引先などに出向いて名刺交換をしました。「担当のOKです。よろしくお願いいたします」と挨拶をします。この段階では、ただ名前だけなので、相手にとっては「OK

さん」という識別記号でしかありません。下手をすると識別どころか、すぐに忘れられる存在かも知れません。

　新入社員のOKさん、名前を覚えてもらうだけではダメ、相手から信頼され、何とか仕事で指名されるようになりたい、そんなふうに考えます。

　OKさん、頑張ります。自分ができることは何か、自分しかできないことは何か、何をすれば相手に喜んでもらえるか、相手の期待以上のことをしてみよう……、懸命です。

　そうやって何年か経ちました。仕事も増えてきました。取引先からも直々に相談されるようになりました。あるとき、取引先から電話がありました。

　「OKさん、今度のウチの会社あげてのプロジェクト、OKさんにお願いしたいと思います。OKさんなら、きっと完璧に成し遂げてくださると思います。役員もOKさんの名前を出したら了解してくれました」

　OKという識別記号が様々な活動を重ねた結果、取引先の担当者や役員の「'頭の中'の確固たる存在」、つまりブランドになったわけです。

　「**名刺OKさん（識別記号）**＋**OKさんの活動・実績（付加価値）**＝ブランド」です。

「らしい活動」により「愛着」が生まれる

　企業活動で考えてみましょう。企業の名前やロゴマーク、あるいは製品・サービスのネーミングやロゴマークなどは、最初は「これがウチです!」「これは私の会社の製品です!　サービスです!」という「焼き印」です。この段階では他の会社、他の会社の製品・サービスとは異なるという「識別記号」です。新会社、新製品・新サービスなどの場合は必ずここからスタートします。

　その後、事業活動に邁進します。どうしたら自分たちの存在を認めてもらえるか、どうしたら製品やサービスを受け入れてもらえるか。

　本章でも述べましたが、「自分たちの能力や意志があり」「社会（顧客）ニーズに応えており」「他の企業（製品・サービス）とも違う」、つまり「自分たちらしさ」に基づいて活動を続けます。

　そうしているうちに、事業（製品、サービス）活動に付加価値が生まれていきます。この場合の付加価値ですが、顧客の視点から見ると「ファンになる」「ごひいきする」「愛着を感じる」ということになります。

　企業名やロゴマーク、製品・サービスのネーミング（つまり「焼き印」）、それらは最初は「識別記号」にすぎませんが、やがて「'頭の中'の確固たる存在」としてのブランドへと成長していきます。

社名・製品・サービス名（「焼き印」）→**識別記号**

▼

「自分たちらしい」事業活動→**付加価値活動**

▼

顧客（ステークホルダー）の「'頭の中'の確固たる存在」→ブランド
ファン化・ごひいき化・愛着化

Chapter **2**
機運をつくる

まず、
何をすべきか。
組織の土壌を耕す
ポイント

この章では何を学ぶか

Q 「ブランディングの機運づくり」って何ですか?

Q ブランディングの仲間はどうやってつくるのですか?

Q 「機運づくり」にはどんな方法がありますか?

この章では次の演習をしてみましょう

Work ▶ 「ブランディングの『最初のひとり』」になるための準備をしてみましょう。

Work ▶ 仲間になってくれそうな人を思い浮かべてみましょう。

Work ▶ 機運づくり・共感づくりのために、できそうなことをチェックしてみましょう。

第 2 章 の テ ー マ は
[ブランディングの機運をつくる]です

STEP	何をするか	どのように
1	基本を知る	ブランド、ブランディングの基本的知識を得る
▶ 2	機運をつくる	ブランディングを始めるための雰囲気をつくり、仲間を見つける
3	組織をつくる	ブランディングを推進する組織をつくる
4	環境を見つめる	マクロ環境（政治、経済、社会、技術）分析 ミクロ環境（業界、競合、顧客）分析 内部環境分析 外部環境の機会・脅威、自社の強み・弱みを把握
5	進む方向を考える	外部環境、内部環境を「クロスSWOT」分析 プロポジションリスト（自社が提案できること） ブランドの「ありたい姿」議論
6	ブランドの 基盤をつくる	ブランドの基盤（ブランドコンセプト）策定 ・ブランドビジョン、ブランドミッション、ブランドバリュー ・ブランドパーソナリティ ・ブランドステートメント　など 企業・組織の理念体系の整理
7	「伝え方」をつくる	「ブランドらしい見せ方」「ブランドらしい言い方」を決める ブランドコミュニケーションガイドライン 内部浸透活動計画 外部発信コミュニケーション計画
8	「活動」を考える	「ブランドらしい活動」を具体的に考える
9	デビューさせる	ブランドへの期待感を高める活動
10	成果を活かす	各施策の定期的な測定・診断

準備

凝縮

拡散

診断

12

Q ....

「ブランディングの
機運づくり」
って何ですか？

A ....

まず「何ができるか想像」し、
次に「土壌を耕す」
ところから始めましょう。

[理 論 編]

Theory

▌「最初のひとり」の想像から始まる

　世の中に存在するいろいろな企画、施策、事業……、それらはすべて、誰かの「ひらめき」や「思いつき」「想い」から始まりました。ブレストやディスカッションなどで企画が生まれ、練られていったとしても、最初の最初は誰かが発想したものです。誰かが無から生み出したのです。

「こんなことしてみない?」
「えっ、そんなことできるの?」
「なんか、面白そうだ!」
「でも、ウチの会社でできるかなぁ、反対が多そうだし……」
「まあ、考えるのはタダだし、考えるだけ考えてみようよ……」
「そりゃそうだ、ちょっと考えてみようか」（一同）

　その結果がどうなるかは分かりません。実現しないものもあれば、首尾よく実現するものもあります。しかし、企業人として、組織の一員、事業の一員として、絶えず「発想し、想像する」ことは全く無駄ではありません。

これはブランディングについても言えます。どんな大きな会社のブランディングでも、「いちばん最初に発想した人」、つまり、「最初のひとり」が存在します。

私はコンサルタント時代、そのような「最初のひとり」の方と接するたびに、その方々の想い、構想力、想像力に感服していました。その経験から、自分が愛知東邦大学（学園の歴史は100年近くありますが、ブランド力としては満足できるものではありませんでした）の教員として着任したとき、自分自身が「最初のひとりになろう」と思いました。

まず、土壌を耕す

「最初のひとり」になる、と思いついたとしても、何も考えず、猪突猛進的に進めるのはあまり得策ではありません。焦りは禁物です。周囲がその気になっていなければ、誰も意見を聞いてくれません。

農作物を育てることをイメージしましょう。まず、乾いた土を丁寧に耕し、空気を入れます。そして種を蒔き、水をやり、発芽をしたら大きくなるまで大切に育てます。やがて成長し、実を結びます。

ブランディングもこれと同じです。多くの人を巻き込む活動です。大きな成果を生むためには、それを見据えたシナリオを考えましょう。周囲の賛同が得られないような唐突な進め方は決して成功しません。まず、自分が所属している組織の土壌を耕すことから始めましょう。

また、この本を読まれているあなたが管理職や役員の方なら、部下の方に対して指示や命令を与えることもできるかも知れません。しかし、一方的な指示・命令は控えましょう。ブランディングは人々の心に訴え、共感を呼んでいくことが活動のキモです。個々人の自主性ややる気を信じ、どうしたらそういう意識になるかを、まず考えましょう。

種の蒔き方はいろいろある

種を蒔くにはいろいろな方法があります。どの方法が最適かは、組織の風土や習慣によって変わります。

仲間同士の勉強会、自分で学んだことの発表会、朝礼などでのスピーチ、社内報などへの寄稿、外部の人を招いての講演会、社員の意識調査など、自分でできることを考えてみましょう。大事なのは「一石」を投じ、波紋を呼び起こすことです。

この段階で、外部の専門会社に「丸投げ」することは避けるべきです。いずれにせよ「丸投げ」は良くないのですが、まず自分で考え、仲間を集め、意識を統一させた後で、必要なら、外部の立場から共に考えてくださるパートナー会社を選ぶようにしましょう。

土壌が耕されていない中で外部企業からの提案をいただいたとしても、組織にスムーズに根づくことは難しく、最悪の場合、計画自体が立ち枯れする恐れがあります。

図12-1	ブランディングの機運をつくる

「最初のひとり」として、想像する

組織を耕す
ブランディングを受け入れる土壌をつくる

ブランディングの種を蒔く
社内、組織にブランディングの話題を提供する

せっかくのブランディングの苗を枯れさせないように
自分たちで考えずに外部に「丸投げ」すると根づかない

ブランディングの苗をじっくり育てる
興味関心を持つ人を徐々に増やす

82

Hint

［実践編］

■ ブランディングは「最初のひとり」から

　理論編でも述べましたが、企業や組織の中でブランディングを進める場合、「最初のひとり」が存在します。

　私の経験則ですが、ブランドのセミナーに参加されていた一般社員の方や経営者の方、ブランド関係の書籍を読んで独自に学んだ方、自分が通っている大学院の授業でブランドについて学んだ方など、何らかのキッカケで自身の問題意識に火が点いた方がブランディングの「最初のひとり」になっているようです。（ちなみにある大学院の授業で「ブランド価値」について学ばれた方の話ですが、その報告を受けた上司が興味を示し、部内で勉強会をスタートさせたところから全社的なブランディングに拡大していったそうです）

「最初のひとり」の特徴

　以下は、私が出会った「最初のひとり」の特徴です。すべて満たしているというわけではなく、「こんな傾向がある」という要素です。

- 楽しいことが好き
- 楽観的である
- 夢やビジョンを語りがち
- 仕事を面白がる
- 真面目である
- 勇気がある
- あえて「出る杭」になる志がある
- やや、目立ちたがりである
- 会社に何らかの問題意識を持っている
- 会社の問題を何とかしたいと思っている
- ひそかに勉強している
- 情報収集が好き
- 社内に何でも話せる人がいる
- 他の部署に知り合いがいる
- 役員、経営者などキーパーソンとつながりがある

W o r k [実践編]

この本を読んでいるあなたは、
すでに「最初のひとり」の資格があります。
これから進める「ブランディングの『最初のひとり』」に
なるための準備をしてみましょう。

やってみましょう

1.ブランドの基本的な知識を得ましょう。

2.ブランディングについて誰かに、何となく話してみましょう。

3.「最初のひとり」としての決意があれば、書いてみましょう。

「最初のひとり」としての決意

13

Q ....

ブランディングの仲間は
どうやって
つくるのですか？

A ....

まず、あなたのほかに2人、
あるいはあなたの
所属組織の3%の共感者を
つくりましょう。

Theory ［理論編］

▌「冒険」には仲間が必要

「最初のひとり」として、「一石を投じる」ために、まず何をしたらいいでしょうか。

これまでにも説明しましたが、ブランディングは一人ではできません。特にコーポレートブランディングの場合はやがて、会社全体、組織全体に関わってきます。一人だけの「熱い想い」のままで終わらせないための工夫をしましょう。冒険には仲間が必要です。

一人の想いが誰かに伝わり、その想いがまたほかの誰かに伝わり、そうやって、少しずつ共感者が増えていく……、そういうシナリオを描いてみましょう。

もちろん、自分の上司や役職者がその想いを受け止め、その部署みんなで取り組むというスタートは理想的ですが、そう上手くいくとは限りません。最初は少し地味な活動になりますが、じっくりと共感者を集めましょう。

▌最初は、とりあえず2人を仲間に入れよう

一度に多くの人の共感を集めることは理想的ですが、最初からは難しいものがあります。

最初はとりあえず、仲間を2人集めましょう。同期、後輩、先輩、管理職、役職者、他部署の人……、特に制限を設ける必要はありません。要は、共に志を同じくする人であれば構いません。

あなたを含めて3人です。「3人組」「トリオ」「三人寄れば文殊の知恵」という言葉もあります。自分の率直な想いを聞き入れてくれ、構想を話すことができる人を見つけてみましょう。

その仲間がさらに自分の仲間を増やしていくと、自然に共感の輪が広がっていきます。

もちろん、経営者や役員クラスの方が「トップダウン」で進めるケースもあり、その際は「仲間集め」から始める必要はありませんが、それでも仲間の意思統一、意識の共有化は必須です。

▌最初に組織の約3%、次に16%の共感者の確保がひとつの目安

組織がそれほど大きくない場合の共感者の人数の目安として、私の経験をお話ししましょう。

私が勤務する大学の教職員は全部で80人です。私は、まず組織の約3%、人数にして3人、次に16%、人数にして13人（最初の3人も含める）の共感者の獲得を目指しました。

この数字の根拠は「イノベーター理論」です。1962年、アメリカのスタンフォード大学のエベレット・M・ロジャーズ教授が『イノベーション普及学』という著書の中で紹介した、新しい製品、サービスの市場への普及率を表すマーケティング理論。これ

を応用してみようと考えたのです。

その理論によると、新製品などが普及する際、最初に採用する人「イノベーター」が2.5%、次の早い段階で採用する人「アーリーアダプター（初期採用者）」が13.5%存在します。その後、「アーリーマジョリティ（前期追随者）」が34%、「レイトマジョリティ（後期追随者）」が34%、「ラガード（全く採用しない人）」が16%存在するというものです。

この理論では「キャズム理論」という考え方が提唱されました。これは「アーリーアダプター」と「アーリーマジョリティ」の間には「キャズム（chasm）＝溝」があり、この溝を越えることが市場開拓には必要であるというものです。

この「イノベーター理論」をブランディングの共感者拡大に用いることについては議論の余地がありますし、マーケティング理論を適用することの是非もあります。しかしながら、「それについての知識が全くない状況で、ある考え方を普及させていく」方法として類似性があると考えたわけです。

私の場合、まず2人。学長、理事長に何度か説明し、理解を得ることに努めました。

次に、10人に対するアプローチ（合計で13人）。これは少し時間がかかりましたが、教員5人、職員5人に対して時間をかけて説明し、理解を得ました。

このような方法が適正であるかどうか即断はできません。所属組織の規模にもよるため、そのまま応用するのは無理があります。

しかし、やみくもに共感者を増やすのではなく、自分の所属する組織の中で目標人数を決め、そのために何をどうしていくか、もっと言えば「誰を味方にするか」をあらかじめ考えることは、以降の活動をスムーズに進めるために大事なポイントです。

図13-1	最初の3人から共感者を拡大させていく

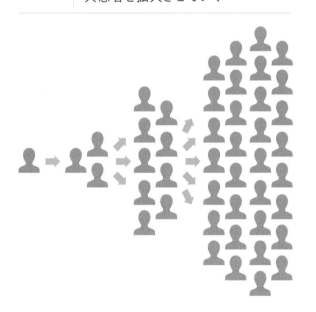

図13-2	イノベーター理論

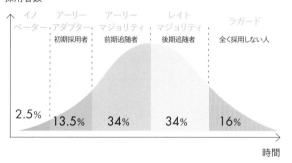

エベレット・M・ロジャーズ教授『イノベーション普及学』より

注：所属組織について

この場合の所属組織の定義は、企業規模によって全く異なるため、やや注意が必要です。10人未満のところもあれば、50人、100人、あるいは500人、1000人、数千人以上など、様々です。3%、16%と言っても、例えば1000人規模だと16%は160人になります。この人たちを一度に共感者として確保することは現実的ではありません。しかし、規模が大きな企業の場合でも、班、課、部、グループなどに分かれています。進めやすい単位を設定し、着実に共感者を増やしていきましょう。

▌仲間集めのコツ

①「理屈・べき論・上から目線」を避ける

　「理屈・べき論・上から目線」は、反発を覚える人もいます。共に旅をする仲間を集めるわけなので、そこは上下の関係ではなく最初からイコールパートナーの関係が望ましいですね。「べき論」はそれ自体が正解かどうかその時点では曖昧なため、言いようによっては反発を招くことになります。

②基本姿勢は「楽しく、フレンドリー」

　業務命令があるわけではなく、最初は想いを伝え、共感を抱いてもらうことが目的であるため、基本的にはフレンドリーに接したほうがいいでしょう。もちろん、社会人としてのマナーは守るべきですが、あまりに堅苦しいと話しが弾みません。ブランドはビジョンや「ありたい姿」を語りますので、楽しく、ワクワクしながら話しましょう。

③「自主性」を重んじる

　人には「得意・不得意」や、立場上「できること・できないこと」があります。想いに共感を抱いたとしても、不得意なことや、できないことを強い

られると拒否反応が出てしまいます。その人の自主性を大事にし、「得意なこと・できること」を相談してみましょう。

④仲間を信頼する

　「信用は過去の財産、信頼は未来への期待」という言葉があるそうです。また、アドラー心理学研究者・嶋尾かの子氏はアドラー心理学を組織運営に応用する考えを唱えています。そこではインナーのブランドに対する意識を高めるための4つの要素の重要性を説いていますが、最初に「信頼」を挙げています。

1. 信頼：相手の可能性を信じ、任せきる。
2. 尊敬：相手の気持ちを受け入れる。
3. 共感：相手の気持ちになって考え、表現する。
4. 共同体感覚：従業員を巻き込み、仕組み化する。

　（「企業理念の浸透を促進するブランド実践の概念とメカニズム」2020.日本マーケティング学会プロシーディングス　深澤了／嶋尾かの子）

⑤「最初の仲間」に向いている人

　最初は一緒にムーブメントを起こす人、心のどこかに「熱い想い」を持っていることを感じられる人が適しています。

- 面白がる人
- 楽観的な人
- ポジティブな人
- 否定しない人
- ロマンチスト
- できれば、社内に顔が広い人

W_{ork} ［実践編］

仲間になってくれそうな人を
思い浮かべてみましょう。

名前	部署	どんな人（役職、人柄、自分との関係など）

Q ....

「機運づくり」には
どんな方法が
ありますか？

A ....

組織内の
「口コミ・話題」に
上りそうなことを
してみましょう。

Theory [理論編]

■ 近道はない。まず、できることを探す

「最初のひとり」の活動を進めながら、少しずつ共感する仲間が増えてきました。次に、組織内に「一石を投じる」ために何ができるか。ここは少し冷静に、客観的な視点に立って考えてみましょう。これからブランディングに対する社内・組織内世論を醸成していくためにはあまり性急な方法は取らないほうがいいですね。自然な流れを'演出'しましょう。

①企画書自主提案

自分でブランディングの企画書を書き、同僚、できれば上司に自主提案するものです。この場合、企画書自体が「独り歩き」するレベルにまで達しているとなお良いです。

企画書の構成（例）

- 企画書の趣旨（この企画書を書いた経緯・理由）
- ブランド、ブランティングについて
- ブランドの効果
- 自社の問題点
- ブランディングによる効果の可能性
- 今後の進め方
- 他社の事例（参考）

②朝礼、部内ミーティング

　企業によっては朝礼や所属部内などでのミーティングがあり、個々人がスピーチする場合がありますが、そのときに紹介程度にブランディングについて話しましょう。その後、興味を持ってくれた人には詳しく説明します。

③社内報、イントラネットなどの社内情報共有ツール

　社内の情報共有ツールは積極的に使いましょう。「ブランディングといえば〇〇さん」という評判づくりにもつながります。

④勉強会・説明会

　ある程度、興味関心を持つ人が現れてきたら、思い切って勉強会・説明会などを開催してみましょう。自主的な勉強会なので堂々と。もちろんそのための準備、根回しは必要です。

⑤講演会（対面方式・オンライン方式）

　外部の専門家、ブランディング実施企業の担当者を招いての講演会です。これはブランディングの全体像などをアピールするタイミングでは有効です。対面に限らず、オンライン方式は講師選定・参加対象・参加人数・参加場所など、実施の際の自由度が高いためチャレンジしてみる価値はあります。講演会は特に、経営者・役員・管理職などマネジメントに直接的に関わっている人たちの意識喚起の意味があります。

⑥キーパーソン限定イベント

　経営に携わる人たちに対して限定的に行うミニイベントです。専門家やブランディングに成功した企業の担当者を招いての話し合いなどは、ブランディングのスタートを早める効果があります。

　経営のキーパーソンに、外部企業が行うブランディングイベント（カンファレンス）などに参加してもらう方法もあります。外部からの刺激が経営キーパーソンの「気づき」のキッカケになります。

⑦簡易調査

　ややストレートな方法ですが、組織内の問題意識を呼び起こすためには有効です。自分で調査を設計し、実施、報告をします。自分の会社、事業、商品、サービスなど関係がありそうな対象を選んで簡易的に調べてみましょう。主な調査項目は「対象に対するイメージ」です。「自社社員」に「現状のイメージ」と「ありたいイメージ」について同じ項目で質問します。その答えを比較すると、「現状イメージ」と「ありたいイメージ」のギャップが浮かび上がってきます。

　簡易調査結果はきちんと報告書にまとめ、上司に提案したり、組織内で話し合ってみましょう。

▌筆者の「機運づくり」の事例

　私が愛知東邦大学に転職した際に行った白紙状態からの機運づくりをご紹介します。

①勤務して2ヵ月後、学長に「ブランディング」について説明。本大学でも「効果が生まれる可能性がある」と伝える。

②学長の計らいなどがあり、全教職員参加の全学集会でブランディングの説明の機会を得る。ただ、この時点では、おそらくほとんどの人が初めて聞く話なので理解を得るまでには至っていない。

③知り合いになった教職員に対してブランディングの説明をし、興味を持ってもらう。

④初めて受け持った3年生のゼミのテーマを「大学におけるブランディング」とする。ゼミ生は4人。ゼミとして「本大学に対する在学生意識調査」を企画。学生たちが学内でアンケート活動を行う。調査項目は「現状の本大学イメージ」「ありたいイメージ」「満足度」「推奨度」。

⑤全学生の10%にあたる130サンプルをまとめると、全体的に「イメージの総量」が少なく、「ありたいイメージ」に対して全く満たしていない状態だった。また、本大学に対する満足度、他に対する推奨度が

決して高くないことが明らかになる。つまりは、ブランドとして確立されていない。

⑥演習（ゼミ）合同発表会で「本大学の在学生意識調査の結果と問題点」をゼミ生が報告。

⑦同時にその報告書を音声入りスライドに加工し、理事長・学長を含む学内の主な教職員に送付。

⑧「大学のブランディング」について考えようという機運が次第に生まれる。

　以上の活動をほぼ1年で行いました。以下はその後の活動です。

⑨広報委員の一員として大学案内、ホームページの改定に関わる。

⑩転職1年半後、「大学ブランド戦略の考え方」を企画書にまとめ、理事長に提案。

⑪その数ヵ月後、理事会で「ブランディング」を推進することが正式決定。

⑫「ブランド推進組織」が正式発足。

図14-1	機運づくり・共感づくりのためにできること

企画書自主提案

「独り歩きする企画書」で
自主提案

朝礼、部内ミーティング

部内で、ちょっと話してみよう

社内報、イントラネットなどの社内情報共有ツール

「ブランディングといえば
○○さん」という評判づくり

勉強会・説明会

ときには真面目に勉強会

講演会（対面方式・オンライン方式）

外部の専門家から
知見を得よう

キーパーソン限定イベント

経営者に気づいてもらおう

簡易調査

簡易調査でキッカケづくり

▌ 問題意識を高めるための簡易調査の方法

1.目的
- ブランドの現状を明確にし、今後の方向性を考えるきっかけとする。
  対象ブランドは企業、製品、サービスなど、課題を有していると思われるもの。

2.調査対象
- 自社社員
- 正式な調査ではなく、試験的に現状を把握するためなので、所属、年齢、氏名など、個人が特定できるような方法は採らないほうが良い（ケースバイケース）。

3.手法
- 簡易アンケート調査（無記名）
  - ・Googleフォームなどの活用
  - ・自記式アンケート調査など

4.判明させたいこと
- 自分たちのブランドに対する社員の「現状イメージ」
- 自分たちのブランドに対する「ありたいイメージ」
- 両者の比較によるイメージの差
  - ・ギャップがないもの
  - ・キャップがあるもの

5.アンケート項目
「現状イメージ」と「ありたいイメージ」について質問するアンケートの項目は同一のものにする。
①ブランドに対するイメージ
　親しみやすい・自由・知的・チャレンジ精神のある・真面目な・センスがある・社会に役立つ……。
　できるだけ自分のブランドに関係するイメージワードを設定しましょう。イメージワード数は自由に設定できますが、あまり多いと回答の負担になるため最大30ワードくらいがいいでしょう。
②ブランドに対する満足度（5段階）
「あなたは〇〇に対してどの程度、満足していますか」
　非常に満足・まあ満足・どちらでもない・あまり満足していない・全く満足していない
③ブランドの推奨度（5段階）
　推奨度に関してはケースバイケースですが、もし問題なければ質問に加えましょう。
「あなたは、〇〇の利用を知り合いに勧めますか」
ぜひ勧める・まあ勧める・どちらでもない・あまり勧めない・全く勧めない

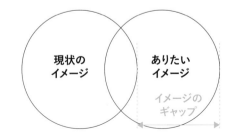

W[実践編]ork

機運づくり・共感づくりのために、
できそうなことをチェックしてみましょう。
具体的にどんな方法があるか、アイデアを書いてみましょう。

機運づくり・共感づくりの活動（具体的なアイデア）

1.企画書自主提案

5.講演会（対面方式・オンライン方式）

2.朝礼、部内（課内、班内、グループ内）ミーティング

6.キーパーソン限定イベント

3.社内報、イントラネットなどの社内情報共有ツール

7.簡易調査

4.勉強会・説明会

8.その他

テーマは
［ブランディングの機運をつくる］です

◎「ブランディングの機運づくり」って
何ですか？

Ⓐ まず「何ができるか想像」し、
次に「土壌を耕す」ところから
始めましょう。

　ブランディングは、必ず、誰かの「ひらめき」や「思いつき」「想い」から始まります。つまり「最初のひとり」が存在します。しかし、「思いつき、発想した」からといって、猪突猛進的に進めたとしても、周囲がその気になっていないと誰もついてきません。
　農作物を育てるときのように、組織の土壌を耕し、ブランディングについて耳を傾けてくれる環境を丁寧につくりましょう。

◎ ブランディングの仲間はどうやって
つくるのですか？

Ⓐ まず、あなたのほかに2人、
あるいはあなたの所属組織の3%の
共感者をつくりましょう。

　ブランディングは一人ではできません。冒険には仲間が必要です。
　最初はとりあえず、仲間を2人集めましょう。同期、後輩、先輩、管理職、役職者、他部署の人……、特に制限を設ける必要はありません。共に志を同じくする人であれば構いません。
　また、マーケティング理論のひとつである「イノベーター理論」も参考になります。新しい情報などに対して真っ先に興味を示す「イノベーター」（2.5%）を共感者として確保することにより、後の活動がスムーズに進みます。

Ⓠ 「機運づくり」には
　　どんな方法がありますか?

Ⓐ 組織内の「口コミ・話題」に
　　上りそうなことをしてみましょう。

「機運づくり」には以下のような方法があります。
①企画書自主提案
②朝礼、部内ミーティング
③社内報、イントラネットなどの社内情報共有ツール
④勉強会・説明会
⑤講演会（対面方式・オンライン方式）
⑥キーパーソン限定イベント
⑦簡易調査

Chapter **3**
組織をつくる

**どうすれば
組織は動くのか。
組織を動かす
ポイント**

この章では何を学ぶか

Q 仲間が少しずつ増えてきました。次はどうすればいいですか?

Q 「ブランディング推進組織」のメンバーになると何がいいのですか?

Q 「ブランディング推進組織」、具体的には何をするのですか?

Q ブランディングの専門会社や関連会社に依頼する場合はどうすればいいですか?

この章では次の演習をしてみましょう

Work ▸ 「ブランディング推進組織」をどのようにつくるか、想定してみましょう。

Work ▸ 自分も入れて「ブランディング推進組織」のメンバーを想定してみましょう。

Work ▸ 「自分史グラフ」をつくってみましょう。

Work ▸ 外部を活用する場合の企業を想定してみましょう。

第 3 章 の テ ー マ は
[組織をつくる]です

STEP	何をするか	どのように
1	基本を知る	ブランド、ブランディングの基本的知識を得る
2	機運をつくる	ブランディングを始めるための雰囲気をつくり、仲間を見つける
▶ 3	組織をつくる	ブランディングを推進する組織をつくる
4	環境を見つめる	マクロ環境（政治、経済、社会、技術）分析 ミクロ環境（業界、競合、顧客）分析 内部環境分析 外部環境の機会・脅威、自社の強み・弱みを把握
5	進む方向を考える	外部環境、内部環境を「クロスSWOT」分析 プロポジションリスト（自社が提案できること） ブランドの「ありたい姿」議論
6	ブランドの 基盤をつくる	ブランドの基盤（ブランドコンセプト）策定 ・ブランドビジョン、ブランドミッション、ブランドバリュー ・ブランドパーソナリティ ・ブランドステートメント　など 企業・組織の理念体系の整理
7	「伝え方」をつくる	「ブランドらしい見せ方」「ブランドらしい言い方」を決める ブランドコミュニケーションガイドライン 内部浸透活動計画 外部発信コミュニケーション計画
8	「活動」を考える	「ブランドらしい活動」を具体的に考える
9	デビューさせる	ブランドへの期待感を高める活動
10	成果を活かす	各施策の定期的な測定・診断

準備　凝縮　拡散　診断

Q..

仲間が少しずつ
増えてきました。
次はどうすれば
いいですか？

A..

思い切って、
「ブランディング推進組織」を
つくりましょう。

T heory

■「ブランディング推進組織」の必要性

　共感者を集める活動が実ってきたら、会社（団体、組織）として正式にブランディングを推進する組織をつくりましょう。ブランディングは会社全体、組織横断的な活動です。そのため、「ブランディング推進組織」が必要となります。

　「ブランディング推進組織」はこれから全社的にブランディングを進める際の中心的な役割を果たします。

　組織形態は通常、以下のような①＋②の形態になります。

①全体の取りまとめをする事務局機能
- 既存の組織の中で該当する部署に事務局を置く（経営企画、総務、広告・宣伝など）
- あるいは、新たに事務局専任者（チーム）を置く

②内容を議論し、実際に推進する
　プロジェクトメンバー
- 社内（団体、組織）から人材を募り構成する（人数はケースバイケースですが、あまり大人数になるとスムーズに進まなくなるため、適正な人数を考えましょう）

「ブランディング推進組織」の活動はインナーブランディングそのもの

ブランディングという言葉ですが、実は、2つの要素を持っています。それは、アウターブランディングとインナーブランディングです。これについては後の章で詳しく述べますが、対象によって使い分けています。

〈インナーブランディング〉

主として、組織内（従業員、取引先など）の人たちに対して自分たちのブランドの考え方、コンセプトを理解してもらい、「ブランドらしい」活動を促す取り組み。ブランドの社内浸透とも言われる。

〈アウターブランディング〉

外部（一般社会）に対して、自分たちのブランドについて発信し、理解・共感を促す取り組み。コミュニケーション活動などが主たる取り組み。

インナーブランディングは、通常のブランディングの進め方ではブランドコンセプトを設定した後、社内の人たちを対象に浸透活動を行うこととされています。ブランド関連書籍にもそのような認識で書かれていることが多いのですが、この方法にこだわる必要はありません。

ブランドコンセプトが定まった後で「よーい、ドン!」とインナーブランディングとしてスタートさせるのではなく、**ブランディングの機運が高まり、「ブランディング推進組織」が立ち上がった時点で、インナーブランディングはスタートしている**と考えてみてはどうでしょうか。

これは、ブランドコンサルタントを経験し、その後、ブランディングの実践者として活動した私自身の実感です。

テキストを渡されて、「はい、これです。覚えましょう（中身はとても良いことが書かれてはいますが）!」より、「これから勉強をしていきましょう。何を勉強しましょうか。みんなで考えませんか?」のほうが、モチベーションも参加・関与意欲も違います。自分が勤務する大学のブランディングに際して、私は後者の方法を採りました。

早め早めに、組織内の人たちを巻き込んでいく活動が効果的です。「ブランディング推進組織」は、インナーブランディングを早期に開始するための先導者としての役割も果たしているのです。

図15-1　　ブランディング推進組織の活動はインナーブランディングそのもの

ブランディング推進組織

事務局：
1人〜数人

全体の取りまとめをする
- ■新たに事務局専任者（チーム）を置く
  or
- ■既存の組織の中で該当する部署に事務局を置く
  （経営企画、総務、広告・宣伝など）

プロジェクトチーム：
数人〜十数人（組織の規模による）

内容を議論し、実際に推進する
- ■社内（団体、組織）から人材を募り構成する

ブランディング

インナーブランディング

主として、組織内（従業員、取引先など）の人たちに対して自分たちのブランドの考え方、コンセプトを理解してもらい、「ブランドらしい」活動を促す取り組み。

ブランドの社内浸透活動

アウターブランディング

外部（一般社会）に対して、自分たちのブランドについて発信し、理解・共感を促す取り組み。広告・コミュニケーション活動などが主たる取り組み。

ブランドの外部発信活動

H [実践編] int

▍メンバーは同志

「ブランディング推進組織」のメンバーは、共にブランディングの旅をするパートナーであり、同志です。たとえ、役職者がチームにいたとしても「議論の中身」については忖度しないようにしましょう。ブランドの前には、平等です。

推進組織をつくるためのヒント

①組織の位置づけ

- これは企業によって様々です。経営トップがブランディングの重要性を認識している会社では、社長直轄、社長室直轄、役員直轄などの位置に置かれ、一定の権限を与えられることもあります。
- 「まず、これから考えてみよう」というレベルでは、既存の部署（経営企画室、総務、広告・宣伝部など）に付随するプロジェクトチームとして設置されることもあります。

②メンバーの人数、構成、役職

- 人数については企業規模によって異なるとはいえ、あまり大人数だとスムーズな進行が難しくなりま

す。大きな会社でも、スタート時点のチームは数人ということもありました。数人〜（多くても）十数人が適正です。
- 社員の構成は「各事業組織の代表」として「若手・中堅社員」を選抜するケースが多く見られます。ブランディングはとりもなおさず、その人たちが所属する会社（組織）の「将来の姿」を議論することになるため、自ずと議論にも熱が入ります。
- 管理職の方がメンバーの一員として入る場合、他のメンバーに対して、上司としての命令や会社としての指示を与えることは避けるべきです。また、メンバーの「評価」も避けたほうがいいです。ブランドについての議論は自由に行いましょう。

③経営者・役員の関与

- ブランディングにおいては経営者のリーダーシップは非常に大事な要素です。しかし、「ブランディング推進組織」のメンバーに経営者・役員が入っていると、自由に発言する空気が損なわれることがあります。
- 経営者・役員の方は、事前に自分の想い、考え方を「ブランディング推進組織」に対して十分伝え、それらについても議論をするように促しましょう。
- 企業が小規模であったり、経営者自身の強い想いがブランドのコンセプトである場合は、この限りではありません。しかし、それでもメンバーが自由に発言できる環境を整えましょう。

④選抜方法

- メンバーの選び方も企業の事情によって異なりますが、「意図的」に選抜する方法が有効です。つまり、年齢・性別・キャリア・組織内の役職・発言力の大きさ・実績などにこだわらず、「この人に考えてもらいたい」という人物を選びます。非常に抽象的な表現になりますが、メンバーを選ぶ側の「目利き」に頼る部分も否定はできません。

メンバーの特性

　以下は、私の経験による「ブランディング推進委員」に見られたメンバーの特性です。

- 日頃からポジティブな発言が多い
- ムードメーカー的である
- 明るく、楽しい
- 社内に顔が広い
- 問題意識を持っているが、傍観者ではなく何とかしようと思っている
- 客観的、俯瞰的な発言をする
- 社内の事情、仕組みをよく知っている
- 仕事以外に興味の幅が広い
- 話題が豊富
- 雑談が好き
- 自分なりに勉強している

W_{ork} ［実践編］ ▶ 「ブランディング推進組織」をどのようにつくるか、想定してみましょう。

項目	内容	
組織の位置づけ	（権限のある部署や役職に直結の場合）どこに位置づけられますか？	➡
	（既存の部署に付随する場合）どこに位置づけられますか？	➡
	その他	➡
人数	全員で何人くらいの組織ですか？	➡
職務構成	どの部署のメンバーを集めますか？	➡
一般社員・管理職	一般社員・管理職の構成はどうしますか？	➡
事務局	全体を取りまとめる事務局はどこに置きますか？	➡
経営者・役員の関与	経営者・役員の関与はどの程度にしますか？	➡
選抜方法	どうやってメンバーを集めますか？	➡

16

Theory

Q ....

「ブランディング推進組織」
のメンバーになると
何がいいのですか？

A ....

「分析力」と「想像力」、
そして「巻き込み力」が
鍛えられます。

■「ブランディング推進組織」は経営塾

　ブランディングを進めていくためには、様々な角度からの分析が必要です。また、そこから一定の方向を'編み出す'作業も求められます。

　自社だけではどうすることもできないマクロ環境、自分たちの商品・サービスに関係する市場環境、顧客環境、競合環境というミクロ環境、さらには自分たちの会社（組織・団体）自身という内部環境、それらの要素を、一度「まっさらな状態」で見つめることになります。

　経営者ではありませんが、おのずから経営者の視点に立つわけです。

　自分にはこの職務は関係ない、あの事業のことはあまり知らない、会社のことはよく分からない、マクロ環境やミクロ環境なんてよく知らない……こんなことでは務まりません。

　最初からすべてに対して知識がある、ということは当然ありません。でも、だからこそ知らないなりに勉強しましょう。関連する書籍を読む、情報を集める、社内の詳しい人に聞いてみる、自社の歴史や文化について調べてみる、そこで得た情報や知識を

メンバーで話し合ってみる……。

　これは、実は、経営者になるための勉強会、つまり「経営塾」にほかなりません。

　事実、「ブランディング推進組織」のメンバーで、後に経営トップや役員、事業部の責任者に就いた方が何人もいます。つまり、ブランディング推進組織は、会社にとって、スター社員の養成機関でもあるのです。

　もちろん、それが目的ではありませんが、結果的にその役割を果たしています。

図16-1	「ブランディング推進組織」のメンバーは、組織の未来を担う幹部候補

「分析力」「想像力」
「巻き込み力」の体得機会

　現状を客観的に把握し分析すること、これは物事を進める際は必須です。しかし大事なのは、分析から何を導き、どうしたいのかという方向をイメージすることです。

　「環境分析して終わり、あとは経営者が考えてください」ではありません。自分が経営者や責任者だったらどうするかを考える「想像力」が必要です。

　そしてさらにもうひとつの力、周囲の共感を得て活動に参加してもらうという「巻き込み力」が鍛えられます。

　「分析力」「想像力」は一人でも何とか磨くことはできますが、「巻き込み力」は必ずその対象が必要です。周囲の人たちに働きかけ、興味・関心を抱いてもらい、活動自体に共感してもらうこと、これは一人ではできません。「ブランディング推進組織」の活動はリアルな現場を通じて「分析力」「想像力」「巻き込み力」を体得する機会そのものです。

　企業によっては「ブランディング推進組織」は通常の仕事に「ONされる」もので、プロジェクトとしては認められたとしても、それが手当や報酬などに反映することがない、ということもあり得ます。そのケースのほうが多いかも知れません。しかし、目に見えないスキルをいつのまにか身につけられるのは十分なメリットだと言えます。

図16-2　「ブランディング推進組織」は経営塾

マクロ環境は
どうなっているんだろう？
- 政治、経済、社会、技術は……
- 国際関係は……
- 生活者は……

ミクロ環境は
どうなっているんだろう？
- お客様は……
- 市場環境は……
- ライバル会社の動きは……

自分たちの会社は
何が問題か、何が課題か
- 経営状況は、業績は……
- 歴史を振り返ってみよう
- 社員は何を考えているんだろう
　……

会社は何を目指して
いけばいいんだろう

何から手を
つければ……

社内にはどう
伝えれば……

［ 実 践 編 ］

■ メンバーは将来のスター候補生！

　「ブランディング推進組織」のメンバーは将来、会社（団体、所属部署、組織）を支えていく人材になっていく可能性があります。というより、その存在を目指しましょう。

　確かに、それまで経験したことがないことも多く、大変かも知れません。しかし、有形・無形のメリットがあります。

「ブランディング推進組織」 メンバーのメリット

ブランディングを考えることは……

①マーケティングに強くなる
- マクロ環境が分かる
- ミクロ環境（市場環境、顧客環境、競合環境）が分かる
- 市場機会と脅威が分かる

②会社の内部環境が分かる
- 会社の実態が分かる
- 会社の歴史、伝統、文化、創業者の意志、経営者の意志などが分かる
- 社員の意識が分かる
- 会社の強み、弱みが分かる
- 会社が進むべき道筋が分かる

③ビジネスパーソンとしての総合力がつく
- 分析力、課題抽出力、企画力、巻き込み力が身につく
- 議論に強くなる
- ファシリテーション力が身につく
- プレゼンテーション力が身につく
- 社内の人脈が広がる
- 経営者、社内のキーパーソンと直接話す機会が増える
- 外部の人脈が広がる

W_{ork} ［ 実 践 編 ］

自分も入れて「ブランディング推進組織」の
メンバーを想定してみましょう。

名前	役職	特性	役割
例： ○○××さん	一般・中堅社員	明るく、頼れる存在	まとめ役

Brand
Management

17

Q ....

「ブランディング推進組織」、
具体的には
何をするのですか？

A ....

ブランディングの
中心的立場として、
ブランディングに関わる
すべてのことを行います。

T h e o r y

［理論編］

**「ブランディング推進組織」は、
ブランディングのエンジン役**

「ブランディング推進組織」はブランディングを進めるためのエンジン役です。基本方針を定め、それを会社内で円滑に進めるためのディレクションを行います。かなりの大役です。まして、それまで会社にあまりなかった概念ですので、理解・共感を得ながら進めるという気配りや配慮も求められます。

そのため、ブランディング推進メンバーに対して会社として「辞令」を発令したり、「サーティフィケイト（certificate）」と呼ばれる「認定証」のようなカードをそれぞれに発行している会社もあります。それほど、責任と期待を寄せられる立場なのです。

「ブランディング推進組織」の主な業務

A：進行管理面
- ブランディング全体計画立案
- スケジュール管理
- 組織間意識調整
- 決済手続き
- 資料作成
- 提案、プレゼンテーション
- 説明会開催
- 社内情報共有
- 予算管理
- 外部企業との調整
- 制作ディレクション、制作物管理
- 外部発信進行管理　など

B：ブランディング内容面
- マクロ・ミクロ環境分析、内部環境分析（仮説）
- クロス SWOT 分析、3C 分析（仮説）
- ブランドの方向性（仮説）
- ブランドコンセプト策定（仮説）
- VI（ビジュアル・アイデンティティ）議論
- クリエイティブ議論、方向性決定
- 活動内容議論
- 効果測定とフィードバック　など

▌まず、雑談できる雰囲気づくりから始める

　ブランディングの進行において最も大事なこと、それは「自由な議論」です。もちろんビジネスパーソンとしてのマナーは必要ですが、議論すべきことは'忖度なく'議論しましょう。

　外部環境の機会と脅威、内部環境の強みと弱みについて自由に話し合うことになりますが、特に、弱みに関しては冷静な議論が求められます。それまで、なかなか言えなかったことを言える空気、何を言っても許される空気、そのような場づくりが必要です。実際、ある人の何気ない一言が核心を言い当てていて、それがコンセプトに結びついた例も経験しています。

　まず雑談できる雰囲気をつくり、その後、話し合いに移ります。角型テーブルを挟んで向き合いながら資料に目を落とし、滔々と発表する……、ではなく、できれば丸形テーブルを囲み、おかわり自由のコーヒーやスナック類を用意するなど、雑談会のようにすると意見を発しやすくなります。

図17-1	会の進め方とポイント

①アイスブレイク

　最初にアイスブレイクの時間を設けます。テーマは何でもいいのですが、マイブーム、趣味、ワクワクしたこと、学生時代の思い出、入社のキッカケ、そもそもの志望動機など、各自、短時間で発表してもらいます。それぞれの発表が終わった後は、拍手と軽い感想などを添えると緊張がほぐれます。

②その日のテーマの宿題

　その日のテーマについて話し合いますが、必ず、事前に宿題を出しましょう。何もないところからその場でアイデアを発表したり意見を述べるのは難しく、議論自体も深まりません。「何か、意見はありませんか」状態になりがちです。各自が事前にそれについて考え、自分なりの意見を持っていると、意見の一致点、相違点を話し合うことができます。

③宿題の発表と議論

　各自の宿題を発表する際は、その場で否定、反論するのではなく、すべて聞きましょう。ホワイトボードなどでポイントを書き留めていくことも有効です。全員の発表が終わったところで、質疑・応答を行います。それらの意見を踏まえて、その会のテーマについて話し合います。結論が出る場合もあれば、簡単には結論が出ない場合もあります。どちらにしても、記録は残しておきましょう。

〈記録のポイント〉
すべての発言を細部にわたり記録する必要はありませんが、どのような議論がなされたのかの趣旨は残しておきましょう。後々、社内の説明会などで質問があった場合の回答としても活用できます。また、議論の中で、ユニークな視点、それまで気がつかなかった意見などがあれば、できるだけ「生の言葉」「話し言葉」を残しておきましょう。言葉を丸めて、ありきたりの言葉にしてはいけません。「生の言葉」「話し言葉」のほうが心に響きます。
（例）
「お客さんの『ありがとう』って言葉、
いまさらながら、沁みる」○
「顧客満足が第一」×
「地域の困りごとの'よろず引き受け'
的なことをしてきた」○
「地域密着、地域貢献」×

活動の3要素「信頼、尊敬、共感」

「ブランディング推進組織」のメンバーは、ある意味「選ばれし者たち」です。互いの性格、能力、適性の違いは認めつつ、ブランディングを推進していくという意志の共有は必要条件です。

意志を共有し、活動をスムーズに進める方法

「信頼、尊敬、共感」はチーム活動の3要素

前章でも触れましたが、アドラー心理学の研究者でもあるブランドコンサルタント・嶋尾かの子氏はチームの活動においては3つの要素が必要であると述べています。

信頼：相手の可能性を信じ、任せきる
尊敬：相手の気持ちを受け入れる
共感：相手の気持ちになって考え、表現する

原体験を語り合う

人がどのようなときにどう考え、どう判断するかには、その人の価値観が表れます。人生の中で忘れられない出来事、思い出深いエピソードなど、それぞれの原体験を率直に話し合うことも、互いの価値観を

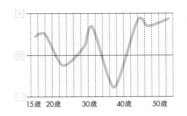

知る上では有効です。

私の経験では、各自、左のような「自分史グラフ」を作成し、それについて楽しく話し合いながら、互いの距離を縮めるケースもありました。個人情報に触れるので、当然、慎重に進める必要はありますが、それぞれの人生の物語を改めて語ることで自分が大切にしている価値観に気づくこともあるため、試してみる価値はあります。

ビジョンや想いを語り合う

それぞれが会社や組織をどうしたいかについてビジョンや夢、想いを語り合うことも、意志の共有化には有効です。ビジョンや想いを語るときは、必然的にポジティブで前向きな表現になります。「ポジティブで前向きな精神」はブランディングを推進する上でのエネルギーそのものです。

宿題と発表

何も準備をせず、その場で「何か意見はありませんか?」と問われても意味のある回答はできません。まず、各自でテーマについて考え、それを発表し、さらに別の人の意見も聞く、それらをもとにさらに話し合う。このように進めると各自の参加意欲・当事者意識も高まる上、何よりもテーマについての視点が多角的になります。

W o r k ［実践編］

「自分史グラフ」をつくってみましょう。

「自分史グラフ」をつくりながら、自分自身の価値観を考えてみましょう。

あなたというパーソナルブランドが大切にしている価値観の確認です。

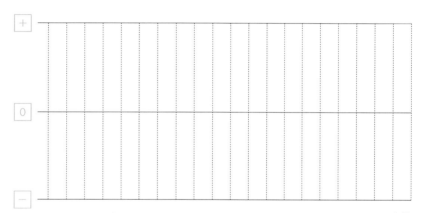

→年齢

自分史のシートを見ながら、今のあなたがあると思える、人生のターニングポイントを3つ抜き出してください

その3つの経験からあなたが得られたことは何でしょうか？　共通していることはありますか？

その経験で発揮されたあなたの強みや良さは何ですか？

（「自分史グラフ」はウェルビーイング研究家・実践家／オフィス　ル・スリール代表、岡本直子氏による）

18

Q...

ブランディングの
専門会社や関連会社に
依頼する場合は
どうすればいいですか?

A...

外部に依頼する前に、
自分たちの考えを
決めておきましょう。

Theory ［理論編］

▌ 外部の会社にも「信頼・尊敬・共感」

「基本を知る」「機運をつくる」「組織をつくる」というステップを経過すると、いよいよ、本格的なブランディングの作業に入ります。

次は、環境分析のステップに移りますが、ここからは部分的に外部の専門会社に作業を依頼することも考えられます。

ブランディングに関連する会社としては、顧客・競合などの外部環境や社内の意識などを調査する調査会社、ブランディング全般を担当するブランド専門コンサルティング会社、コミュニケーション分野を中心にブランディングを行う広告会社、マーケティング企画専門会社、あるいはビジネス系コンサルティング会社、人材育成系コンサルティング会社、デザインや表現に長けたクリエイティブ制作会社、印刷会社など、多種多様の会社が存在します。

それぞれ得意不得意があるため、外部企業を選択する際は、何を、どの段階で、どこまでの内容を依頼するのかを吟味する必要があります。

また、外部の会社はブランディングを一緒に進め

ていくパートナーであることを忘れてはいけません。外部に対しても「信頼・尊敬・共感」の姿勢で臨みましょう。

▌「丸投げ」厳禁

外部の会社に何らかの業務を依頼する場合、絶対にしてはならないことが案件を「丸投げ」することです。これは、自分の行きたい場所のイメージを伝えないで、旅行会社に旅行の計画を立ててもらうようなものです。また、自分がしたい暮らし方を伝えないで、住宅建築会社に家を建ててもらうようなものとも言えます。

「お宅は、専門の会社なので、ウチの状況を考えて最適なものを提案してください」
「私たちは、よく分からないので、御社がいいと思うものを提案してください」
「まあ、いろいろありますが、御社にすべてお任せします」
　……

こうした自分たちの思考を相手に預けてしまうような発言や依頼はやめましょう。
このように業務を依頼する会社は、業務を請け負う会社にとっては「嬉しいお客様であり、困ったお客様」です。

もちろん、信頼されているという嬉しさはあります。「最適な提案」を求められていますので、全力で考えます。
しかし、依頼主の意図が不明瞭なので「何が最適であるか」が分からず、「何でもあり状態」になってしまいます。
「何でもあり状態」のまま、いくつもの案を提案することになると、場合によっては「どの案もいいが、どれもピンとこない……」などという評価になることがあります。

また、提案依頼が他の会社との競合コンペであるような場合は、参加各社がコンペ勝利のために、かなり大胆で斬新な提案をすることがあります。その場合、案自体のインパクトはあるものの、当該企業や当該ブランドにとってはむしろイメージの毀損につながるような場合もあります。

少しハードルが高いかも知れませんが、できるだけ想像力を働かせて自分たちなりの仮説を用意しておくようにしましょう。高い精度ではなくとも、「こんな案が欲しい、こういう対応をして欲しい」といったことを想定しておくのです。すると、それが判断基準となり、パートナー会社選定がスムーズに進みます。

きちんとしたブリーフィング（オリエンテーション）を行う

外部の会社に業務を依頼するときには、ブリーフィング（オリエンテーション）をきちんと行いましょう。ブリーフィングは次の点を押さえましょう。

何を
- 提案して欲しい内容を項目別に記す

何のために
- 提案内容の活用目的を記す

提案の仕方および期限
- 書類提出（期限）
- 対面（もしくはオンライン）プレゼン（日程）

推進体制
- 責任者、推進組織
- 担当の窓口は誰か（何かあったときに相談できる個人）

実績
- 業務提案を依頼する会社にどのような実績があるか

予算
- 予算がある場合は提示
- 金額が分からない場合は予算見積もりを依頼

競合の有無
- 今回の業務提案依頼に関して1社だけか、他社にも依頼しているか
  （他社にも依頼している場合、会社名を示したほうが良い）

可否の返答期日
- 正式に依頼をするかどうかの回答期日を明確にする

提案を考えるための資料
- 提案者が内容を考えるにあたっての資料を提示する

こちらの責任者、質問などの問い合わせ方法
- 今回のブリーフィングに関する責任者、内容についての問い合わせ方法を明示する

図18-1　ブランディングにおける外部会社の主たる業務領域

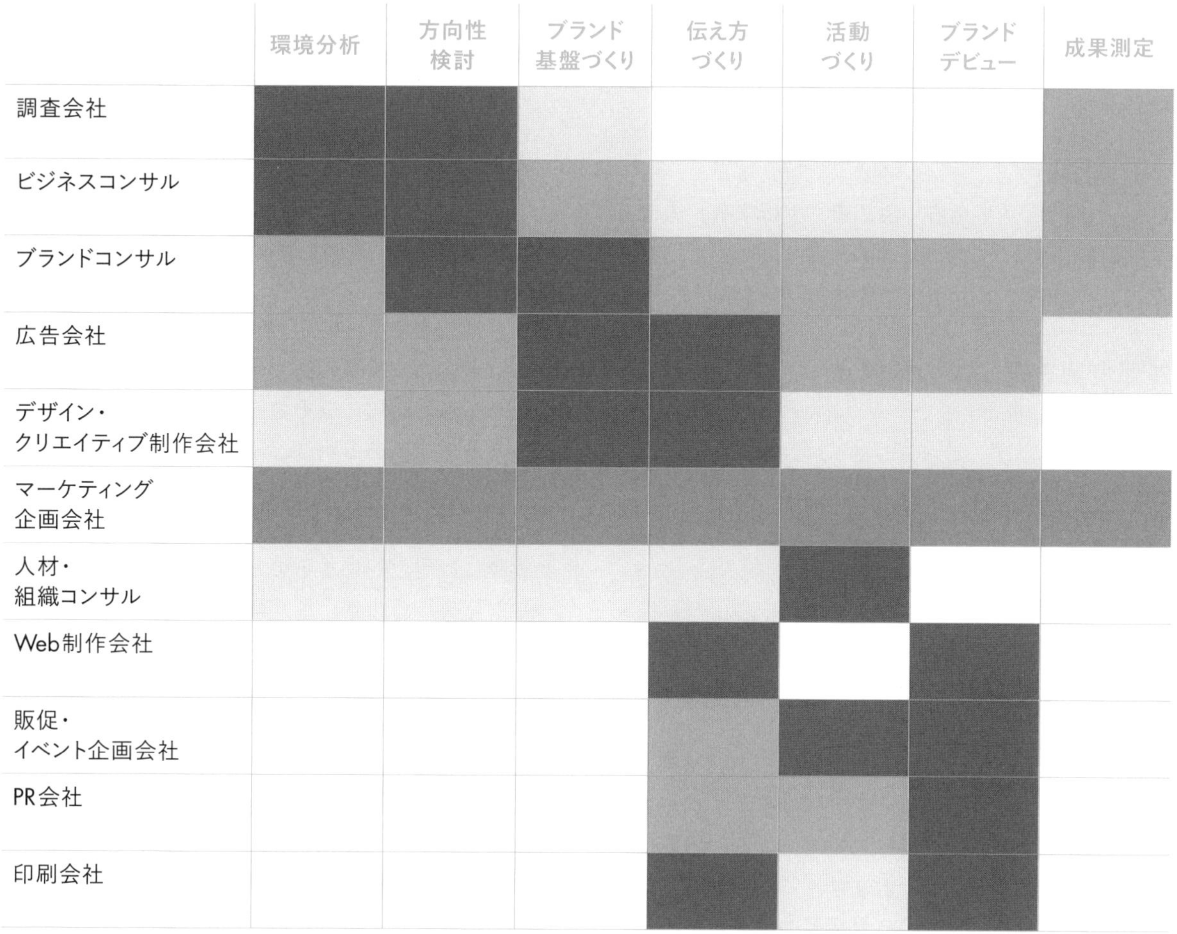

	環境分析	方向性検討	ブランド基盤づくり	伝え方づくり	活動づくり	ブランドデビュー	成果測定
調査会社							
ビジネスコンサル							
ブランドコンサル							
広告会社							
デザイン・クリエイティブ制作会社							
マーケティング企画会社							
人材・組織コンサル							
Web制作会社							
販促・イベント企画会社							
PR会社							
印刷会社							

上記はあくまでもイメージです。実際には、企業の実績、ノウハウ、規模などによって異なります。

▌ 外部企業はブランディングの「パートナー」

外部企業はブランディングを共に進めていくパートナーですが、「考える、決める、実行する」のはあくまでも自分たちです。外部企業に対してディレクションをする、という姿勢を持ちつづけましょう。

外部企業を選ぶ際の留意点

対応姿勢

- 相手の会社が有名、規模が大きいからといって、こちらが無用な気遣いをする必要はありません。堂々と接しましょう。
- 相手が「上から目線」であったり、こちらの事情も踏まえずに、一方的に「こうすべき」と断じるようなことがあれば、取引は控えたほうがいいでしょう。パートナーとは言えません。

傾聴力

- パートナーとなる企業は「良いお医者さん」が望ましい姿です。良い医師は、患者の体調や不安に思うことをまず聞いてくれます。こちらの話をよく聞いてくれる姿勢、つまり傾聴力の有無は基本的な要素です。

回答力

- こちらの質問に対して的確に回答してくれるか否かです。専門用語、必要以上のカタカナ用語を使う場合は要注意です。
- 自分たちが知らない専門用語やカタカナ用語について、その場で聞き返すのは「恥ずかしい」と感じるかも知れませんが、思い切ってその意味を聞きましょう。それらの用語に対して分かりやすく、丁寧に回答するか否かでパートナーとしてふさわしいかどうかを判断しましょう。

対応力

- これは大事です。最初のプレゼンテーションなどでは対応力、組織体制などが明確に記されていたとしても、実際にはそのとおりに進まないケースもあります。あるいは、競合コンペなどの場合はプレゼンテーションのときだけ「登場する」人もいます。
- 実際には誰が対応するのか、緊急時にはどのような対応を取るのか、最初に確認しておく必要があります。

社内部署との関連性

- 会社によっては、自社内にその案件の専門の部署があることがあります。その場合は社内調整が必要です。改めて外部の会社に依頼すると業務が「ダブる」可能性があるばかりか、後々、その部署との連携がスムーズに進まなくなることも考えられるため注意しましょう。

W o r k ［ 実 践 編 ］

▶ 外部を活用する場合の企業を想定してみましょう。

	外部の企業を……			
	活用する予定		検討を 要する	活用 しない
	想定企業がある （想定企業名）	想定企業はない		
調査会社				
ビジネスコンサル				
ブランドコンサル				
広告会社				
デザイン・クリエイティブ制作会社				
マーケティング企画会社				
人材・組織コンサル				
Web制作会社				
販促・イベント企画会社				
PR会社				
印刷会社				
その他				

外部企業の得意領域などを考え、フォーメーションを考えましょう。

テ ー マ は
[組織をつくる]です

Ⓠ **仲間が少しずつ増えてきました。**
次はどうすればいいですか?

Ⓐ 思い切って、
「ブランディング推進組織」を
つくりましょう。

　ブランディングは会社全体、組織横断的な活動になるため、推進エンジンの役割を果たすブランディング推進組織をつくりましょう。ブランディング推進組織は「①全体のとりまとめを行う事務局」「②内容を議論し、実際に推進するプロジェクトメンバー」により構成すると良いでしょう。
　また、このブランディング推進組織の活動は、インナーブランディングそのものと言えます。

Ⓠ **「ブランディング推進組織」の**
メンバーになると何がいいのですか?

Ⓐ 「分析力」と「想像力」、
そして「巻き込み力」が鍛えられます。

　ブランディングは自分たちの会社、組織の置かれている環境を分析し、今後の方向性、「あるべき姿」を探ることになるため、必然的に経営者の視点に立つことになります。つまりは経営塾のようなものです。現状を冷静に見つめる「分析力」、こんな姿を目指したいという「想像力」、そして周囲の人たちに働きかけ、共感を得ていく「巻き込み力」が鍛えられます。

Ⓠ **「ブランディング推進組織」、**
具体的には何をするのですか?

Ⓐ ブランディングの中心的立場として、
ブランディングに関わるすべての
ことを行います。

　ブランディング推進組織はブランディングを進めるためのエンジン役です。そのため、守備範囲は広く、進行管理とブランディング内容、この両面の活動が要求されます。
　とはいえ、カタイ会議ではアイデアは生まれないため、あくまでも「自由な議論」「何でも言える環境」を心がけましょう。参加者の何気ない一言がコンセプトに結びつくこともあります。

Ｑ ブランディングの専門会社や関連会社に依頼する場合はどうすればいいですか?

Ａ 外部に依頼する前に、自分たちの考えを決めておきましょう。

　ブランディングを進める場合、早い段階で外部の各種専門会社に作業を依頼することがあります。自分たちは発注する側になるわけですが、外部の会社はあくまでもパートナーです。「信頼・尊敬・共感」の姿勢で臨みましょう。その上で、絶対にやってはならないのが自分たちで考えずに「丸投げ」することです。まず自分たちで考え、きちんとしたブリーフィングを行いましょう。そのほうが、それ以降に良い関係を築くことができます。

ブランディングと
マーケティング

ときどきある議論

　ブランドとマーケティング、あるいはブランディングとマーケティング、どっちがどうなのか、ビジネスの世界ではそんな議論がときどきあります。

　「ブランディングはマーケティングの一部だ。すべてがマーケティング活動なのだ」

　「そうかも知れないが、ブランド戦略とマーケティング戦略は一体のものだ」

　「いやいや、ブランディングがまずあって、マーケティング戦略がある」

　このような意見が交わされます。

　マーケティングという言葉ひとつとっても、一般的に知られている4P（Product、Price、Place、Promotion）、あるいはサービス産業などの場合はコトラーが唱えた7P（Product、Price、Place、Promotion、People、Process、Physical Evidence）と認識している企業もあれば、単に「販売促進的・プロモーション的」な施策を指す企業もあります。極端な場合は、単なる「調査・分析」のことと認識している人もいます。

　ブランディングとマーケティングの議論それ自体は決して無駄なことではありません。特に、研究者にとってはそれらの関係性を明快に語ることは必要かも知れません。しかし、ビジネスの実務者にとってはその違いにこだわりすぎることもあまり生産的ではありません。

　ここで少し整理してみましょう。

　まず、マーケティングについて、これまでに数々の定義がなされています。

公益社団法人　日本マーケティング協会（1990年）

　マーケティングとは、企業および他の組織がグローバルな視野に立ち、顧客との相互理解を得ながら、公正な競争を通じて行う市場創造のための総合的活動である。（※1）

アメリカ・マーケティング協会（2007年）

　マーケティングとは、顧客、依頼人、パートナー、社会全体にとって価値のある提供物を創造・伝達・配達・交換するための活動であり、一連の制度、そしてプロセスである。（※2）

ピーター・F・ドラッカー　1909〜2005

　マーケティングの狙いは、「顧客というものをよく知って理解し、製品が、顧客にぴったり合って、ひとりでに売れてしまう」ようにすること。（※3）

フィリップ・コトラー　1931〜

　どのような価値を提供すればターゲット市場のニーズを満たせるかを探り、その価値を生み出し、顧客に届け、そこから利益を上げること。（※4）

　そして、ブランド・ブランディングについても、多くの識者が意見を述べています。

フィリップ・コトラー

　かつてブランドとは、あるサプライヤーが選んだ一つの名前にすぎなかった。しかしいまやブランディングは、一つの独立した概念として進化している。なかには「マーケティングはもう必要ない。ブランディングこそが重要だ」と主張する人もいるが、ブランディングはあくまでマーケティングの一環であり、それだけでは成功に必要なすべての要素をカバーすることはできない。（※5）

デービッド・アーカー

　「資産としてのブランド」という考え方の重要性は、どれほど強調してもしすぎること

はない。マーケティングの歴史において、実際のマーケティング活動を真に一変させてきた考え方はいくつかある。マス・マーケティングやマーケティング・コンセプト、そしてセグメンテーションは確実に挙げられるだろう。しかし、「資産としてのブランド」という見地でブランドとブランド構築を捉えることも、実現が容易とは限らないとはいえ、そのリストに加える必要がある。（※6）

ピーター・F・ドラッカー

あらゆる組織において、共通のものの見方、理解、方向づけ、努力を実現するには、「われわれの事業は何か。何であるべきか」を定義することが不可欠である。（※7）

一般財団法人　ブランド・マネージャー認定協会

ブランドとは資産であり、経営戦略から一貫して派生するものです。企業戦略において、ブランド戦略はマーケティング戦略と一体であり、特にブランド価値を高めることに力点をおいて、マーケティング施策を計画、実行していくことをブランド戦略と呼びます。（※8）

インターブランド

「ブランド」とは"Living business asset"つまり、「常に変化するビジネスアセット（資産）」（中略）。「ブランディング」はあらゆるビジネス活動をマネジメントし、ビジネスアセットであるブランド価値を最大限にすることを目指す活動である。（※9）

また、筆者が調べたところによるとインターブランドは「ブランド戦略と事業戦略は交互に影響し合う（もしくは一体）のものであり、それに基づいて様々な事業活動（その中にはマーケティング活動も含まれる）が行われる」と唱えています。ほかにもマーケティングとブランディングではその目的と役割が異なる（例えば、「ブランディングは存在意義・Whatであり、マーケティングは伝え方・Howである」「マーケティングは企業側からのメッセージ、ブランディングは相手からの好意的な評価」など）という考え方もあります。

筆者なりの整理

　このように立場により視点により、マーケティング、ブランディングに対する認識は異なりますが、「ブランディングvsマーケティング」という二項対立的にとらえるのはあまり意味がありません。マーケティングという大きな概念の中にブランディングが含まれると認識する考え方、その逆に、ブランディングという大きな概念の中にマーケティングがあるという考え方、どちらが正しいという議論ではありません。

　アカデミズムの立場に立つと、「マーケティング＞ブランディング」である一方で、実務家の立場に立つと「マーケティング≦ブランディング」の傾向がうかがえます。

ブランディング

　ブランド理念（ブランドコンセプト、ブランドの約束）に基づき、すべての企業（事業）活動を推進することにより、ステークホルダーから「選ばれる存在」になること。

マーケティング

　企業（事業）活動において、顧客からその企業、商品、サービスを選択・利用・継続利用・顧客拡大を促す仕組みのこと。

　これは、長い実務家としての経験の中で自分なりに解釈したものです。ブランディングを「あるべき姿」を目指すための包括的な概念、マーケティングをブランディングのための手段としてとらえているので、「マーケティング≦ブランディング」という認識です。しかし最適解とも言い難く、「『マーケティング≦ブランディング』ではあるがその全体が『マーケティング』である」という見方もあります。

　しかし、ブランディングを目的、マーケティングを手段と位置づけることで実務的には活動を進めやすくなりました。ブランディングとマーケティング、今後も考える課題です。

ブランド戦略とマーケティング戦略

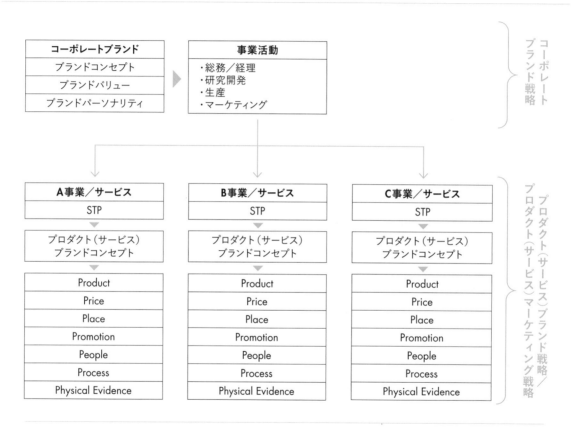

「マーケティング」「ブランド」「ブランディング」の各定義に関する出典一覧

※1：公益社団法人日本マーケティング協会HP
　　　https://www.jma2-jp.org/jma/aboutjma/jmaorganization
※2：各種HP等で紹介されている慶應義塾大学、高橋郁夫氏による翻訳文
※3：『マネジメント』ダイヤモンド社
※4：『コトラーのマーケティング・マネジメント ミレニアム版』
　　　ピアソン・エデュケーション
※5：『コトラー　マーケティングの未来と日本』KADOKAWA
※6：『ブランド論』ダイヤモンド社
※7：『マネジメント』ダイヤモンド社
※8：一般財団法人ブランド・マネージャー認定協会福岡エリアHP
　　　www.brand-mgr-kyushu.jp/brand-maneger
※9：『ブランディング7つの原則【改訂版】』日経BP　日本経済新聞出版本部

Chapter 4
環境を見つめる

自分たちは
どこにいるのか。
問題意識共有の
ポイント

この 章 で は 何 を 学 ぶ か

Q 環境認識のためにはどんな分析をすればいいですか?

Q 環境分析はどうすればいいですか?

Q 競合ブランドの分析はどのようにするのですか?

Q 顧客分析のポイントを教えてください。

Q 自社分析のポイントを教えてください。

Q 調査結果などを共有化するためには何を注意すべきですか?

この 章 で は 次 の 演 習 を し て み ま し ょ う

Work ▶ クロスSWOT分析をしてみましょう。

Work ▶ PEST分析をしてみましょう。

Work ▶ 競合ブランド分析をしてみましょう。

Work ▶ 顧客の認識を想像してみましょう。

Work ▶ 自分たちの会社を分析してみましょう。

Work ▶ 社内での情報共有にはどんな方法があるか、考えてみましょう。

第 4 章 の テ ー マ は
[環境を見つめる]です

STEP	何をするか	どのように
1	基本を知る	ブランド、ブランディングの基本的知識を得る
2	機運をつくる	ブランディングを始めるための雰囲気をつくり、仲間を見つける
3	組織をつくる	ブランディングを推進する組織をつくる
▶ 4	環境を見つめる	マクロ環境（政治、経済、社会、技術）分析 ミクロ環境（業界、競合、顧客）分析 内部環境分析 外部環境の機会・脅威、自社の強み・弱みを把握

準備

5	進む方向を考える	外部環境、内部環境を「クロスSWOT」分析 プロポジションリスト（自社が提案できること） ブランドの「ありたい姿」議論
6	ブランドの 基盤をつくる	ブランドの基盤（ブランドコンセプト）策定 ・ブランドビジョン、ブランドミッション、ブランドバリュー ・ブランドパーソナリティ ・ブランドステートメント　など 企業・組織の理念体系の整理

凝縮

7	「伝え方」をつくる	「ブランドらしい見せ方」「ブランドらしい言い方」を決める ブランドコミュニケーションガイドライン 内部浸透活動計画 外部発信コミュニケーション計画
8	「活動」を考える	「ブランドらしい活動」を具体的に考える
9	デビューさせる	ブランドへの期待感を高める活動

拡散

10	成果を活かす	各施策の定期的な測定・診断

診断

19

Q ....

環境認識のためには
どんな分析をすれば
いいですか？

A ....

一度、360度、
見渡してみましょう。

外部環境と内部環境はどうなっているか

　こんなことは滅多にないと思いますが、知らない山の中で迷ってしまったとしましょう。スマホは通じない、あいにく地図も持っていない。そんなとき、どうするか。

　太陽の位置、あるいは月や星の位置を確かめ、周囲の山並みを観察し、ときには耳を澄ませて川の流れる音を聞くなどして、全力で自分がどこにいるか確かめるでしょう。そればかりではなく、自分の空腹度合、体力、気力なども気にかけるでしょう。そうやって、何とか上手くいく方法を見つけ出そうとするはずです。

　ブランディングの場合の環境分析もこれと同じです。まず、自分が置かれている外部の環境、そして自分たちの内部環境を見つめるところから始まります。自分たちがどこにいるのか分からないのに、進むべき方向など分かるはずがありません。

孫子の兵法に学ぶ

　紀元前500年ごろの中国春秋戦国時代に軍事思想家の孫武が著したと言われる兵法書『孫子』は現

代のビジネス社会にも通じると言われ、様々な解説本が出版されています。その『孫子』の「謀攻篇」に次のような文章があります。

「故に曰く、彼を知り己を知れば百戦殆うからず。彼を知らずして己を知れば一たび勝ちて一たび負く。彼を知らず己を知らざれば、戦ふ毎に必ず殆うし」

「彼」とは戦う相手だと思われますが、相手を知り自分自身を知っていれば百回戦っても負けることはなく、相手のことを知らずに自分自身の力を知っていれば勝ったり負けたりし、相手のことも自分のことも知らなければ必ず敗れるということです。

この場合、「彼」とは自分以外の外部の環境と解釈することもできます。つまり、外部環境と内部環境を分析することにより、自分たちの採るべき道が明らかになるということを示唆しています。

まさにこれはSWOT分析そのものです。

具体的には何を分析するか

外部環境にはマクロ環境、ミクロ環境があります。

マクロ環境は自分たちではどうにもならない大きな環境のことです。政治、経済、社会、技術などは個別の企業ではどうにもなりません。しかし、確実に影響を及ぼします。

ミクロ環境はそれに比べるともう少し身近です。自分たちの属している業種・業界の環境です。市場がどうなっているか、競合企業はどうか、また自分たちの顧客はどういう状況にあるか、などです。

それらの外部環境は自分たちにとって有利に働くのか、または不利に働くのかを考えましょう。有利に働くことを「機会（Opportunity）」と呼び、不利に働くことを「脅威（Threat）」と呼びます。

そして、内部環境。自分たち自身のことですね。どんな「強み（Strength）」があるのか、どんな「弱み（Weakness）」があるのか、ここは冷静に見つめてみましょう。

内部環境の「強み（S）」と「弱み（W）」、外部環境の「機会（O）」と「脅威（T）」を組み合わせて分析するSWOT分析は自分たちの置かれている環境を見極めるためには有効な方法です。

SWOT分析はクロスで

このSWOT分析を、クロスSWOTという形にすると、メンバーの意見はかなり活発になります。課題や方向性が考えやすくなるからです。

それぞれの要素をクロスすることにより、自分たちがどのようにあるべきかという姿がおぼろげながらでも浮かんでくることがあります。クロスSWOT分析は全体のストーリーをつくるための「装置」です。

図19-1　クロスSWOT分析

			外部環境	
			機会［Opportunity］	脅威［Threat］
			(A) 都合が良い点	**(B) 都合が悪い点**
内部環境	強み ［Strength］	**(C)** 競合に 比べての強み **(E)** 顧客に 対する強み **(G)** 自社（製品）の 良いところ	機会×強み（I） 外部環境は良い。 自社も強い **→機会を 最大活用しよう。** 市場環境は〜という追い風。 さらに当社は〜という強みがあるので 好都合。絶好の機会 追い風×エンジン付きボート	脅威×強み（J） 外部環境は厳しいが、 自社には強みがある **→強みを武器に 競合に差をつけよう。** 市場環境は〜という向かい風。 しかし、当社は〜という 強みがあるので有利 向かい風×エンジン付きボート
	弱み ［Weakness］	**(D)** 競合に 比べての弱み **(F)** 顧客に 対する弱み **(H)** 自社（製品）の 良くないところ	機会×弱み（K） 外部環境は良いのに、 自社は弱い **→何とかしないと チャンスを逃す。** 市場環境は〜という追い風。 しかし、当社は〜という 弱みがあるので不利 追い風×手漕ぎボート	脅威×弱み（L） 外部環境も厳しく、 自社も弱い **→根本から考え直さないと、 大変なことになる。** 市場環境も〜という向かい風。 当社も〜という弱み。 最悪の事態を招かないためには？ 向かい風×手漕ぎボート

［実践編］

■ クロスSWOTはナビゲーター

クロスSWOT分析の進め方

クロスSWOT分析は外部環境と内部環境を組み合わせ、自分たちが打ち出すべきところ、守るべきところをクリアにしてくれる「装置」です。その進め方をお話しします。

①枠組みをつくる

外部環境と内部環境の枠組みをつくります。表頭・表側はどちらでも構いませんが、便宜的に次のように決めます。A〜Hは該当枠。

表頭：外部環境
- 機会（Opportunity）→A
- 脅威（Threat）→B

表側：内部環境
- 強み（Strength）
  競合に比べての強み→C
  顧客に対する強み→E
  自社（製品）の良いところ→G

- 弱み（Weakness）
  競合に比べての弱み→D
  顧客に対する弱み→F
  自社（製品）の良くないところ→H

②外部環境・内部環境の枠に分析結果のポイントを記入する

それぞれの枠（A〜H）に分析した内容を記入します。箇条書きなどでシンプルに書き込みましょう。

③外部環境と内部環境をクロスさせて議論する

- 機会（A）×強み（C、E、G）
  →機会最大活用ゾーン(I)
- 脅威（B）×強み（C、E、G）
  →競合差異化ゾーン(J)
- 機会（A）×弱み（D、F、H）
  →チャンス見逃しゾーン(K)
- 脅威（B）×弱み（D、F、H）
  →最悪警戒ゾーン(L)

④議論の経過を記録する

マトリクスにより焦点が絞られ、考えやすくなります。メンバーそれぞれがあらかじめクロスSWOT分析を行い、その結果を発表します。それにより、個々では思いつかなかった視点に気がつくことがあります。議論の内容はきちんと記録しておきましょう。

W [実践編] ork ▶ クロスSWOT分析をしてみましょう。

A～Hを埋めていきましょう

			外部環境	
			機会 [Opportunity]	脅威 [Threat]
			(A) 都合が良い点 外部、顧客、競合	**(B) 都合が悪い点** 外部、顧客、競合
内部環境	強み [Strength]	**(C)** 競合に 比べての強み **(E)** 顧客に 対する強み **(G)** 自社（製品）の 良いところ	機会×強み（I）	脅威×強み（J）
	弱み [Weakness]	**(D)** 競合に 比べての弱み **(F)** 顧客に 対する弱み **(H)** 自社（製品）の 良くないところ	機会×弱み（K）	脅威×弱み（L）

Brand Management

20

Theory ［理論編］

Q................................

環境分析は
どうすれば
いいですか？

A................................

まず、PEST分析、
3C分析を
してみましょう。

▌ マクロ環境を見極めるためのPEST分析

　マクロ環境とは自分たちでは制御することができない環境のことです。

　例えば、少子高齢化、国際問題、環境問題、政治問題などは自分たちでコントロールしようとしても無理な話です。しかし、そういう外部環境が自分たちにとって有利に働く「機会」にもなれば、不利に働く「脅威」にもなります。

　どんな要素が機会になるのか、あるいは脅威になるのか、業界全体では脅威でも自分たちにとっては機会になることもある、そんなことを話し合い、ポイントを見極めていきます。

　そこで使う方法が「**PEST分析**」です。

　PEST分析はアメリカの経営学者でマーケティングの第一人者であるフィリップ・コトラー氏が提唱したマクロ環境を分析するための方法です。

　Politics（政治的要因）、Economy（経済的要因）、Society（社会的要因）、Technology（技術的要因）の頭文字をとってPESTと呼ばれています。

Politics（政治的要因）

- 政治、政策、政府の姿勢、外交姿勢
- 法規制、国際貿易、雇用、規制緩和
- 産業政策、労働政策、環境政策、SDGs……
  など

Economy（経済的要因）

- 経済トレンド、GDP動向
- 金利、金融政策、株価、為替相場
- 失業率、賃金、労働人口
- デフレ、インフレ、消費意欲
- 資源……など

Society（社会的要因）

- 社会トレンド、世論動向
- 人口動態（人口、性別、年齢別、世帯動向、少
  子化、高齢化……）
- 産業構造、グローバリズム、地球温暖化
- 価値観、ライフスタイル……など

Technology（技術的要因）

- ハード技術の趨勢（新技術、新素材）
- ソフト技術の趨勢（IT、AI、DX、経営管理面、
  マーケティング面）……など

　PEST分析は広範囲に及ぶため、細部にこだわり
すぎると「分析のための分析」になりかねません。
自分たちの環境を大まかにとらえるくらいの認識が
適しています。

3C分析も有効

　自分たちの置かれている環境を分析するためには、
「3C分析」も一般的です。

　3C分析はPEST分析と比べるとミクロ環境的な分
析です。
　Competitor（競合動向）、Customer（顧客動向）、
Company（自社環境）の3つのCを軸とした分析で、
Competitor、Customerは外部環境、Companyは内
部環境にあたります。
　3C分析は自分たちにとって身近な環境の要素を
モレなく、ダブリなく見つめるためには有効な方法
です（3C分析についてはこの後、No.21〜23で詳
しく述べます）。

図20-1 | PEST分析

Politics（政治的要因）	Economy（経済的要因）	Society（社会的要因）	Technology（技術的要因）
政治、政策、政府の姿勢、外交姿勢 法規制、国際貿易、雇用、規制緩和 産業政策、労働政策、環境政策、SDGs　など	経済トレンド、GDP動向 金利、金融政策、株価、為替相場 失業率、賃金、労働人口 デフレ、インフレ、消費意欲 資源　など	社会トレンド、世論動向 人口動態（人口、性別、年齢別、世帯動向、少子化……高齢化……） 産業構造、グローバリズム、地球温暖化 価値観、ライフスタイル など	ハード技術の趨勢（新技術、新素材） ソフト技術の趨勢（IT、AI、DX、経営管理面、マーケティング面……）　など

自分たちに「機会」となる要素、「脅威」となる要素を考えてみましょう。

図20-2 | 3C分析

Competitor（競合動向）	Customer（顧客動向）	Company（自社環境）
業績・理念・ポジション 活動業況 競合の強みと弱み　など	市場の状況 潜在顧客、顕在顧客の状況 自社のロイヤルカスタマーの状況など	理念、ビジョン 業績推移 事業概況 その強みと弱み　など

対競合、対顧客を軸に自分たちの「強み」「弱み」を確認しましょう。

▌何が追い風か、何が向かい風か

PEST分析の進め方

　PEST分析の目的は「自分たちがどこにいるかを大まかに確認すること」です。分析のための分析にならないように注意しましょう。

①まず、チームメンバーでPESTを調べ、「機会」と「脅威」を考える。
　その際は以下の2つの方法があります。
- 各自ですべての項目を調べる
- 最初から担当分野を分けて調べる

　各自ですべての項目について調べてみると、気がつかなかったことを発見することがあります。

②その内容を発表し、共有する。

③自分たちにとって有利なこと・追い風になることなど、「機会」を話し合う。
　業界にとって、自社にとって、顧客にとっての「機会」を考えてみましょう。その場合、会話形式だと話が進みやすくなります。もちろん、記録は残します。

例：
　「社会的要因（S）に関しては『～という事実』があります」
問：それって、「業界」にとって、どんな良いことがあるんだろう
（みんなで話し合う）

　なお、「機会」の発見はスムーズに進まない場合もあります。「いろいろ考えたけど、ウチのような規模の会社に『機会』なんかないのでは……」という思考に陥ることもあります。しかし、何とか発想を変えて「機会」を見つけ出しましょう。

④自分たちにとっての「脅威」を話し合う。
　競合、顧客、自社それぞれにとって、どんな不利な点、困った点があるかを考えてみましょう。これも会話形式で進めてみましょう。

⑤キーとなるポイントをまとめる。
　キーポイントはあまりたくさんあると収拾がつかなくなり、複雑になってしまうため、できるだけシンプルにまとめましょう。まずは「機会」「脅威」をそれぞれ10個以内にまとめてみるのがいいと思います。それでも多い場合は例えば、「機会5つ」「脅威5つ」と絞ります。実は、これは後で役員・経営陣、全社員に説明するときのキーワードにもなります。

W
o r k ［実践編］ ▷ PEST分析をしてみましょう。

	事実	機会（O） （都合がいいこと）	脅威（T） （都合が悪いこと）
Politics 政治的要因			
Economy 経済的要因			
Society 社会的要因			
Technology 技術的要因			

自分たちに「機会」となる要素、「脅威」となる要素を考えてみましょう。

A：
機会

B：
脅威

Q ....

**競合ブランドの分析は
どのように
するのですか？**

A ....

競合ブランドの傾向を
大まかにつかみ、
自分たちの「強み」「弱み」を
確認しましょう。

Theory

▌競合はどんなブランドかイメージする

ブランディングは「自分たちらしさ」を際立たせることです。そのため、3C分析のひとつであるCompetitor（競合動向）分析で、競合との違いを明確にしましょう。

先に挙げたブランドコンサルティング会社・インターブランドがブランド価値を評価する際の「ブランド強度分析」（10の要素）の中に「独自性」としての評価指標が設定されています。つまり、競合との違い、差異性です。（「ブランド強度分析」については第10章No.51で詳しく説明します）

まず、競合ブランドの傾向を大まかにつかみましょう。競合ブランドはそもそもブランドとして成立しているかどうか、それを見極めることも大切です。競合ブランドについて把握するために、まずは次の点を確認してみましょう。

①認知状況
BtoCの場合は一般の消費者・顧客からの認知状況、BtoBなどの場合は業界（企業、団体、関係者、ビジネスパーソン）からの認知状況

②ブランドイメージ

　そのブランドに対して、どのようなイメージを持たれているか（BtoCの場合は一般消費者・顧客から、BtoBの場合はビジネスパーソンからのイメージ）

③ブランド理念

　ブランドとして成立させるための最も基本的な要素であるブランド理念の明確さ

競合ブランドをさらに詳しく調べる

　全体の傾向をつかむことが目的なので、競合企業のホームページを中心に調べましょう。ホームページにはそのブランドの個性が表れています。

　また、競合ブランドが発信している情報、ビジネス上で知り得た情報などをもとにさらに詳しく分析します。

競合ブランド分析
（コーポレートブランドの場合）

①理念体系

　創業理念、経営理念、社訓、経営方針、ビジョン、ミッション、バリュー、ブランドステートメント（スローガン、タグライン、コーポレートメッセージの類）、ブランドコンセプトなど。これらは、その会社の考え方の根幹を成すものです。

②見え方・表現面の特徴

　ロゴマーク（シンボルマーク）、キャラクター、主たるカラー、デザインエレメント（デザインの特徴など）

③雰囲気・パーソナリティ

　全体の雰囲気、イメージの形容詞、副詞などで表現する

④製品・事業・サービスの特徴
⑤流通・売り場・店舗環境の特徴
⑥経営者の姿勢・人事政策・人的資源の特徴
⑦広告・コミュニケーションの特徴

競合ブランドの「強み」「弱み」、
自分たちの「強み」「弱み」を確認する

　競合ブランドについての概要がつかめました。大事なのはこれからです。分析のための分析に終わらせないためには、自分たちがその相手に対してどの点に「強み」があり、どの点に「弱み」があるのかを見出すことが大切です。この段階でよくあるのは、相手の「強さ」ばかりに目が行き、自分たちの「強み」が分かりにくくなることです。その場合でも、どのように考えたら自分たちのシーズ（能力、技術など）が「強み」に転換できるかという視点を持つことが必要です。

図21-1 競合ブランド分析（主な各競合ブランドについてまとめる）

競合 X ブランド		内容	自社との比較	
			自分たちの強み	自分たちの弱み
ブランドの基盤	理念	ブランドの理念に該当すると思われるものを書き出す		
	見え方・表現面の特徴	ロゴマーク（シンボルマーク）、キャラクター、主たるカラー、デザインエレメントなど、表現の特徴を確認する		
	雰囲気・パーソナリティ	ブランドから受ける雰囲気やイメージを形容詞、副詞などで表現する		
活動	製品・事業・サービス	製品・事業・サービスなどを調べ、その特徴を確認する		
	流通・売り場・店舗環境	流通・売り場・店舗環境などの状況を調べ、その特徴を確認する		
	経営者の姿勢・人事政策・人的資源	経営者の姿勢・人事政策・人的資源の状況を調べ、その特徴を確認する		
	広告・コミュニケーション	広告・コミュニケーション活動を調べ、使用媒体・訴求内容の傾向・特徴を確認する		

まとめ

C：競合 X に対する強み	活動内容を総合的に見て、競合Xに対する自分たちの強みを確認する
D：競合 X に対する弱み	活動内容を総合的に見て、競合Xに対する自分たちの弱みを確認する

［実践編］

ライバルにはない特徴をひねり出せ

競合ブランド分析のポイント

①ざっくばらんに話し合おう

競合ブランドについて自分なりに分析し、ブランディング推進組織で発表し合いましょう。こうすることで、一人では気がつかなかった競合ブランドの強み、弱みを発見することがあります。

②話し言葉で考え、口に出してみよう

分析だからといって、構える必要はありません。話し合いの中のふとした言葉が的を射ていることもあります。「競合ブランドXって、○○な感じがする……」という言葉を大事にしましょう。

③競合ブランドの特徴を大まかにとらえてみよう

競合ブランドの分析は、自分たちとの違いを把握することが目的です。言い換えれば、自分たちは「どのような違い」を明確にすべきか、がポイントです。あまり細かく分析すると迷路に陥ることもあります。大まかにとらえましょう。

④競合ブランドの強みにひるまない。 自分たちの特徴をひねり出そう

競合ブランドを分析していると、ついつい相手の強みばかりに目が行き、「それに比べて自分たちは」という弱みが気になってきます。事実を認識することは大事ですが、ブランディングは自分たちのブランドの「らしさ」を考え、打ち立てることです。競合ブランドの強みにひるむことはありません。競合の強みは、弱みになることもあるのです。

⑤イメージするために何かに例えてみる

ブランドを何か別のものに例える投影法も有効です。クルマ、テーマパーク、街、動物、タレント、色などに例えてみましょう。何かに例えてみると、自分たちのブランドと競合ブランドのイメージの違いがよりはっきりしてきます（これについては、第5章No.27を参照してください）。

例えば：鳥に例えると
競合ブランドは「鷹」。その理由は、「力強く」「業界の覇者」、しかし「高飛車」……。
自分たちは「鳩」。その理由は、「あまり力強くはないが」「穏やかで、平和的」……。

この場合、なぜそう感じたのかの理由が大事です。その理由こそが、ブランドに抱くイメージそのものであり、「'頭の中'の存在」であるからです。

競合 X ブランド		内容	自社との比較	
			自分たちの強み	自分たちの弱み
ブランドの基盤	理念			
	見え方・表現面の特徴			
	雰囲気・パーソナリティ			
活動	製品・事業・サービス			
	流通・売り場・店舗環境			
	経営者の姿勢・人事政策・人的資源			
	広告・コミュニケーション			

まとめ

C:
競合 X に対する強み

D:
競合 X に対する弱み

Brand
Management

22

Q
顧客分析の
ポイントを
教えてください。

A
データなどを見ながら、
顧客になったつもりで
答えてみましょう。

Theory ［理論編］

▌顧客にもいろいろある

　一口に「顧客」と言ってもそのタイプはいくつか
に分かれています。これはBtoCにおいてもBtoBに
おいても同じです。なおここでは、プロダクトブラ
ンドを例に説明をしていますが、コーポレートブラ
ンド、サービスブランドの場合も基本となる考え方
は同じです。

ブランド認識モデル

①クールプロスペクト（まだ冷たい段階の見込み客）
　当該ブランドに対する認知をし、ようやく興味・
関心を抱いた顧客

②ウォームプロスペクト
（温かくなった段階の見込み客）
　当該ブランドに対して興味を抱き、情報入手など
を行い、何らかの理解をした顧客

③ホットプロスペクト（熱い段階の見込み客）
　当該ブランドの購入・利用意向が強い顧客

④初期カスタマー

当該ブランドを購入・利用した顧客

⑤中期カスタマー

当該ブランドを利用し続けている顧客

⑥ロイヤルカスタマー

当該ブランドのファン、そのブランドが大好きな顧客

このような考え方は「ブランド認識モデル」などと呼ばれています。当該ブランドに対する「顧客の認識」の段階を詳しく見たものです。

顧客分析を行う場合、どの段階の顧客について何を調べるのかを最初に判断する必要がありますが、大きく「見込み客」（新規顧客の可能性がある顧客）と「カスタマー」（すでに自社の製品・サービスを利用している顧客）に分けて調べてみると良いでしょう。

顧客ニーズって何だろう

ニーズという言葉、よく使いますね。「顧客ニーズ」を見つけよう、などと言われます。

ニーズは、欲求と訳されますが、「必要なモノや状況が満たされていない状態」と言うことができます。ときとしてニーズは隠れているため、探し出す必要があります。

同じような言葉にウォンツがあります。ウォンツのほうがニーズよりも具体的なものを指すと考えられます。「（こんなものが）あったらいいな」ということです。

（例）
運動の後、のどが渇く。水分が欲しい→ニーズ
運動の後、のどが渇くので、スカッとしたものが「あったらいい」→ウォンツ（炭酸飲料）

ニーズは「見つけ出し、発掘するもの」、ウォンツは「つくり出すもの」と認識しておくと良いでしょう。

自分たちの顧客は誰かを決め、その顧客のニーズを把握しましょう。

本格的に進めるためにはきちんとした顧客調査（ブランド調査）が必要です。先ほど、ブランド認識モデルにおいて顧客のタイプについて触れましたが、顧客の認識・ニーズはそのタイプによっても異なります（ブランド調査についてはコラム3を参照してください）。

ロイヤルカスタマーの認識は大切に

ブランディングの場合、自分たちの宝を探すことが大事です。それは、自らは気がついていないこともあります。

そして、その答え（宝）は、ロイヤルカスタマーの皆さんが持っている場合があるのです。

つまり、ブランドの価値が蓄積（ストック）されているというわけです。

ロイヤルカスタマーの皆さんが、なぜ、自分たちのブランドに愛着を持っていてくれるのか、ブランドを支持していてくれるのか、それらを見つめてみましょう。その人たちの'頭の中'には「確固たる存在」としてブランドの価値が認識されているはずです。また、ロイヤルカスタマーならではの不満や期待、希望もあるはずです。

新規の顧客の認識は、自分たちに足りていないニーズに気づかせてくれます。

そして、ロイヤルカスタマーの認識は、自分たちが培ってきた価値に気づかせてくれます。

▍顧客のブランド体験を想像する

第1章No.2でも述べましたが、顧客とブランドとの接点・ブランドタッチポイントを分析してみましょう。

先にも触れましたが、顧客になったつもりでブランドタッチポイントを体験する方法を「カスタマージャーニー」と呼びます。

それぞれのタッチポイントにおいて自分たちのブランドが適正に表現されているか、顧客のブランド体験に一貫性があるか、を判断しましょう。

制作物、告知物などブランドを表現しているものの現物、あるいは写真などをタッチポイント順に並べてみると全体の統一感、一貫性などの有無は一目瞭然です。

図22-1　顧客の分類

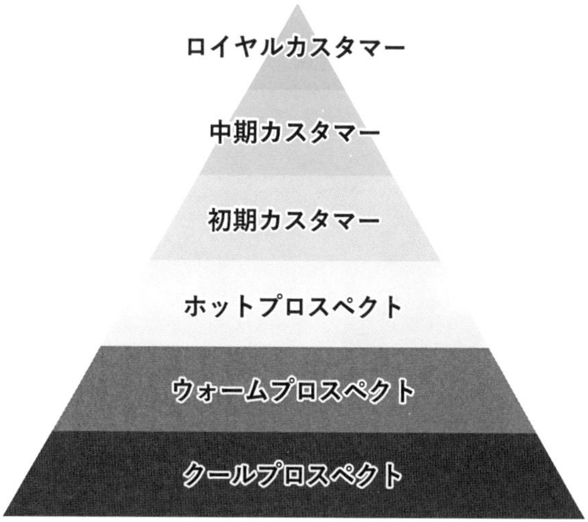

ロイヤルカスタマー

中期カスタマー

初期カスタマー

ホットプロスペクト

ウォームプロスペクト

クールプロスペクト

図22-2　基本的なブランド認識モデル（プロダクトブランドの場合）

認知
「何だろう」
「名前は聞いたことがある」
「見たことがある」

理解
「何となく分かった」
「なるほど」

興味
「良さそうだ」
「いいかもしれない」

購入（加入）意向
「買ってみようか」
「他の商品に比べて
どうだろうか」

購入（加入）
「これに決めた」
「楽しみだ」

満足（推奨）
「とても満足している」
「他人に薦めたい」
「ちょっと誇りに思う」

ブランド化

「らしさ」を認識　　　「らしさ」により興味　　　「らしさ」が好き

ブランドの「約束」に基づく一貫した事業活動

ブランドは一定の段階を経過しながら徐々にでき上がっていく

［実践編］

■ 顧客になり切ってロールプレイング

　マーケティング関連の書籍、ブランディング関連の書籍には「顧客（消費者）インサイトが大事」「顧客のアンメットニーズを把握しよう」と書かれています。**インサイト（insight）とは「洞察」のこと**ですが、マーケティングの文脈では**「顧客が行動を起こす心理」**と認識されています。**アンメットニーズ（unmet needs）は、満たされていない欲求のこと**です。いずれにしても、顧客自身が気づいていない気持ちや欲求を探り、見つけようというものです。

　とはいえ、これはかなり大変です。気がついていないことを探り当てるのですから、分析に慣れていないと簡単にはできません。そのため、最初は「インサイトを探ろう」「アンメットニーズは何か」などと考えたりせず、まずは自分が顧客の一人になり切って想像することから始めてみましょう。

　顧客の定量調査、グループインタビュー、デプスインタビュー（対象者と1対1でのインタビュー調査）などからインサイトを探りますが、それらの調査結果を眺めながら、顧客の一人になって、自分がインタビューされたらどう回答するか、一人称で答えてみましょう。メンバー各自でそれを行うと、自然と見えてくるものがあります。

自問自答式ロールプレイングの進め方

①調査結果を確認する（調査が行われていない状態の場合は、その時点での想像で良い）

②自分がなり切る顧客を想定する（見込み客の場合、カスタマーの場合、ロイヤルカスタマーの場合など）

③その人物に対して、インタビュアーである自分が問いを発する
Q. このブランドを知っていますか？
Q. このブランドについてどう思っていますか？
Q. このブランドの好きなところ、嫌いなところ、不満に思っていることを挙げてください。
Q.（ロイヤルカスタマーに対して）このブランドを他人に薦めるとしたら、何と言いますか？
など

④発言を記録する
　進める場合は、話し言葉であることが大事です。これまで何度も書きましたが、回答を丸めたり、抽象的な言葉に言い換えてはいけません。回答の中に本音が隠れている場合があります。本音は「価値の貯金」でもあります。

現時点では特に顧客調査を行っているわけではないので、あくまでも想像で結構です。今までの経験から判断してください。顧客はあなたのブランドに対してどう思っているのでしょうか。

		潜在顧客 （見込み客）	カスタマー （自社の普通の顧客）	ロイヤルカスタマー （自社のファン）
■認知の程度 ■イメージ ■好き嫌い ■不満点 ■満足点				
判断	E: 顧客に対する強み			
	F: 顧客に対する弱み			

Brand
Management

23

Q ....

自社分析の
ポイントを
教えてください。

A ....

自分たちの
「強み」と「弱み」、
そして「宝さがし」。

Theory ［理論編］

▌ 自分たちの「らしさ」はどこにあるのか

マクロ環境の機会、脅威を把握しました。
競合に対する「強み」「弱み」も確認しました。
さらに顧客に対する「強み」「弱み」も見つめました。

それらを踏まえて、次はいよいよ「自分たち自身」
の分析です。

自分たちの企業、組織についていろいろな角度か
ら分析し、自分たち自身の「強み」「弱み」を把握
していきます。
ここで大事なことは、単なる分析に終わらせず、
自分たちならではの特徴、個性、言い換えれば「ら
しさの源」すなわち「自分たちの宝」を意図的に探
すように進めてみることです。
ふだんは気づかなかったこと、自分たちにとって
は当たり前のことに、意外と価値があったりします。

収集情報の内容

①社史、社内報、ニュース、回顧録、著作物など

この中から、特徴的な出来事、エピソード、何度も繰り返されている文章、用語、言葉などを集めましょう。

②創業者、過去の経営者、現在の経営者、キーパーソンの発言

創業者、あるいは企業のエポックを成し遂げた経営者やキーパーソンの言葉には独特の哲学が含まれていることがあります。可能ならば、ぜひ直接インタビューしましょう。生の言葉には本質に迫る力強さがあります。

③創業理念、企業理念、社是、社訓、経営ビジョンなど理念に関するもの

理念に類するものはいくつもある場合が多く、往々にしてそれらの関係性が整理されないまま受け継がれているものです。この際、すべてを洗い出してみましょう。理念に類する言葉には、それを作成した時点での「想い」が込められています。

④経営に関する各種データ

業績・業績推移・経営計画・経営方針・製品・サービス・流通・プロモーション・技術などに関する社内データ。

⑤外部評価

顧客調査（顧客満足度、イメージなど）・外部機関による調査結果・パブリシティ・SNSなどの評判。

⑥内部意識調査結果など

自分たちの企業・組織に対する社員の意識調査などがある場合はそれを利用しましょう。もちろん、第1回目として「ブランド意識調査」を実施することは非常に有効です。ブランディングを推進していくためには社員ひとり一人が企業・組織に対してどのように認識しているかを把握することは不可欠です。そのひとり一人がやがてブランドの体現者になります。

情報を仕分けし、特徴をつかむ

情報が集まったら、それを並べてみましょう。その場合、あまり細かく分析する必要はありません。「重箱の隅をつつく」ようになると、肝心なところを見落とす可能性があります。できるだけ大まかにとらえ、全体の傾向や特徴をつかむようにしましょう。

図23-1　「自分たちの宝」を探す

社史、社内報、
ニュース、回顧録、
著作物など

創業理念、企業理念、
社是、社訓、経営ビジョン
など理念に関するもの

創業者、過去の経営者、
現在の経営者、
キーパーソンの発言

経営に関する
各種データ

内部意識調査

外部からの評価

155

▌ 分析は冷静に。しかし、心に火を点けよ

自社分析の「あるある」対応法

　次に挙げる各項は、自社分析の際の「あるある」です。どう対応すればいいでしょうか。

①創業理念、企業理念、経営理念……、どう扱えばいいか

　創業理念、企業理念、経営理念などは企業存在の意義や志、行動指針を示しています。これらは、恒常的・普遍的な価値観を示したものであり、人間で言えば「心」に当たるため、そのまま維持します。

　もちろん、ブランディングのタイミングで変更・修正もできます。その場合、その言葉の意味をより広く、より深く解釈してみましょう。時代環境や社会的要請などを踏まえるとどのようなことが言えるのかという視点で眺めてみると、新たな価値が見つかるかもしれません。

②「調査結果」を発表したが、社内の反応は「いまひとつ」だった

　外部からのイメージ調査、社内調査などの結果は社内の問題意識を喚起させ、ブランディングへの関心を高める有効な方法ですが、発表の仕方が「粛々と、淡々と」していると、スルーされることがあります。「心に火を点ける報告」を心がけましょう。

③「弱み」に触れると組織の軋轢を生みかねず、躊躇する

　自社分析で「弱み」を記述する場合は、当該組織の問題に触れざるを得ないため躊躇するものです。また、組織間での反発が社内調査で明らかになることもあります。せっかくの意思統一の場が軋轢を招いては意味がありません。調査は「これからのことを考えるために行う」ことを最初に宣言しましょう。

④せっかく分析したが、「結論」がありきたりでつまらない

　導いた結論は必ずしも「目からウロコが落ちる」ようなことばかりではありません。従来から分かっていたことで新鮮味がないということもあります。その場合、その結論を大事にしましょう。ありきたりの「結論」には意味があるはずです。

⑤「宝さがし」というが、そんなものは見当たらない

　内側ばかりに目を向けていると、「宝」が見えなくなります。社会環境、競合の活動、顧客の認識を俯瞰しながらもう一度、自分たちの強みを見つめ直してください。自分たちが「ふつう」に思っていることも、解釈次第で貴重な価値に見えることもあります。知恵を絞りましょう。

W. ork ［実践編］ ▶ 自分たちの会社を分析してみましょう。

現時点では詳細に分析を行っているわけではありませんので、あくまでも想像で結構です。
今までの経験から判断してください。

	特徴	強み	弱み
企業理念 レベル			
経営戦略・事業活動 レベル			
顧客イメージ レベル			
社員意識 レベル			

自社の「強み」「弱み」をまとめてみましょう

G:
自社の強み

H:
自社の弱み

24

Q ....

調査結果などを
共有化するためには
何を注意すべきですか？

A ....

共有の基本は、
「オープン」「シンプル」「志」。

Theory

調査結果の共有は
インナーブランディングそのもの

　第3章でインナーブランディングについて述べました
が、インナーブランディングとは「主として、
組織内の人たちに対して自分たちのブランドの考え
方、コンセプトを理解してもらい、『ブランドらしい』
活動を促す取り組み」のことで、ブランドの社内浸
透などとも言われます。

　一般的には、ブランドコンセプトなどブランドの
骨格が定まった後に、社内浸透という形で行われる
ことが多いものの、もっと早い段階から進めても全
く問題ありません。最終的には組織内の人たちの参
加を促していくわけですから、スタートの段階で「巻
き込む」ほうが良いかも知れません。

　環境分析、中でも調査結果（外部からのイメージ
調査、社内意識調査など）の共有はインナーブラン
ディングそのものです。調査結果により、自分たち
の問題を共有したり、良好な点・評価できる点を確
認することができるわけです。そのため、調査結果
のような客観的事実はオープンにすることを基本と
しましょう。

■ 調査結果は分かりやすく、シンプルに

調査結果は詳細にわたる場合がありますが、報告書があまりに膨大だと読む気が失せるため、「総括編」と「詳細編」に分けましょう。「総括編」はポイントを絞り、できるだけシンプルにまとめます。ページごとに、「何を調べたのか」「何がポイントか」を象徴的な図表を用いて報告します。

また、報告書という体裁だと読まれない場合があるため、ポイントだけをまとめた「小冊子」や「1枚シート」を作成配布するなど、「読まれる工夫」も大事です。

■ どのように共有するか

調査結果の共有の仕方はいくつかありますが、代表的なものを紹介します。

①全体会議などでの共有

対面全体会議、オンライン会議など、全社員に対して同時に報告する方法です。一斉に情報共有をすることができます。

②イントラネットなどで発表

社内のイントラネット上に情報をアップし、誰でも好きな時間に見ていただくものです。質問や意見も受け、随時、回答をするという双方向の仕組みにすると、より共感が生まれます。

③社内限定動画制作・配信

全体会議などに参加できない場合、あるいは、個別の情報をさらに詳しく伝えたい場合は社内限定の動画を制作し、ネット配信する方法もあります。時間と場所を問わないので、スムーズに情報共有をはかることができます。専用のYouTubeチャンネルを設けるなど、やり方はいろいろあります。

④印刷媒体による共有

社内報、特集冊子、リーフレット、社内ポスターなど印刷媒体により情報共有をはかります。

⑤座談会、職場ミーティング、グループインタビューによる共有

調査結果について直接話し合いの機会を設けるとより深く共有することができます。その場は会社のカタイ会議ではありません。また、「みんな同じ船に乗っている」「みんな当事者」という意識の喚起が目的です。

〈テーマ例〉
- 調査結果について率直にどう思うか
- 自分たちの強みはどんなところ
- 自分たちの弱みはどんなところ
- 自分たちの会社の好きなところ、自慢できるところ
- 自分たちの会社が直したほうがいいところ
- どんな姿になりたい？　それはなぜ？

など

図24-1　情報共有の方法

全体会議などで共有

印刷媒体で共有

イントラネットで発表

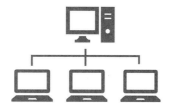

座談会、職場ミーティング、
グループインタビューによる共有

社内限定動画制作・配信

「情報はオープンに、みんなの意見は大切に!」

口に出すと芽生える責任感

座談会・職場ミーティングのテクニック

①カタイ会議を柔らかく

　参加者はみんな平等が原則です。飲食自由、座席も自由。自由な発言は自由な空気から生まれます。

②批判せず、忖度せず

　思いついたらワイワイやってみましょう。その中にユニークなアイデアがあるかも知れません。

③みんなの意見を尊重せよ

　自分たちの会社・組織についてみんなで話し合うこと自体が有益な時間です。その中で発せられた意見は貴重ですし、尊重しましょう。その場で出されたことに意味があります。

④「べき論」だけに終わらせない

　どんな意見も貴重ですが、ときとして「本来は」「基本的には」「こうすべき」などの「べき論」も発せられます。一見、「正論」に思えるため、正面から反論することができなくなり、議論がストップしてしまいがちです。それでは話が進まないので、「そのためには、どうすればいいでしょうか」と本人にも、参加者にも問いかけてみましょう。その場で解決策を

見つけるのは難しいかも知れません。答えが見つからない場合は課題として議事録に残しておきましょう。

⑤話し言葉を「まとめるな」

　話し言葉には息遣いがあります。決してまとめたり、丸めたりしないようにしましょう。話し言葉がブランドコンセプトに転化することもあります。

⑥意見はホワイトボードに板書

　ポイントとなる意見はホワイトボードにドンドン板書していきましょう。板書は「覚え」のためでもあるし、参加者の意識集中のためでもあります。

⑦役職者の参加は柔軟に

　経営に携わる役職者が参加していると、それだけで自由に発言できない雰囲気になる可能性があります。役職者の参加は柔軟に考えましょう。

⑧意見はオープンに

　個人情報、守秘性が高い情報は秘匿しますが、それ以外の発言はオープンにします。各自「自分の発言が載っている」という事実が大事です。

⑨「声の大きな人の意見」もひとつの意見にすぎない

　どの会社にもいる「声が大きな人」。説得力があり、頷ける部分もありますが、その声もひとつの意見として扱いましょう。ふだんはあまり発言しない人の意見も聞きましょう。

⑩メイキングを記録しよう

　この場は、ブランディング推進活動の上でのエポックのひとつです。後々の発表のことを見据え、写真、動画などで記録を残しておきましょう。必ず役に立つときがきます。

W[実践編]ork 社内での情報共有にはどんな方法があるか、考えてみましょう。

可能かどうか チェック	内容	どうやって 進めますか
	全社員対象集会 （対面、オンライン）	
	イントラネット（情報開示）	
	社員限定動画配信	
	社内報	
	冊子（リーフレットなど）	
	座談会・職場ミーティング グループインタビューなど	
	その他、どんな方法がありますか	

まとめ
Chapter 4

テーマは
[環境を見つめる]です

◎ **環境認識のためには
どんな分析をすればいいですか?**

Ⓐ 一度、360度、見渡してみましょう。

　自分たちを取り巻く外部環境と自分たち自身の内部環境を見渡してみましょう。
　内部環境の「強み(S)」と「弱み(W)」、外部環境の「機会(O)」と「脅威(T)」を組み合わせて分析するクロスSWOT分析は自分たちの置かれている環境を見極めるには有効な方法です。

⋯⋯

◎ **環境分析はどうすればいいですか?**

Ⓐ まず、PEST分析、3C分析を
してみましょう。

　PEST分析という手法があります。Politics(政治的要因)、Economy(経済的要因)、Society(社会的要因)、Technology(技術的要因)について、「機会」に働くのか「脅威」をもたらすのかを分析します。
　また、Competitor(競合動向)、Customer(顧客動向)、Company(自社環境)を軸とした3C分析で、より自分たちが置かれている環境が明らかになります。

⋯⋯

◎ **競合ブランドの分析は
どのようにするのですか?**

Ⓐ 競合ブランドの傾向を
大まかにつかみ、自分たちの
「強み」「弱み」を確認しましょう。

　ブランディングは「らしさ」を際立たせることなので、競合との違い・差異性を明確にしましょう。

◎ 顧客分析のポイントを教えてください。

Ⓐ データなどを見ながら、
顧客になったつもりで
答えてみましょう。

「見込み客」と「カスタマー」に分け、自分たちのブランド
に対する認識を確認しましょう。特に、ロイヤルカスタマーの
意見・感想は「ブランド価値がストック」された結果のため大
事な資料です。単に数字を見るだけでなく、その顧客になった
つもりで「自問自答」するとよりリアルに認識できます。

- -

◎ 自社分析のポイントを教えてください。

Ⓐ 自分たちの「強み」と「弱み」、
そして「宝さがし」。

自分たちならではの特徴、個性、「らしさの源」「自分たちの
宝」を意図的に探すように進めてみましょう。そのために、自
分たちに関係する情報をできるだけ幅広く集めます。特に、創
業理念、経営ビジョンなどには「そもそもの想い」などが盛り
込まれていることが多く、改めて確認しましょう。

- -

**◎ 調査結果などを共有化するためには
何を注意すべきですか?**

Ⓐ 共有の基本は、
「オープン」「シンプル」「志」。

社員全員が共通の理解に立つことはインナーブランディング
そのものです。調査結果を「オープン」に、誰でも理解しやす
いように「シンプル」に、そして、これからより良いブランド
を創っていくという「志」が感じられるようにしましょう。

「ブランド調査」の意味と方法

多角的に自分たちのブランドを見つめる

事実の前には正直になる

ブランドはステークホルダーの「'頭の中'に存在する」と書きました。ということは、それぞれがそのブランドをどう認識しているか、頭の中の「イメージの貯金」の'残高'を調べる必要があります。

調査対象は自分たちの顧客（BtoBの場合も含め）だけではありません。ともすれば自分たちのことを過大に認識していたり、逆に過少に思っていることもあります。また、部署により、年齢により、地域により、性別により、自分たちのブランドに対する思いが異なっている場合もあります。むしろ、そのほうが多いかも知れません。

せっかくのブランディングのチャンスです。まず、事実を確かめましょう。事実という「共通の尺度」により、目指すべき方向が明らかになる上、何をしたらいいかも明確になってきます。

認識のギャップを確認する

人事評価の仕組みの中に「360度評価」という制度があります。個人の人事について、上司、同僚、部下、ときには取引先などから評価を受ける仕組みです。ブランドに対する意識調査も、できれば関係するステークホルダーごとに調査をしてみると良いでしょう。それぞれに「共通する調査項目」を設定し比較することによって認識の一致、およびギャップが明確になります。

認識のギャップの例

- 自分たちがそう思っていても、ステークホルダーはそうは思っていない
- 自分たちはそう思っていないが、ステークホルダーからはそう認識されている
- 社員はみんな同じように思っていると認識していたが、職場や社歴によって認識が異なっている
- 自分たちの「現在のイメージ」と「理想とするイメージ」が違う
- 自分たちと競合ブランドを比べたとき、各ステークホルダーにイメージの違いがある

調査対象（例）

- 社員（性別、年齢別、入社年度別、部署別、役職別など）
- 家族（必須ではない）
- 関連会社社員（グループ会社、関連会社など）
- 取引先企業
- 顕在顧客、潜在顧客、一般生活者

ちなみに、私が勤める大学におけるブランド調査の場合は、

- 在学生、教員、職員、保証人（親）、卒業生、系列高校在校生、系列高校教職員、一般の高校の教員、卒業生就職先……

このような方を対象に調査を行いました。

ブランド調査の範囲

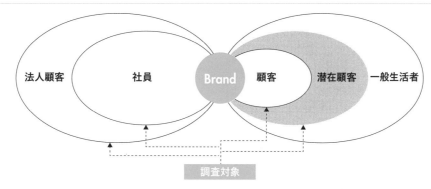

それぞれの対象者の「ブランドに対するギャップ」を分析する

「興味を持たせ、心に火を点ける」報告

　ブランディングを進める場合、調査結果は単なる白書ではありません。先の項でも述べましたが、結果から何を読み取るか、何が問題かなどが分かり、「よし、何とかしてみよう」という動機づけにつながることが大事です。

　その意味では、調査およびその報告は全社的なブランディングのスタートラインとも言えます。それまでブランディングに関してあまり関心がなかった人も「自分たちに対する客観的な認識」を目の当たりにすると次第に変わってきます。客観的な事実には、やはり力があります。

　ただし、報告書は「分かりやすく」「シンプルに」が基本です。数字の羅列、数表・グラフ満載、細かい説明などは、それだけで拒否感を持つ人もいます。

　「総括編」と「詳細編」に分け、「総括編」だけでも全体の傾向がつかめるように工夫しましょう。

[分析例——架空の企業] 自社社員による「現在の活動イメージ×求める活動イメージ」

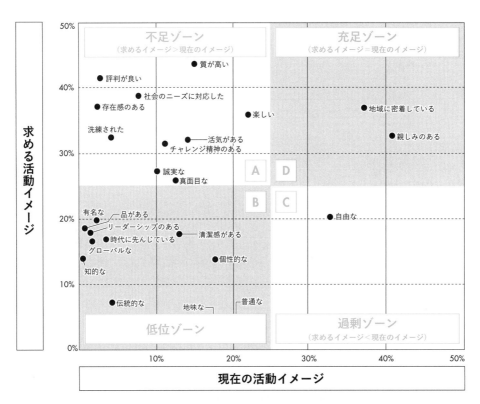

A：不足ゾーン
　求めているが、現在は満たしていないイメージ

B：低位ゾーン
　現在もこれからも求めていないイメージ

D：充足ゾーン
　求められていて、現在も満たしているイメージ

C：過剰ゾーン
　特に求めているわけではないが現在あるイメージ

［分析例——架空の企業］一般生活者VS自分たちのイメージギャップ

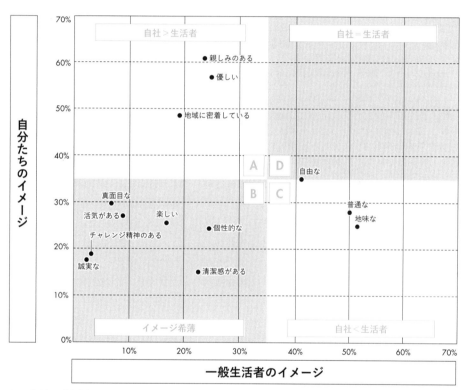

A：自社＞生活者
自分たちはそう思っているが、
生活者はそうは思っていないイメージ

B：イメージ希薄
自分たちも生活者も希薄なイメージ

D：自社＝生活者
自分たちも生活者もそう思っているイメージ

C：自社＜生活者
自分たちはそう思っていないが、
生活者がそう思っているイメージ

調査の進め方

1.調査設計

- 目的・調査対象・競合設定・調査項目・調査期間・報告書作成期間・報告形式
- 調査方法（調査対象によって異なる）
  Googleフォーム、郵送、調査票配布、インタビュー　など

2.調査会社オリエンテーション

- 上記内容を調査会社にオリエンテーション
- 調査会社を活用せず、自分たちで行う方法もあるが、調査項目の設定、調査方法の選択、
  集計・報告書作成など業務が多岐にわたるため、調査会社の活用がベター

3.調査実施

- 調査を実施し、回答を回収する
- 調査票は基本的には無記名

4.集計・分析

- すべての調査結果を集計し、傾向を分析する

5.報告書作成

- 分析結果を見ながら、報告書にまとめる
- 総括編（シンプルで分かりやすく）、詳細編に分割すると良い

6.報告

- 報告会（全社員対象、職場ミーティングなど）
- 報告書（イントラネット）
- 印刷物配布（社内報、冊子など）・社員限定動画配信　　など

調査項目の例

※企業の業態によって、調査対象は異なりますが例としてお考えください。

顧客と自社社員に対して同様の質問項目を設定し、比較します。

1. 認知・理解・利用経験など（顧客のみ）

- ブランド／社名認知
- ブランド理解
- 利用／購入経験

2. ブランドの「現状活動イメージ」（顧客・社員）→主としてブランドの機能、能力についての項目

（例）

- 顧客ニーズに対応している
- 営業力・販売力がある
- 成長力がある
- 環境に配慮している……

※このほか自社の「強み」「弱み」と考えられるワードも検討

3. 当該業種に「求める活動イメージ」（顧客・社員）→主としてブランドの機能、能力についての項目

- 上記の「ブランド活動状況イメージ認知」と同様の項目

※両者（2と3）を比較することにより、機能面・能力面における「現状活動イメージ」と「求める活動イメージ」のギャップが明確になる。

4. 「現在のブランドイメージ」（顧客・社員）→直感的なイメージ項目（形容詞・形容動詞）

（例）

- 親しみやすい・やさしい・若々しい・スマートな・知的な・伝統的な・活動的な・安心できる・革新的な……などの形容詞・形容動詞

※ブランドの情緒的なイメージを把握する。ワードはブランド特性に合わせて設定。後で、ブランドパーソナリティを検討する際の参考になる。

※言葉の選択は第5章No.27に取り上げた「日本カラーデザイン研究所」の「イメージスケール」

が参考になる。

5. 「**求めるブランドイメージ**」（顧客・社員）→**直感的なイメージ項目（形容詞・形容動詞）**
   - 上記の「ブランドイメージ」と同様の内容

※現状のブランドイメージ」と「求めるブランドイメージ」のギャップが明確になる。

6. **満足度**（顧客・社員）

7. **好意度**（顧客・社員）

8. **推奨度**（顧客・社員）

【事例解説】
愛知東邦大学の事例

　以降、各章で、私が実践者として携わった私立大学の事例に基づき、具体的な進め方について説明をしていきます。参考資料としてご認識ください。

愛知東邦大学について

大学概要

形態：愛知県の小規模私立大学

歴史：中部地域の産業の基盤を創った下出民義氏が次代を担う人材を育てるために設立した高校がルーツ（高校設立は1923年）。その後に設立した短期大学が4年制大学となり現在に至る。

学部：経営学部、人間健康学部、教育学部の3学部。学生数1400人。

ブランディングの経緯

基本方針：

中京圏において独自の価値を有する大学になることにより、将来にわたり、ステークホルダーから選ばれる存在になる。そのために「愛知東邦大学らしさ」を極め、それに基づき、すべての教学活動を推進する。

「中部地区で一番○○な大学になる」

　在学生、卒業生、教員、職員が「誇りに思う」、保証人（保護者）が「頼もしく思う」、高校生が「憧れる」、高校の教員が「薦める」、企業が「欲しがる」、地元が「喜ぶ」、そのような大学になる。

ステップ

1.環境分析	■本学を取り巻く環境を分析し、問題点、機会点を把握する。	
2.ブランドオーナー　分析	**3.ステークホルダー　分析**	**4.競合大学　分析**
■歴史、理念、功績 ■責任者の意志 ■教職員の認識　など	■在学生・保証人 ■高校生・卒業生 ■就職先	■競合大学の活動

5.ブランドコンセプト策定

■上記分析を踏まえ、本学のコンセプト（「らしさの源」）を決める。

6.ブランドコンセプトを実現する仕組みの策定

■見せ方（ロゴ、デザイン、ブランドガイドラインなど）
■活動の仕方（入学、学部活動、授業の仕方、就職、学生サポート、
　地域連携など）

7.ブランドコンセプトの内部浸透と対外発信

■教職員への理解と体質化・対外的コミュニケーション

8.効果測定と改善策

2016.4〜
ブランド推進委員会
2016.10
〜2017.2
調査、分析、報告

2017.4
教職員座談会

2017.5,6
コンセプト作成

2017.7〜10
■VIデザイン
■クレド
■教育活動
　施策

2018.2〜
■全学説明
■広報施策

実際に行ったこと

① ブランド推進委員会による現状分析
- 外部環境・内部環境・競合環境

② 大規模調査
- 在学生、大学専任教員、大学職員、保護者、系列高校在校生、系列高校教職員、指定校高校教員、卒業生、就職先に対して「愛知東邦大学に対する意識調査」を約7000人に配布
- 回収約3000人

③ 調査レポート報告会
- 全教職員に対して「愛知東邦大学意識調査結果」報告会実施
- 報告書はイントラネットにより全教職員が閲覧可能

④ 調査報告冊子「ブランディングスタートブック」配布

⑤ 教職員座談会
- 調査結果に基づき、全教職員を対象とした座談会（複数回実施。合計10時間）
- コーヒー、ケーキ付き
- 意見はすべて記録しデータ化。全教職員が閲覧可能
- 座談会に参加できなかった人はメールで意見を提出

実際の「ブランディングスタートブック」

実際のレポート

⑥すべての情報を踏まえてのクロスSWOT分析

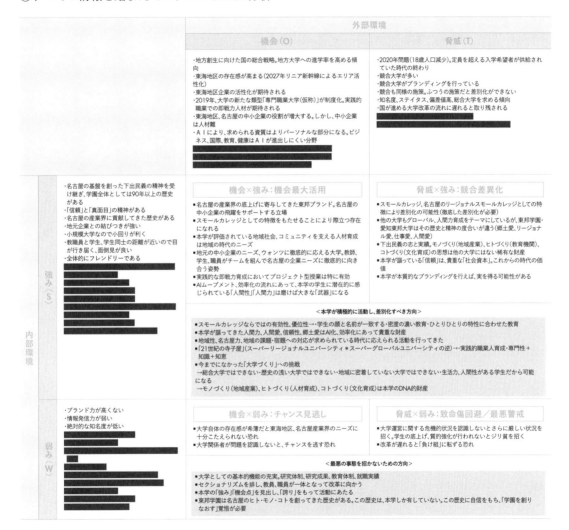

		外部環境	
		機会 (O)	脅威 (T)
		・地方創生に向けた国の総合戦略。地方大学への進学率を高める傾向 ・東海地区の存在感が高まる（2027年リニア新幹線によるエリア活性化） ・東海地区企業の活性化が期待される ・2019年、大学の新たな類型「専門職業大学（仮称）」が制度化。実践的な職業での即戦力人材が期待される ・東海地区、名古屋の中小企業の役割が増大する。しかし、中小企業は人材難 ・AIにより、求められる資質はよりパーソナルな部分になる。ビジネス、国際、教育、健康はAIが進出しにくい分野 ■■■■■■■■■■■■■■■■■■■■■■■■■■■■■ ■■■■■■■■■■■■■■■■■■■■■■■	・2020年問題（18歳人口減少）。定員を超える入学希望者が供給されていた時代の終わり ・競合大学が多い ・競合大学がブランディングを行っている ・競合も同様の施策。ふつうの施策だと差別化ができない ・知名度、ステイタス、偏差値、総合大学を求める傾向 ・国が進める大学改革の流れに遅れると取り残される
内部環境	**強み (S)** ・名古屋の基盤を創った下出民義の精神を受け継ぎ、学園全体としては90年以上の歴史がある ・「信頼」と「真面目」の精神がある ・名古屋の産業界に貢献してきた歴史がある ・地元企業との結びつきが強い ・小規模大学なので小回りが利く ・教職員と学生、学生同士の距離が近いので目が行き届く、面倒見が良い ・全体的にフレンドリーである ■■■■■■■■■■■■■ ■■■■■■■■■■ ■■■■■■■■■■■■■■■■ ■■■■■■■■■■■■ ■■■■■■■■■■■■■■■ ■■■■■■■■■	**機会×強み：機会最大活用** ■名古屋の産業界の底上げに寄与してきた東邦ブランド。名古屋の中小企業の飛躍をサポートする立場 ■スモールカレッジとしての特徴をもたせることにより際立つ存在になれる ■本学が評価されている地域社会、コミュニティを支える人材育成は地域の時代のニーズ ■地元の中小企業のニーズ、ウォンツに徹底的に応える大学。教師、学生、職員がチームを組んで名古屋の企業ニーズに徹底的に応じ合う姿勢 ■実践的な即戦力育成においてプロジェクト型授業は特に有効 ■AIムーブメント、効率化の流れにあって、本学の学生に潜在的に感じられている「人間性」「人間力」は磨けば大きな「武器」になる	**脅威×強み：競合差異化** ■スモールカレッジ、名古屋のリージョナルスモールカレッジとしての特徴により差別化の可能性（徹底した差別化が必要） ■他の大学もグローバル、人間力育成をテーマにしているが、東邦学園・愛知東邦大学はその歴史と精神の度合いが違う（郷土愛、リージョナル愛、仕事愛、人間愛） ■下出民義の志と実績。モノづくり（地域産業）、ヒトづくり（教育機関）、コトづくり（文化育成）の思想は他の大学にはない稀有な財産 ■本学が謳っている「信頼」は、貴重な「社会資本」。これからの時代の価値 ■本学が本質的なブランディングを行えば、実を得る可能性がある
		<**本学が積極的に活動し、差別化すべき方向**> ■スモールカレッジならではの有効性、優位性→・学生の顔と名前が一致する・密度の濃い教育・ひとりひとりの特性に合わせた教育 ■本学が謳ってきた人間力、人間愛、信頼性、郷土愛はAI化、効率化にあって貴重な財産 ■地域性、名古屋力、地域の課題・宿題への対応が求められている時代に応えられる活動を行ってきた ■「21世紀の寺子屋」（スーパーリージョナルユニバーシティ＊スーパーグローバルユニバーシティの逆）→・実践的職業人育成・専門性＋知識＋知恵 ■今までになかった「大学づくり」への挑戦 　→総合大学ではできない・歴史の浅い大学ではできない・地域に密着していない大学ではできない・生活力、人間性がある学生だから可能になる 　→モノづくり（地域産業）、ヒトづくり（人材育成）、コトづくり（文化育成）は本学のDNA的財産	
	弱み (W) ・ブランド力が高くない ・情報発信力が弱い ・絶対的な知名度が低い ■■■■■■■■■■■■■■■■ ■■■■■■■■■■ ■■■■■■■■■■■■■ ■■■■■■■■■■■■■■ ■■■■■■■■■■■■ ■■■■■■■■■■■■■■■ ■■■■■■■■■	**機会×弱み：チャンス見逃し** ■大学自体の存在感が希薄だと東海地区、名古屋産業界のニーズに十分こたえられない恐れ ■大学関係者が問題を認識しないと、チャンスを逃す恐れ	**脅威×弱み：致命傷回避／最悪警戒** ■大学運営に関する危機的状況を認識しないとさらに厳しい状況を招く。学生の底上げ、質的強化が行われないとジリ貧を招く ■改革が遅れると「負け組」に転ずる恐れ
		<**最悪の事態を招かないための方向**> ■大学としての基本的機能の充実。研究体制、研究成果、教育体制、就職実績 ■セクショナリズムを排し、教員、職員が一体となって改革に向かう ■本学の「強み」「機会点」を見出し、「誇り」をもって活動にあたる ■東邦学園は名古屋のヒト・モノ・コトを創ってきた歴史がある。この歴史は、本学しか有していない。この歴史に自信をもち、「学園を創りなおす」覚悟が必要	

Chapter 5
進む方向を考える

どんなブランド
を目指すか。
方向見極めの
ポイント

この章では何を学ぶか

Q 進むべき方向性はどのように見つけるのですか?

Q クロスSWOT分析の次は何をすればいいですか?

Q 「ありたい姿」を分かりやすくイメージする方法はありますか?

この章では次の演習をしてみましょう

Work ▸ クロスSWOT分析を完成させましょう。

Work ▸ あなたの会社(部署)のプロポジションリストをつくってみましょう。

Work ▸ あなたの会社(製品、サービス)を別なものに例えてみましょう。

第 5 章 の テ ー マ は
[進む方向を考える]です

STEP	何をするか	どのように	
1	基本を知る	ブランド、ブランディングの基本的知識を得る	
2	機運をつくる	ブランディングを始めるための雰囲気をつくり、仲間を見つける	
3	組織をつくる	ブランディングを推進する組織をつくる	準備
4	環境を見つめる	マクロ環境（政治、経済、社会、技術）分析 ミクロ環境（業界、競合、顧客）分析 内部環境分析 外部環境の機会・脅威、自社の強み・弱みを把握	
▶ 5	進む方向を考える	外部環境、内部環境を「クロスSWOT」分析 プロポジションリスト（自社が提案できること） ブランドの「ありたい姿」議論	
6	ブランドの 基盤をつくる	ブランドの基盤（ブランドコンセプト）策定 ・ブランドビジョン、ブランドミッション、ブランドバリュー ・ブランドパーソナリティ ・ブランドステートメント　など 企業・組織の理念体系の整理	凝縮
7	「伝え方」をつくる	「ブランドらしい見せ方」「ブランドらしい言い方」を決める ブランドコミュニケーションガイドライン 内部浸透活動計画 外部発信コミュニケーション計画	
8	「活動」を考える	「ブランドらしい活動」を具体的に考える	拡散
9	デビューさせる	ブランドへの期待感を高める活動	
10	成果を活かす	各施策の定期的な測定・診断	診断

25

Q

進むべき方向性は
どのように
見つけるのですか？

A

角度を
いろいろ変えて
見つめてみましょう。

■ 「らしさ」づくりのための材料

　これまでPEST分析により外部環境について整理し、3C分析により競合、顧客、および自社の内部環境について整理してきました。その結果を活用しましょう。

　第1章No.7において、ブランドは「らしさ」と言い換えることができるとお話ししました。
　「○○らしさ」を決める3条件を再度確認します。

　①その企業に「能力がある」「意志がある」
　→自社内部環境分析（3C分析）より分かる
　②活動が、社会やステークホルダーのニーズを満たしている
　→PEST分析、顧客分析（3C分析）より分かる
　③他との違いがある
　→競合分析（3C分析）より分かる

　つまり、社会・顧客のニーズに応え、競合との違いがあり、自社の能力・意志がある。これらを満たすところに「らしさ」が存在するというものです。

「自分たちの自慢できる○○」 「自分たちが最も○○」という ポジションを探る

「らしさ」を見つけるためのひとつの方法として、「ポジショニング」という方法があります。「ポジショニング」はマーケティング戦略の手法であるSTPを構成するひとつの要素です。STPとは市場を細分化（Segmentation）し、その中で狙いを定め（Targeting）、他社との違いを明確にし、独自の存在（Positioning）を得る方法です。

この手法を用いて、自分たちが他と違うところ、独自の存在感を得る場所を探してみましょう。ポジショニングは通常、縦軸・横軸で示される4つの象限を想定し、その中のどこに位置づけられるかを考察するものです。どのように設定したら自分たちが独自の存在になるかを考え、縦軸・横軸を決めましょう。軸は形容詞・名詞などにより自由に設定します。

独自のポジショニングが見えてきたら、

「自分たちの自慢は○○（縦軸）で××（横軸）な△△（ドメイン＝事業領域）である」

「自分たちは、最も○○（縦軸）で××（横軸）な△△（ドメイン＝事業領域）を目指す」

と言ってみましょう。ポジショニングのバリエーションを変えると、それまで気がつかなかった道筋が明らかになります。（この場合の「ドメイン」とはインターネット用語ではなく、自分たちの「事業活動領域」のことです）

大事なことは自分たちの意志・能力

ブランドは「想い」から生まれると言われます。「想い」とはかなり抽象的で、曖昧な響きがあります。経営はロジカルで、様々な事象を理論的に考えていくものであるという考えはもちろん尊重されますが、事業活動の根底には何かしらの強い「想い」が必要です。

「社会・顧客ニーズ」を考え、「競合との差異化」を考えるということは、実のところそれほど簡単ではありません。特に、競合企業が多い場合はどうしても結論が似たようなものになってしまいます。

例えば、
安心・安全・快適・笑顔・お客様満足・社会貢献

企業のスローガンなどを見るとこのようなワードがよく見受けられます。それが必ずしも悪いわけではありませんが、その場合でももう少し深掘りして考えてみましょう。

どんな「安心・安全」なのか。そもそもそのルーツはどこにあるのか。他社の「安心・安全」とはどこが違うのか。他社の「笑顔」とは何が違うのか。自分たちのそもそもの「想い」に立ち返って考えてみましょう。言葉は同じでもそこに込めた「想い」や「物語」は違うはずです。同じように見える料理でも独自の味付けにより違いを際立たせることができるのです。

▍クロスSWOT分析により道筋を探る

これまで述べた点を考慮しながら、3C分析、

PEST分析の結果をクロスSWOT分析に掛けてみましょう。（クロスSWOT分析の進め方についてはNo.19を参照してください）

図25-1	3C分析＋クロスSWOT分析

クロスSWOT分析

3C分析				外部環境	
				機会 [Opportunity]	脅威 [Threat]
				(A) 都合が良い点	**(B)** 都合が悪い点
顧客分析 競合分析 内部分析	内部環境	強み [Strength]	**(C)** 競合に 比べての強み **(E)** 顧客に 対する強み **(G)** 自社（製品）の 良いところ	機会×強み (I)	脅威×強み (J)
		弱み [Weakness]	**(D)** 競合に 比べての弱み **(F)** 顧客に 対する弱み **(H)** 自社（製品）の 良くないところ	機会×弱み (K)	脅威×弱み (L)

図25-2 ポジショニングの例（愛知東邦大学）

消極的なポジショニング

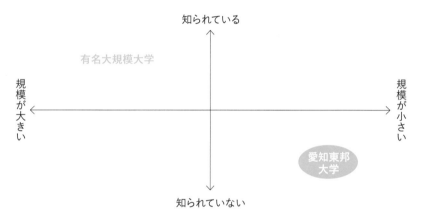

知られている

有名大規模大学

規模が大きい ← → 規模が小さい

愛知東邦大学

知られていない

積極的なポジショニング

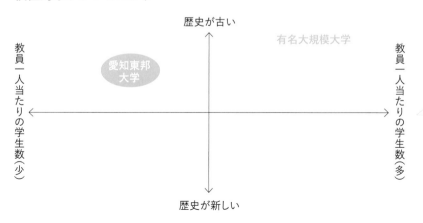

歴史が古い

有名大規模大学

教員一人当たりの学生数（少）← → 教員一人当たりの学生数（多）

愛知東邦大学

歴史が新しい

愛知東邦大学の自慢は「歴史が古く、教員一人当たりの学生数が少ない大学」である。

「愛知東邦大学は、学生ひとり一人との教育の密度が高い、歴史のある大学である」

「愛知東邦大学は『21世紀の寺子屋』のような大学である」

クロスSWOT分析を進めるときのヒント

①クロスSWOT分析は発想のジャンプ台

分析は左脳的に、発想は右脳的に。つまり「ロジカルに考え、クリエイティブに発想」してみましょう。

②各自で考え、みんなで共有

誰か得意な人に任せるのではなく、各自が考えることで、個人では考えつかなかったことがたくさん出てきます。それだけ、議論の幅が広がるのです。

③自分たちの道筋を何とかして見つけ出せ

「自分たちはあまり強みがないし、進むべき道筋なんか見つかるだろうか」と思うかも知れません。それでも、何とかして見つけましょう。会社が続いている以上、必ず、強み・特徴・想いがあります。

④鳥瞰と虫瞰

外部環境は鳥瞰的、俯瞰的に。内部環境はできるだけ現実を見ながら虫瞰的に見つめましょう。鳥瞰と虫瞰を行ったり来たりしながら、進むべき道筋のヒントを見つけましょう。

⑤攻めのゾーン「機会×強み」「脅威×強み」にこだわれ

強みには自信を持ちましょう。たとえそれが「他と同じくらい」に思えてもその強みをより活かすにはどうすればいいか、という視点で考えましょう。

⑥守りのゾーン「機会×弱み」「脅威×弱み」に注意せよ

弱みを強みに変えていくこと、カバーすることは必要です。しかし、それは簡単ではありません。弱みは改善すべき課題として認識し、そこだけにこだわるのは避けましょう。ブランドは強みを活かし、よりよく磨いていくことが大事です。

⑦ナマの声を大事にしよう。そこにヒントがある

ふとした何気ない言葉に、実は大きな力があります。その言葉をスルーせずに、話し言葉のままの形で書き留めておきましょう。読み返してみるとヒントが見つかることがあります。

⑧言葉を丸めてはいけない

ブランドは機能的価値と情緒的価値の融合です。情緒的な言葉は特に大事にしましょう。「お客様が嬉しそうに思い出を語ってくれた」を「顧客満足度の維持」「顧客満足の獲得」としてはいけません。

⑨否定的な言い方を「前向きな」言い方に

弱みについて議論をしているとどうしても否定的な言葉が出てきます。それは仕方がないことですが、それに対してどう対応すればいいか、をポイントに話し合いましょう。モノは言いよう。「マイナス」をプラスに言い換えることもできます。

⑩分析を楽しもう

誰かに忖度するのではなく、自分が経営者になったつもりで考え、議論しましょう。一度、自分の部署を離れ、他人の目で見ることにより見えてくるものもあります。

W[実践編]ork ▶ クロスSWOT分析を完成させましょう。

①まずA〜Hを埋めてください。
②次に、I, J, K, Lを考えてください。
（このページではスペースが足りない場合は、自分でシートを作成してみましょう）

			外部環境	
			機会 [Opportunity]	脅威 [Threat]
			(A) 都合が良い点	**(B) 都合が悪い点**
内部環境	強み [Strength]	**(C)** 競合に 比べての強み **(E)** 顧客に 対する強み **(G)** 自社（製品）の 良いところ	機会×強み（I）	脅威×強み（J）
	弱み [Weakness]	**(D)** 競合に 比べての弱み **(F)** 顧客に 対する弱み **(H)** 自社（製品）の 良くないところ	機会×弱み（K）	脅威×弱み（L）

Q..

クロスSWOT分析の次は何をすればいいですか?

A..

プロポジションリストをつくりましょう。

[理論編]
Theory

何が言えるか、何が言いたいか

第1章で触れましたが、ブランドにはブランドの「約束」(ブランド理念・ブランドコンセプト)が必要です。それは、「らしさの源」です。

実は、このブランドの「約束」に関係する言葉はたくさんあります。ブランドプロミス、ブランドプロポジション、ブランドエッセンス、ブランドビジョン、ブランドバリュー……。慣れないと何が何か簡単には理解できません。

これからブランドの「約束」に当たるブランドコンセプトを検討する段階に入りますが、ここではそれぞれの言葉の定義は考えずに進めましょう。

これはビジョンに該当するのか、バリューになるのかといったことは後回しにして「何が言えるか」「何が言いたいか」を議論しましょう。

プロポジションリストをつくる

プロポジション(proposition)とは「提案」という意味です。プロポジションリストは、言い換えれば、「自分たちが提案できることのリスト」、解釈を

拡大すれば「自分たちのブランドが自慢できるリスト」「約束できる（約束したい）リスト」のことです。

クロスSWOT分析、特に「機会×強み」「脅威×強み」に注意しながら、このリストを作成していきましょう。作成に当たっては次のような軸を設けると考えやすくなります。

①機能的な特徴・長所・自慢

技術・ノウハウ・スピード・効率性・ネットワーク・生産体制・歴史・エポックメイキングなこと……

②情緒的な特徴・長所・自慢

会社の雰囲気・文化・社員の人柄・考え方・独特の哲学……

③これからの志

「私たちのブランドは〜（という存在）を目指す」「〜（という存在に）なろう」「私たちのブランドは〜（という存在）である」などと表現してみる。

④活動すべきこと

「私たちのブランドは〜する」「〜することが私たちのブランドの役割だ」などとできるだけ断言調に意志を表現してみる。

⑤社会・顧客に提供したいこと。感じてもらいたいこと

「私たちのブランドは〜により、社会に貢献したい」「私たちのブランドは〜を顧客にプレゼントしたい」などと表現してみる。

（「〜」の部分は機能的表現でも情緒的表現でも良い）

▌プロポジションリストを確認する

プロポジションリストが完成したら、そのリストを評価してみましょう。

- 独自性があるもの。ユニークなもの→○
- 平凡なもの。当たり前のもの→△×
- ○印をつけたものの中で、特に重要と思われるもの→◎

一人で20案考えたとすると、チームメンバーが5人ならば100案が寄せられることになります。

その中には、自分たちの「宝」に近いもの、「らしさ」を表しているものが含まれているはずです。

図26-1　プロポジションリストの内容・つくり方

1. プロポジションリストを各自で考える（宿題）

最初に「思いつくもの」を挙げるだけ挙げて、後で分類しても良い。

	内容	評価
機能的特徴に類するもの		
情緒的特徴に類するもの		
志に関係するもの		
活動すべきこと		
社会に提供すること・感じてもらいたいこと		

2. 各自、プロポジションリストを発表する

プロポジションリストは多ければ多いほど良い

3. 全体の意見をまとめる

- 平凡なもの。当たり前のもの→△×
- 独自性があるもの。ユニークなもの→○
- ○印をつけたものの中で、特に重要と思われるもの→◎

H[実践編]int

プロポジションリスト作成のコツ

▌ コピーライターの気分になってみる

プロポジションリストの中で「志」「これからの活動」「顧客・社会に対して提供したいこと」などはコピーライターになったつもりで、イメージを膨らませて考えてみましょう。

他人に「自慢する」ときには、それらしく言うものです。プロポーズの言葉も「機能的な約束」より、「情緒的で志が込められている」ほうが、想いがより伝わります。

それと同じです。少しカッコつけて言ってみましょう。

▌ 数多く出す

考えられるだけ考えてください。数を多く出すことも有効です。

広告会社・広告制作会社のコピーライターは、ひとつのコピーを生み出すのに、100本のコピーを考える（俗に「100本ノック」）と言われています。そのくらい様々な角度から考え、最終的に「これだ!」という案が生まれます。

▌ 「一言」で言ってみる

知らない人に「あなたの会社のブランドについて一言で教えてください」と言われたら、どのように答えるでしょうか。

プロポジションリストは、自分たちのブランドの特徴・個性を紡ぎ出したものとも言えます。

そして、それらの特徴や個性はブランドの「約束」（ブランドコンセプト）につながる要素なのです。

プロポジションリストの例（愛知東邦大学）

	内容	評価
機能的特徴	■ 3学部の小規模な大学である	×
	■ 学園は100年近い歴史がある	○
	■ 学園創設者は地域の産業の基盤をつくった	○◎
	■ 地域貢献活動をしている　……	△
情緒的特徴	■ 自由で明るい雰囲気である	△
	■ 「義理と人情」の大学である	○◎
	■ 教員と学生の距離が近く親しみやすい	○
	■ 卒業後もずっとつきあえる大学である	○
	■ 地域は教室であるという想いである　……	△
志	■ 原石の学生を宝石にする（存在）となる	○◎
	■ 「スーパー・リージョナルカレッジ」となる	△
	■ スモールキャンパス・グレートポテンシャルの大学	○
	■ 「21世紀の寺子屋」（という存在）になる	○
	■ 社会から「ありがとう」と言われる大学になる　……	△
活動 すべきこと	■ 学生の伸び代を最大限に伸ばす	○◎
	■ 「原点から頂点を目指す学生」を育てる	○◎
	■ 学生ひとり一人の喜怒哀楽に寄り添う	○
	■ 「地域を支える産業」を支える　……	△
社会に 提供すること ・感じてもらい 　たいこと	■ 地域の知の拠点となる	△
	■ 21世紀の地域を担う人財を育てる	○
	■ やがてこの地を動かす人をつくる	○◎
	■ 「愛知東邦大学」の卒業生はプロアクティブだ　……	○◎

Work

[実践編] ▶ あなたの会社（部署）の
プロポジションリストをつくってみましょう。

クロスSWOT分析のA、C、E、G、I、Jに注目しながら、少なくとも20〜30。できればそれ以上考えてみましょう。メンバーで宿題にすると良いでしょう。（数名で行うと100案くらいになる）

×△○◎をつける

	内容	×△○◎
機能的特徴		
情緒的特徴		
志 〜という存在を目指す		
活動すべきこと 〜する 将来〜する		
社会・顧客に 提供したいこと		

27

Q

「ありたい姿」を
分かりやすくイメージする
方法はありますか？

A

「投影法」
「イメージスケール」を
活用してみましょう。

[理 論 編]

Theory

▌「投影法」による「ありたい姿のイメージ」

　ブランディングは「抽象的な概念」を「具体的に目に見え、感じてもらう活動」です。前項で「進むべき道筋」が浮かんできたら、「ありたい姿」をイメージします。「ありたい姿」は単純な言語化だけでは限界があります。言葉により触発されるイメージが人により異なる可能性があるからです。

　「今までパッとしなかったけど、これからはカッコよくしたい」誰かがそう言ったとします。しかし、「カッコよく」と言っても人により解釈は様々です。「知的」「先進的」「活動的」「紳士的」「本格的」「若々しい」「スポーティ」……。

　もう少し、イメージをハッキリさせるために、「ありたい姿」を別のものに例えてみましょう。例えば、レストラン、ホテル、テーマパーク、家電、クルマ、街、色、花、動物、タレントなどです。

質問：「今のブランドの姿」を「クルマ」で例えてください。次に、「ありたい姿」を同様に「クルマ」で例えてください。
回答：「今は○○」。その理由は「〜〜」だから。
　　　「これからは□□」。その理由は「△△」だから。

○○、□□はできるだけ「具体的なもの」を挙げましょう。そのほうがイメージしやすくなります。そして「理由」をきちんと考えましょう。そこには「ふだんは隠れている想い」が表れてきます。

この場合、「今のブランドの姿」と「今の競合ブランドの姿」との問いを設定すると、競合ブランドとのイメージの違いがより一層はっきりしてきます。なお、この方法はブランドコンサルティング会社のインターブランドでは「ブランドビンゴ」と称しています。

「イメージスケール」による「ありたい姿のイメージ」

日本カラーデザイン研究所（1967年に創立されたカラーマーケティング専門の会社）が開発した「イメージスケール」という考え方があります。その中にある「言語イメージスケール」は、自分たちの「現状のイメージ」「競合のイメージ」「ありたい姿のイメージ」を議論する場合に有効に働きます。

「イメージスケール」は、warm－cool、soft－hardの2軸の直交座標で構成されており、その中に180の形容動詞や形容詞で構成される言葉の海が広がっています。

言葉はそれぞれの近さによってクラスター分けがなされています。

- プリティ／カジュアル／ロマンチック／ナチュラル／エレガント／クリア
- ダイナミック／ゴージャス／ワイルド／クラシック／クラシック＆ダンディ／シック
- ダンディ／フォーマル／クール・カジュアル／モダン

180の言葉の中から、「現状のイメージ」「ありたい姿のイメージ」「競合のイメージ」をプロットしていくことで、それぞれの姿が浮かび上がってきます。

なお、言葉だけではなく、その言葉に該当するカラーをスケール化した「配色イメージスケール」もあり、併せて考えると新しい発見があります。

（参考：『感性に伝わるフォトニケーション ビジュアルコミュニケーションの新発想』英治出版）

「投影法」と「イメージスケール」はあくまでも、それぞれが認識しているイメージを出現させたものです。個々人、認識が異なるため「現状のイメージ」や「競合のイメージ」が全員一致することはありません。また、「ありたい姿のイメージ」も人によって異なります。

しかし、クロスSWOT分析を踏まえ、さらにこの項で述べた「イメージ」についての議論を経ていくうちに、「ありたい姿」への照準が次第に定まってきます。

図27-1 何か別のものに例える場合（投影法）

あるブランドの現在の姿

クルマ・家電・エレクトロニクスに例えると……

大衆車	ラジカセ	普通の掃除機
ガラケー	アナログ腕時計	昔のマッサージ器

現在のイメージを具体的なモノ（できれば固有名詞）で答える

これからこうありたい姿

クルマ・家電・エレクトロニクスに例えると……

EVカー	最新スピーカー	ロボット掃除機
スマホ	スマートウォッチ	マッサージチェア

「ありたい姿」を具体的なモノ（できれば固有名詞）で答える

選んだ理由

大衆車	ラジカセ	普通の掃除機
■ 身近 ■ 定番	■ 昔は定番 ■ 性能に差がない	■ 必需品 ■ 普通
ガラケー	アナログ腕時計	昔のマッサージ器
■ 国内仕様 ■ 使わない 　機能が多い	■ 定番 ■ 親しみやすい ■ 安心感	■ 重い ■ しっかりしている ■ 高齢者向き

なぜそれを選んだのか、キーワードを書く

選んだ理由

EVカー	最新スピーカー	ロボット掃除機
■ 新しい ■ 社会的課題	■ 高品質 ■ 洗練感 ■ 個性的	■ 任せられる ■ 先進的
スマホ	スマートウォッチ	マッサージチェア
■ 時代の定番 ■ グローバル共通	■ 多機能 ■ カッコいい	■ リラックス ■ カジュアルさ ■ シンプル

なぜそれを選んだのか、キーワードを書く

図27-2　イメージスケールを活用する場合

メンバーによる「現在の姿」のイメージと「ありたい姿」のイメージ。
（日本カラーデザイン研究所の「イメージスケール」をもとに作成）

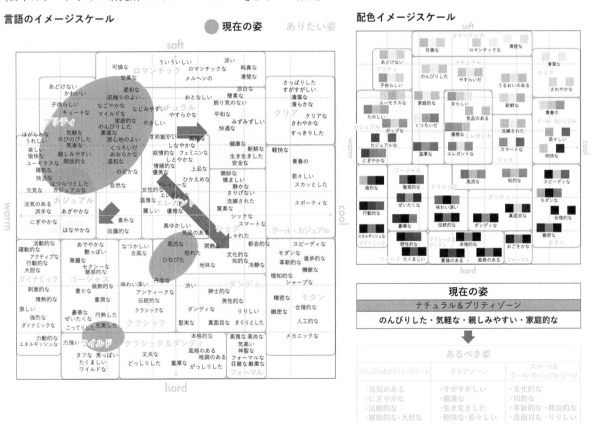

言語のイメージスケール

現在の姿 ／ ありたい姿

配色イメージスケール

	現在の姿		
	ナチュラル＆プリティゾーン		
	のんびりした・気軽な・親しみやすい・家庭的な		

あるべき姿		
カジュアル＆ダイナミックゾーン	クリアゾーン	スマート＆クール・カジュアルゾーン
・活気のある	・すがすがしい	・文化的な
・にぎやかな	・健康な	・知的な
・活動的な	・生き生きした	・革新的な・都会的な
・躍動的な・大胆な	・軽快な・若々しい	・真面目な・りりしい

「イメージスケール」は、株式会社日本カラーデザイン研究所の許諾の下、加工し、使用しています。
実際に色のついた配色イメージスケールは同社HP（www.ncd-ri.co.jp/about/image_system/imagescale.html）で見ることができます。

H int ［実践編］
イメージで遊んでみよう

「何か別のものに例える方法（投影法）」の進め方

① **例えるものを決める**
レストラン、ホテル、テーマパーク、家電、クルマ、街、
有名タレント、色、花、動物、など

② **「現在のイメージ」「ありたい姿のイメージ」**
「競合のイメージ」を例え、具体的な名称を挙げる

③ **それぞれの理由を書く**
④ **全員の前で発表する**
⑤ **それぞれの回答を記録し、傾向を検討する**

> このような形で、各自で
> 考え発表してみましょう。

例：「あるメーカー」の場合

	現在のイメージ		ありたい姿のイメージ	
	名称	その理由	名称	その理由
レストラン	地域の 「レストラン○○」	■庶民的で親しみやすい ■気軽に入れる ■全体的に普通 ■コレと言って特徴がない ………	××にある 「レストラン△△」	■料理に工夫がある ■おしゃれ ■シェフの□□さんが有名 ………
クルマ	昔からある 「○○」	■安心できる ■なじみがある ■ファミリーカー ■古臭い ………	EVカーの 「△△」	■革新的 ■スマートな感じ ■挑戦している ■クール ………
テーマ パーク	地元の 「○○遊園地」	■日常的 ■おとなしい ■目玉がない ………	××地方の 「△△動物園」	■わざわざ出かける ■見せ方が面白い ■ワクワクする ………
まとめ	「現在のイメージ」は、 ■庶民的で親しみやすいが、やや古臭く、面白みがない。 　定番ではあるが、それだけ。		「ありたい姿」は、 ■新しいことにチャレンジしていて、 　ひとつ一つの活動にこだわりがある。 ■全体的にスマートで洗練されている。	

イメージスケールの活用

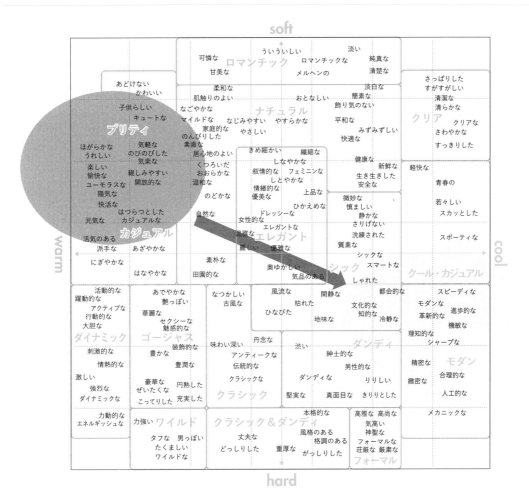

「イメージスケール」は、株式会社日本カラーデザイン研究所の許諾の下、加工し、使用しています。

Work ［実践編］

あなたの会社（製品、サービス）を
別なものに例えてみましょう。

「現在のイメージ」「ありたい姿のイメージ」、それぞれの理由

	現在のイメージ		ありたい姿のイメージ	
	名称	その理由	名称	その理由
クルマ				
テーマパーク				
家電				
レストラン				
まとめ				

まとめ Chapter 5

テーマは
［進む方向を考える］です

◎ 進むべき方向性は どのように見つけるのですか？

Ⓐ 角度をいろいろ変えて 見つめてみましょう。

PEST分析、3C分析により得られた結果に基づきクロスSWOT分析を行い、自分たちの進むべき方向性を検討します。つまり、「らしさ」探しです。
その場合、
①自分たちに能力がある。意志がある
②社会・顧客のニーズに応えている
③他との違いがある
という3つの要素を満たせるように考えましょう。特に、自分たちの能力・意志は大事な要素です。

◎ クロスSWOT分析の次は 何をすればいいですか？

Ⓐ プロポジションリストをつくりましょう。

プロポジションリストは、「自分たちが提案できること」「自分たちのブランドが自慢できること」「約束できる（約束したい）こと」のリストです。
クロスSWOT分析、特に「機会×強み」「脅威×強み」に注意しながらリストを作成していきましょう。作成に当たっては「機能的な特徴・長所・自慢」「情緒的な特徴・長所・自慢」「これからの志」「活動すべきこと」「社会・顧客に提供したいこと。感じてもらいたいこと」などの軸を設けると考えやすくなります。できるだけたくさん考えましょう。

◎ 「ありたい姿」を分かりやすく イメージする方法はありますか？

Ⓐ 「投影法」「イメージスケール」を 活用してみましょう。

ブランディングは「抽象的な概念」を「具体的に目に見え、感じてもらう活動」です。「進むべき道筋」や「らしさの源」が浮かんできた段階で、「ありたい姿」をイメージします。「現状の姿」「競合の姿」「ありたい姿」などを具体的にイメージするために、何か別のものに例える「投影法」や「イメージスケール」といった方法があります。

Chapter **6**
ブランドの基盤をつくる

ブランド
コンセプトって何だ？
その決め方の
ポイント

第 6 章 の テ ー マ は
[ブランドの基盤をつくる]です

STEP	何をするか	どのように	
1	基本を知る	ブランド、ブランディングの基本的知識を得る	準備
2	機運をつくる	ブランディングを始めるための雰囲気をつくり、仲間を見つける	
3	組織をつくる	ブランディングを推進する組織をつくる	
4	環境を見つめる	マクロ環境（政治、経済、社会、技術）分析 ミクロ環境（業界、競合、顧客）分析 内部環境分析 外部環境の機会・脅威、自社の強み・弱みを把握	
5	進む方向を考える	外部環境、内部環境を「クロスSWOT」分析 プロポジションリスト（自社が提案できること） ブランドの「ありたい姿」議論	凝縮
▶ 6	ブランドの 基盤をつくる	ブランドの基盤（ブランドコンセプト）策定 ・ブランドビジョン、ブランドミッション、ブランドバリュー ・ブランドパーソナリティ ・ブランドステートメント　など 企業・組織の理念体系の整理	
7	「伝え方」をつくる	「ブランドらしい見せ方」「ブランドらしい言い方」を決める ブランドコミュニケーションガイドライン 内部浸透活動計画 外部発信コミュニケーション計画	拡散
8	「活動」を考える	「ブランドらしい活動」を具体的に考える	
9	デビューさせる	ブランドへの期待感を高める活動	
10	成果を活かす	各施策の定期的な測定・診断	診断

28

Q..

そもそも
「ブランドの基盤」って
何ですか？

A..

ブランドの
「らしさ」を構成する
要素です。

Theory [理論編]

▌ブランドの理念に関する言葉あれこれ

　ブランドの「らしさ」を確立するためにはブランドを構成する要素が定められている必要があります。それが「ブランドの基盤」です。

　しかし、実際にブランディングを進めていくとブランドの理念や考え方に類する言葉がたくさんあり、その関連性がよく分からないという声を聞きます。ここで改めて挙げてみます。

　ブランド理念、ブランドコンセプト、ブランドプロミス、ブランドエッセンス、ブランドアイデンティティ、ブランドプロポジション、ブランドビジョン、ブランドミッション、ブランドバリュー、ブランドステートメント、コーポレートメッセージ、ブランドスローガン、タグライン、ブランドパーソナリティ、クレド、パーパス……等々、カタカナ用語のオンパレードです。

　さらに、企業には企業理念、創業理念、社是、社訓、信条、行動指針などが存在し、何がどの程度優先されるのか、何を信じればいいのかが全く分からない事態が発生します。そうなるとブランディングどころではありません。

　先に挙げたカタカナ用語、そして企業理念・創業

理念などの定義や意味は当然あって、それぞれ違います。しかし、ブランディングを進める場合、それらの定義や位置づけにあまりにこだわると、なかなか前に進まない事態に陥ります。

実は、理念に関する言葉・用語の定義は企業によってそれぞれ異なっています。活動しやすいように、自分たちの会社に合うように解釈して運用している企業も多くあります。要は「自分たちで決める」ことが大事なのです。

▍「ブランドの基盤」を決める

理念関係の言葉を整理整頓するために、次のような考え方もあります。ブランドを人間に例えたもので、コンサルタント時代にクライアントとの議論の中で生まれた整理の方法です。

①心:創業理念・企業理念・行動指針

年月を経ても、周囲の環境が変化しても心は変わりません。恒常的、長期的な概念です。

②頭:ブランドビジョン

頭は、時代に合わせ、環境を見極めてその時点で考えることができます。自分は何ができるか、何をしたいのか、何が「自分たちらしい」かを考えます。

ブランドビジョンは時代に合わせて変化させることがあり、時限的、可変的な概念です。(もちろん、ブランドによっては恒常的、長期的に考える場合もあります)

ブランドアイデンティティ、ブランドコンセプト、ブランドプロポジション、ブランドプロミス、ブランドエッセンスなども広くはここに該当すると考えることができます。

③体(行動):ブランドミッション

頭で考えたことを実際に行動に移します。ブランドとして活動することです。

④社会、顧客に届けるもの:ブランドバリュー

行動の結果、社会に提供する価値です。「安心できる」「ホッとする」などの「情緒的価値」と具体的なメリットを提供する「機能的価値」があります。

⑤人柄:ブランドパーソナリティ

その人が醸し出す雰囲気や感じられること。印象の基準でもあります。

⑥口で発すること:ブランドステートメント、
スローガン、タグラインなど

ブランドビジョン、ブランドコンセプトをそのまま発することもあります。

以上、「ブランドらしさ」を規定する主な要素を「ブランドの基盤」と呼びます。

ブランドによってはさらに「ブランドらしさ」を明確に打ち出すために下記の要素を定める場合もあります。

⑦語る内容:キーメッセージ
⑧装い:トーン&マナー
⑨いわく、エピソード:ブランドストーリー
⑩全体のイメージ:世界観・イメージ

「ブランドの基盤」の要素をすべて整えるべきかどうかの判断は企業によって異なります。企業理念、ブランドコンセプト、ブランドステートメントをひとつの言葉（概念）で表している企業もあります。

図28-1 ブランドを人に例えると……

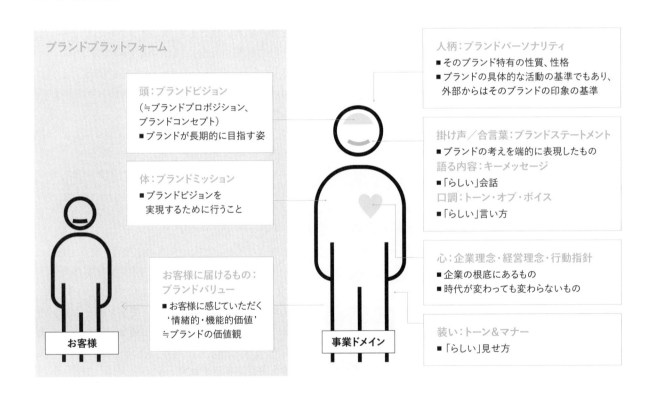

以上のブランドに関する用語については研究者や企業によりいろいろな解釈と定義がなされています。それらはいずれも貴重です。この項は、ブランディングを推進する立場の人がより理解しやすいように大まかに概念をまとめたものです。

図28-2 | ブランドを規定する要素

ブランドの基盤	心	創業理念・企業理念・行動指針	
	頭	ブランドビジョン	ブランドプラットフォーム
	体（行動）	ブランドミッション	
	価値 提供するもの	ブランドバリュー	
	人柄	ブランドパーソナリティ	
	掛け声	ブランドステートメント（スローガン、タグライン）	
その他の要素	語る内容	キーメッセージ	
	装い	トーン＆マナー	
	語り口調	トーン・オブ・ボイス	
	いわく、エピソード	ブランドストーリー	
	全体の雰囲気	世界観・イメージ	

今までの「理念体系」と「ブランドの基盤」の整理の仕方

　創業理念、企業理念、経営理念、社是、行動指針……、ブランディングにおいてこれらの理念をどう位置づけるかは悩ましい問題です。

よくある意見
- 創業理念は大事だが、それでは具体的に動けない。
- 崇高だが、抽象度が高い。どう動いていいか分からない。
- ブランド理念と企業（経営）理念の関係が分からない。
- ブランド理念とこれまでの理念体系をどう調整すれば良いのか。
- 創業理念、企業理念などは歴史があるので、簡単に修正できない。

ではどうするか

① そのまま大事にする

　創業理念、企業理念は会社の芯に該当するものであり、そのまま大事に扱う。ブランド理念は区別して設定する。

② 修正する

　創業理念、企業理念などの趣旨は活かしながら、時代性・社会的ニーズなどを踏まえて新たな解釈を加え修正する。ブランド理念との整合性もはかる。

③ 新規に策定する

　創業理念はそのままに、企業理念とブランド理念は統合して刷新する。

創業理念・企業理念とブランド理念の考え方

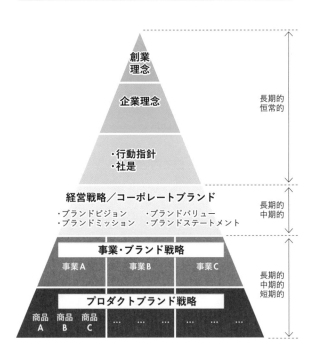

 ［実践編］　「あなたの会社の理念体系」について 考えてください。

第1章No.5のWorkでチェックした「あなたの会社の『約束』」をここで再度、確認してください。「会社の約束」は理念体系に該当します。自社の理念体系を客観的に見つめてみましょう。
（理念体系は創業理念、企業理念、経営理念、社是、社訓、行動指針、○○ビジョンなどが該当します）

次のチェックリストに答えてください。

1. 私は自分の会社の理念体系について 知っている

よく知っている	あまり知らない
まあ知っている	全く知らない

2. 私の会社の理念体系は 分かりやすい

複雑である	まあ分かりやすい
やや複雑である	非常に分かりやすい

3. 私の会社の理念体系は 自分の行動の基準になっている

非常になっている	あまりなっていない
ややなっている	全くなっていない

4. 私の会社の理念体系は 社内に浸透している

非常に浸透している	あまり浸透していない
まあ浸透している	全く浸透していない

5. 私の会社の理念体系には 「ブランド」という言葉が使われている

使われている	使われていない

自分の会社の理念体系について、整理する必要が「ある」か、「ない」か、考えてみましょう。「整理する必要がある場合」は何が問題か、考えてみましょう。

29

Q ....

ビジョン、ミッション、バリュー。
もう少し詳しく
教えてください。

A ....

目的、手段、結果と
考えてみましょう。

▍ブランドプラットフォームとは

　ブランドらしさを規定する「ブランドの基盤」の中で、**ビジョン（Vision）、ミッション（Mission）、バリュー（Value）は「ブランドプラットフォーム」と呼ばれています。**

　この3つの言葉、実際にブランディングを進める立場になるとメンバー間で意見の調整が難しくなるほど「ややこしい」言葉です。

　「それはビジョンではないか」「いや、ミッションだ」「バリューに該当するのでは」といった議論になりがちです。議論はせっかく良いところまで進んでいるのに、この言葉の扱いで足踏みすることがあります。

　次のように整理してみましょう。

①ビジョン：ブランドが目指すべき姿、ありたい姿 →目的

　英語のvisionは視覚、視力、先見の明、洞察などを意味しますが、経営戦略においては未来像、理想像、目指すべき姿、ありたい姿などの意味として使われています。

　「〜（という存在）になる」「〜（という姿）をイ

メージする」という言い方で考えてみましょう。

②ミッション：ビジョンを達成するために行うこと
→手段

英語のmissionは使命、任務などを意味しますが、ブランディングにおいては、「ビジョンを達成するために行うこと」と考えてみましょう。

「～（というビジョンを達成するために）私たちは○○する（○○しなければならない）」という言い方で考えてみましょう。

③バリュー：社会・顧客に提供する価値
→結果

英語のvalueは価値を意味します。ブランディングの結果、最終的に社会や顧客に提供するものはそのブランドの価値です。価値には機能的価値と情緒的価値があります。また、それらの価値は実践する人たちの価値観によりもたらされていると考えられます。

「自分たちは社会・顧客に、機能的には□□、情緒的には□□を提供する」という言い方で考えてみましょう。

図29-1　ビジョン、ミッション、バリューとは？

要素	意味	
ビジョン （Vision）	「あるべき姿」 「目指す姿」のこと。長期的な視点。 時代に合わせて変化することもある。	目的
ミッション （Mission）	ビジョンを実現するために行うこと。	手段
バリュー （Value）	お客様に感じていただく機能的価値、情緒的価値のこと。 ≒自分たちの価値観	結果

ビジョン、ミッション、バリューについての考え方

ビジョン、ミッション、バリューについては上記とは別の考え方、ミッション・ビジョン・バリューというものがあります。

ミッションが最上位に位置する考え方です。この考え方のほうが主流です。

マネジメント論で有名なピーター・ドラッカー氏は、次のように定義しています。

ミッション：わが社が社会で実現したいことを言い表したもの
ビジョン　：わが社の使命が実現したときの状態を言い表したもの

また、バリューに関しては大切にする価値観・行動指針などという考え方が一般的です。

従って、ミッション・ビジョン・バリュー、つまりMVVの順で語られています。

ミッションという言葉は会社としての「果たすべき使命」「その会社の存在意義」としてとらえることができます。

ビジョンは「ありたい姿」「将来の姿」を表します。

そのため、まず大前提としてのミッションが根底にあり、それを目指して活動した結果、ビジョンに至るという考え方になるのです。

MVVかVMVか。これはどちらも有効です。自分たちの会社に適合する方法を選びましょう。

Mission → Vision → Value

or

Vision → Mission → Value

あなたの会社はどっち？

・参考・
ドラッカーによる経営理念・ミッション・ビジョンの定義
■経営理念とは「わが社の社会に対する根本的な考え」を言い表したもの
■ミッション（使命）は「わが社が社会で実現したいこと」を言い表したもの
■ビジョンは「わが社のミッションが実現したときの状態」を言い表したもの
（『ドラッカー5つの質問』あさ出版より）

［実践編］
Hint

■ 答えは自分たちの中にある

ビジョン、ミッション、バリューづくりにチャレンジする

　ビジョン、ミッション、バリューが揃っていなくても、ブランディングは可能です。とはいえ、これらを考える価値は十分あるため、ここでチャレンジしてみましょう。

　第5章No.26でつくったプロポジションリストを確認してください。その中身を整理してみましょう。

① ブランドビジョン（目的）

　ブランドが目指すべき姿、ありたい姿です。これからの「志」の部分が該当します。「私たちのブランドは〜（という存在）を目指す」「〜（という存在に）なろう」「私たちのブランドは〜（という存在）である」というフレーズが成立するように考えてみましょう。

例：愛知東邦大学

「私たちのブランドは『21世紀の寺子屋』を目指す」

「私たちのブランドは『スーパーリージョナルユニバーシティ』を目指す」

「私たちは『地域の将来を支える大学』になろう」

② ブランドミッション（手段）

　ブランドビジョンを達成するために行う「活動すべきこと」です。「（ブランドビジョン〇〇を達成するために）〜を行う」「〜という活動をする」など、動詞で成立するものです。

例：愛知東邦大学

「（『21世紀の寺子屋』になるために）学生ひとり一人が自分だけの'知の武器'を身につける教育をする」

「（『スーパーリージョナルユニバーシティ』になるために）地域について360度の知識を修得できる教育をする」

「（『地域の将来を支える大学』になるために）やがて、この地を動かす人づくり（をする）」

③ ブランドバリュー（結果）

　「機能的な特徴・長所」「情緒的な特徴・長所」「社会・顧客に対して提供すること」などです。またこの内容は活動の価値観も表します。

例：愛知東邦大学

■機能的価値

「教員一人当たりの学生数が少なく、密度の濃い教育を提供できる」（教育密度が濃い）

「長い歴史に裏付けられた、地域のヒト・モノ（産業）・コト（文化）の育成知見（がある）」……

■情緒的価値

「喜怒哀楽を分かち合える人間性」

「地域を愛し、地域を発展させる気概」

「真面目でしなやか」……

W o r k [実 践 編]

実際にビジョン、ミッション、バリューをつくってみましょう。
（次ページ以降の「事例解説」を参考にしてください）

①第5章No.26でつくったプロポジションリストを確認してください。
②○◎をつけたものに注目しながら、ビジョン、ミッション、バリューづくりに
　チャレンジしてみてください。
③コピーライターになったつもりで、言葉に工夫をしてみてください。
　（慣れないと少し難しいのですが、クリエイティブの才能を発揮するチャンスです）
④できればA、B、C案くらいチャレンジしてみましょう。

| | ビジョン
（目的） | ミッション
（手段） | バリュー | |
			機能的価値	情緒的価値
A案				
B案				
C案				

事例解説	シミュレーション：ビジョン、ミッション、バリューをつくる

1. クロスSWOT分析（再掲）

<table>
<tr><td colspan="2"></td><td colspan="2">外部環境</td></tr>
<tr><td colspan="2"></td><td>機会（O）</td><td>脅威（T）</td></tr>
<tr>
<td colspan="2"></td>
<td>
・地方創生に向けた国の総合戦略。地方大学への進学率を高める傾向
・東海地区の存在感が高まる（2027年リニア新幹線によるエリア活性化）
・東海地区企業の活性化が期待される
・2019年、大学の新たな類型「専門職業大学（仮称）」が制度化。実践的職業での即戦力人材が期待される
・東海地区、名古屋の中小企業の役割が増大する。しかし、中小企業は人材難
・AIにより、求められる資質はよりパーソナルな部分になる。ビジネス、国際、教育、健康はAIが進出しにくい分野
（黒塗り）
</td>
<td>
・2020年問題（18歳人口減少）。定員を超える入学希望者が供給されていた時代の終わり
・競合大学が多い
・競合大学がブランディングを行っている
・競合も同様の施策。ふつうの施策だと差別化ができない
・知名度、ステイタス、偏差値高、総合大学を求める傾向
・国が進める大学改革の流れに遅れると取り残される
（黒塗り）
</td>
</tr>
<tr>
<td rowspan="2">内部環境</td>
<td>強み（S）</td>
<td colspan="2"></td>
</tr>
</table>

内部環境 強み（S）

・名古屋の基盤を創った下出民義の精神を受け継ぎ、学園全体としては90年以上の歴史がある
・「信頼」と「真面目」の精神がある
・名古屋の産業界に貢献してきた歴史がある
・地元企業との結びつきが強い
・小規模大学なので小回りが利く
・教職員と学生、学生同士の距離が近いので目が行き届く、面倒見が良い
・全体的にフレンドリーである
（黒塗り）

機会×強み：機会最大活用

■名古屋の産業界の底上げに寄与してきた東邦ブランド。名古屋の中小企業の飛躍をサポートする立場
■スモールカレッジとしての特徴をもたせることにより際立つ存在になれる
■本学が評価されている地域社会、コミュニティを支える人材育成は地域の時代のニーズ
■地元の中小企業のニーズ、ウォンツに徹底的に応える大学。教師、学生、職員がチームを組んで名古屋の企業ニーズに徹底的に向き合う姿勢
■実践的な即戦力育成においてプロジェクト型授業は特に有効
■AIムーブメント、効率化の流れにあって、本学の学生に潜在的に感じられている「人間性」「人間力」は磨けば大きな「武器」になる

脅威×強み：競合差異化

■スモールカレッジ、名古屋のリージョナルスモールカレッジとしての特徴により差別化の可能性（徹底した差別化が必要）
■他の大学もグローバル、人間力育成をテーマにしているが、東邦学園・愛知東邦大学はその歴史と精神の度合いが違う（郷土愛、リージョナル愛、仕事愛、人間愛）
■下出民義の志と実績。モノづくり（地域産業）、ヒトづくり（教育機関）、コトづくり（文化育成）の思想は他の大学にはない稀有な財産
■本学が謳っている「信頼」は、貴重な「社会資本」。これからの時代の価値
■本学が本質的なブランディングを行えば、実を得る可能性がある

＜本学が積極的に活動し、差別化すべき方向＞

■スモールカレッジならではの有効性、優位性→・学生の顔と名前が一致する・密度の濃い教育・ひとりひとりの特性に合わせた教育
■本学が謳ってきた人間力、人間愛、信頼性、郷土愛はAI化、効率化にあって貴重な財産
■地域性、名古屋力、地域の課題・宿題への対応が求められている時代に応えられる活動を行ってきた
■「21世紀の寺子屋」（スーパーリージョナルユニバーシティ＊スーパーグローバルユニバーシティの逆）→・実践的職業人育成・専門性＋知識＋知恵
■今までになかった「大学づくり」への挑戦
　→総合大学ではできない・歴史の浅い大学ではできない・地域に密着していない大学ではできない・生活力、人間性がある学生だから可能になる
　→モノづくり（地域産業）、ヒトづくり（人材育成）、コトづくり（文化育成）は本学のDNAの財産

内部環境 弱み（W）

・ブランド力が高くない
・情報発信力が弱い
・絶対的な知名度が低い
（黒塗り）

機会×弱み：チャンス見逃し

■大学自体の存在感が希薄だと東海地区、名古屋産業界のニーズに十分こたえられない恐れ
■大学関係者が「問題を認識しないと、チャンスを逃す恐れ

脅威×弱み：致命傷回避／最悪警戒

■大学運営に関する危機的状況を認識しないとさらに厳しい状況を招く。学生の底上げ、質的強化が行われないとジリ貧を招く
■改革が遅れると「負け組」に転ずる恐れ

＜最悪の事態を招かないための方向＞

■大学としての基本的機能の充実。研究体制、研究成果、教育体制、就職実績
■セクショナリズムを排し、教員、職員が一体となって改革に向かう
■本学の強み「機会点」を見出し、「誇り」をもって活動にあたる
■東邦学園は名古屋のヒト・モノ・コトを創ってきた歴史がある。この歴史は、本学しか有していない。この歴史に自信をもち、「学園を創りなおす」覚悟が必要

2. プロポジションリストを作成する

- 外部環境分析、内部環境分析、ブランド意識調査、座談会、クロスSWOT分析を経て、愛知東邦大学として提案できることを記した「プロポジションリスト」を作成した。
- プロポジションリストを見ながら、3つの軸に分類し、それぞれについて一言フレーズをつけてみた。

	プロポジションリスト	一言フレーズ
A： 人間力 育成	■ ひとり一人の良さを引き出す ■ チームで学び、成長を約束する ■ 学生ひとり一人の喜怒哀楽が見える ■ 義理と人情を大事にする ……	■ 好奇心という才能を磨く ■ 人材育成の原点から頂点へ ■ プロの社会人を育てる ■ 卒業後も付き合える大学 ■ 21世紀の寺子屋 ……
B： 地域 密着	■ 21世紀のコミュニティを支える ■ 地域の宿題をひたむきに解決する ■ 地域に褒められる人づくりをする ……	■ スーパーリージョナルユニバーシティ ■ 地域のエキスパートナー ■ 地域を支える人を支える ……
C： 変革 意欲	■ リニアの時代の地域を「つくる」 ■ これからの時代の指針を示す ■ 「大学」をつくり変える ……	■ 今までの大学を時代遅れにする ■ CSV（共有価値創造）大学宣言 ……

3. それぞれの案について、ビジョン、ミッション、バリューを考える

	ビジョン （目的）	ミッション （手段）	バリュー	
			機能的価値	情緒的価値
A案	21世紀の寺子屋	学生ひとり一人が自分だけの'知の武器'を身につける教育をする	教員一人当たりの学生数が少なく、密度の濃い教育を提供できる	■喜怒哀楽を分かち合える人間性 ■成長実感 ■委ねられる安堵感
B案	スーパーリージョナルユニバーシティ	地元について360度の知識を修得できる教育をする	長い歴史に裏付けられた、地域のヒト・モノ（産業）・コト（文化）の育成知見（がある） 地域のエキスパートナー	■実績から生まれる信頼性 ■真面目でしなやか
C案	地域の将来を支える大学	やがて、この地を動かす人づくり（をする）	地域産業界の広範囲の人脈 スモールキャンパス・グレートポテンシャル	■地域を愛し、地域を発展させる気概 ■ワクワクする期待感

30

Q ....

ブランド
パーソナリティって
何ですか？

A ....

ブランドの
人柄のことです。

ブランドパーソナリティは印象の基準

　パーソナリティ（personality）は人格、性格、人柄などを意味します。人と接するとき、私たちは自然と相手の人柄を感じます。「何となく話しやすい」「この人がいると楽しくなる」「冷たくてとっつきにくい感じがする」など、全体の雰囲気を察知し、まさに、何となくパーソナリティを感じているわけです。

　ブランドパーソナリティも「ブランドの基盤」を構成する大事な要素です。
　私たちは人や会社、ブランドと接するとき、機能的・論理的な側面で判断する一方で、何となくの感じや醸し出している雰囲気という情緒的・直感的な判断もしています。その情緒的・直感的な印象がブランドに対する好き・嫌いに結びつくこともあります。

　ブランディングにおいては、「らしさ」を意図的に定めていくことなのでブランドパーソナリティもこの時点で明確にしておいたほうが良いでしょう。
　心：創業理念、企業理念など
　頭：ブランドビジョン

体（行動）：ブランドミッション

提供するもの：ブランドバリュー

それらが定まったら次は、「**人柄：ブランドパーソナリティ**」です。ブランドパーソナリティは、自分たちの「印象の基準」を定めていくことにほかなりません。ステークホルダーに対してどのような印象を抱いてもらうのかを予め定めます。

ブランドパーソナリティは「見せ方」「言い方」「動き方」につながる

ブランドパーソナリティはそのブランドの表現の仕方、つまり「見せ方」や「言い方」「動き方」に直接結びつきます。

個人の場合、パーソナリティ・人柄はファッションや言葉遣い、立ち居振る舞いに表れます。私たちは着ているもの、話し方、物腰によって人を判断しています。

ブランドにとっての「見せ方」は「ビジュアル・アイデンティティ」、「言い方」は「バーバル・アイデンティティ」に該当します（「見せ方」はNo.37、「言い方」はNo.38、「動き方」はNo.45〈いずれも第7章〉で詳しく解説します）。

整理します。
- 心：創業理念、経営理念を確認する
  （あるいは新たに策定する）
- 頭：ブランドビジョン（目的）を決める
- 体（行動）：ブランドミッション（手段）を決める

- 提供するもの：ブランドバリュー（価値）を決める
- 人柄：上記に基づきブランドパーソナリティを決める
- ブランドパーソナリティはブランドの「見せ方」「言い方」「動き方」に結びつく。

ブランドパーソナリティってどんなもの？

ブランドパーソナリティは人柄なので、多くの場合、形容詞、形容動詞などで表現されます。

例えば、
- 親しみやすい、楽しい、気軽な、はつらつとした……→身近でカジュアルなブランド
- 品格がある、本格的な、しっかりした、堂々とした……→頼りがいがあるブランド

このようなブランドの「見せ方」「言い方」「動き方」はどのようになるでしょうか。

また、このほかに、どのようなブランドパーソナリティかを記述してイメージを表現する方法もあります。

例えば、
- 近くにいると、いつも笑顔が生まれる仲間
- ふだんはおとなしいが、いざとなると頼りになるリーダー

このようなブランドの「見せ方」「言い方」「動き方」はどのようになるでしょうか。

図30-1　　ブランドパーソナリティの模式図

- 親しみやすい、楽しい、気軽な、はつらつとした……→身近でカジュアルなブランド

  近くにいると、
  いつも笑顔が生まれる仲間

- 品格がある、本格的な、しっかりした、堂々とした……→頼りがいのあるブランド

  ふだんはおとなしいが、
  いざとなると頼りになるリーダー

H i n t ［実践編］

「印象」がブランドを物語る

ブランドパーソナリティのつくり方

① ブランドビジョン、ブランドミッション、ブランドバリューを確認しましょう。特に、ブランドビジョンである「ありたい姿」「目指すべき姿」、およびブランドバリューの「情緒的価値」に注目しましょう。
② 第5章No.27でつくった「ありたい姿（投影法）」と「イメージスケール」を確認しましょう。
③ 上記を確認しながら、ブランドパーソナリティとしての形容詞などをいくつか挙げてみましょう。

例：愛知東邦大学の場合

	ビジョン	バリュー（情緒的価値）	ブランドパーソナリティ
A	21世紀の寺子屋	■喜怒哀楽を分かち合える人間性 ■成長実感 ■委ねられる安堵感	■活気がある ■カジュアルな ■快活な ■自由な 「自分を認めてくれるパートナー」
B	スーパーリージョナルユニバーシティ	■安心して任せられる信頼性 ■真面目でしなやか	■頼りになる ■安心できる ■落ち着いた 「いざというときに頼りになるリーダー」
C	地域の将来を支える大学	■地域を愛し、地域を発展させる気概 ■ワクワクする期待感	■アクティブな ■大胆な ■躍動感がある 「チャレンジ精神にあふれた新・開拓者」

参考：デービッド・アーカー氏によるブランドパーソナリティの特質

ブランド論の第一人者であるデービッド・アーカー氏は15のブランドパーソナリティの特質を挙げている。

〈誠実〉
●堅実──家族中心、のどかな田舎風、現場労働者、本当のアメリカ
●正直──倫理的、思いやりのある、面倒見のよい
●純粋──本物、古びない、健康的、古典的、昔ながらの
●親しみやすい──温かい、幸せな、陽気な、感傷的

〈刺激〉
●刺激的──大胆、流行の最先端、型破り、けばけばしい、挑発的
●活発──冒険好き、生き生きとした、社交的、若い
●楽しい──驚きをもたらす、想像力豊かな、独特、ユーモラス、芸術的
●革新的──積極果敢、最新式、現代的、自主独立

〈能力〉
●信頼できる──慎重、頼れる、勤勉、安全、効率的
●真面目──賢い、専門的、能力の高い
●成功している──先導者、自信に満ちた、影響力のある

〈洗練〉
●上流階級──洗練された、魅惑的な、見た目の良い、自信に満ちた、影響力のある
●チャーミング──女性的、なめらか、セクシー、優美な

〈逞しさ〉
●頑丈──強い、逞しい
●アウトドア──男性的、ウェスタン風、活動的、体育会系

（『ブランド論』（ダイヤモンド社）より引用。〈 〉の後の各企業名は筆者により省略）

W o r k

[実 践 編]

▶ 前項で考えたブランドビジョンに合わせて
ブランドパーソナリティをつくってみましょう。

	ビジョン	バリュー（情緒的価値）	ブランドパーソナリティ
A案			
B案			
C案			

31

Q

ブランド
ステートメントって
何ですか？

A

ブランドそのものを
端的に
表現したものです。

▌ ステートメントの意味

　ステートメント（statement）という英語には声明、宣言、公式な発言という意味があります。ブランディングに際して、ステートメントという用語は一般的に使われます。

　ビジョンステートメント、ミッションステートメントなどの使われ方がありますが、これはNo.29で述べたビジョン、ミッションと同様のものとして考えておくといいでしょう。

　ブランドステートメントは企業によってその形式に違いがあります。
- 企業理念、ブランドのビジョン、ミッション、バリューをひとつの文章として著したもの
- 自分たちのブランドについて端的に表現したもの

　前者の企業理念、ブランドビジョン、ブランドミッション、ブランドバリューというブランドプラットフォームに関しては個別に説明しましたので、ここでは後者の立場で話を進めます。

▌ブランドステートメントは「掛け声」

ブランドの要素を人間に例えてお話ししてきましたが、その流れでいくとブランドステートメントは「掛け声」に当たります。「掛け声」は他人に呼びかける意味もありますが、仲間を鼓舞したり、自分の主張や何かを始めるときに発する言葉です。

「掛け声」なので、あまり長いものや曖昧なものはふさわしくありません。端的に、ポイントを絞り、響きがよく、聞いた人の心に残る工夫が必要です。同様の言葉に、スローガン、タグラインなどがあります。

- **スローガン（slogan）**
  企業の理念や目的を簡潔に表現したもの
- **タグライン（tag line）**
  企業や商品のロゴマークなどと一緒に配置されている企業理念などを端的に表現したもの

つまり、ブランドステートメントもスローガンもタグラインも同様の趣旨だと判断できるため、ここはどれかひとつに絞っていいでしょう。スローガンのほうが分かりやすければスローガンでも問題ありません。要は、どのようにしたら社内外の人たちに「自分たちのブランドの考え方」が伝わるか否か、です。

図31-1　ブランドステートメントにおけるポジショニング（例）

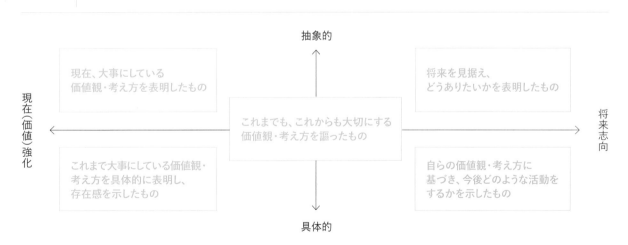

抽象的

現在、大事にしている
価値観・考え方を表明したもの

将来を見据え、
どうありたいかを表明したもの

現在（価値）強化　　←　これまでも、これからも大切にする
価値観・考え方を謳ったもの　　→　将来志向

これまで大事にしている価値観・
考え方を具体的に表明し、
存在感を示したもの

自らの価値観・考え方に
基づき、今後どのような活動を
するかを示したもの

具体的

図31-2 企業のブランドステートメント・スローガンの例

企業によって呼び方は異なりますが、筆者としてブランドステートメント、スローガン、タグラインに該当すると思われるものを挙げました

企業	ブランドステートメント・スローガン・タグライン
JTB	感動のそばに、いつも。
サントリー	水と生きる
ライオン	今日を愛する。
旭化成グループ	昨日まで世界になかったものを。
小林製薬	あったらいいなをカタチにする
TOTOグループ	あしたを、ちがう「まいにち」に。
キユーピー	愛は食卓にある。
au	おもしろいほうの未来へ。
ミツカングループ	やがて、いのちに変わるもの。
キッコーマン	おいしい記憶をつくりたい。
大和ハウスグループ	共に創る。共に生きる。
リクルート	まだ、ここにない、出会い。
ドトール	ドトール、のち、はれやか。
中京テレビ	あなたの真ん中へ。
ナブコ（自動ドア）	さあ、これからの"だれでもドア"をつくろう。
愛知東邦大学	オンリーワンを、一人に、ひとつ。

［実践編］

■ 今こそ、コピーライターになれ！

ブランドステートメントのつくり方

①ブランドプラットフォームから導く

　ブランドステートメントはビジョン（V）、ミッション（M）、バリュー（V）から発想しましょう。
　VMVの言葉が端的に伝わりやすいと判断できたらそのままブランドステートメントとしても良いでしょう。

②本のタイトルを付けるとしたら

　本のタイトルは一目で内容が分かり、読者が思わず手に取るようにつくられています。本は、書店で内容を吟味できないため、ポイントを絞る必要があります。自分たちのブランドを本にするならばどんなタイトルがいいか、考えてみてください。

③気分はコピーライター

　ブランドステートメントは長期的に使われます。しかも、企業のロゴマークとともに配置されるため、存在感は群を抜きます。外部のコピーライターに任せなくても自分たちでできます。ブランドについて徹底的に考えてきたのですから、「生きた言葉」がどこかにあるはずです。自分自身がコピーライター

になってみましょう。社員が考えた案がブランドステートメントになった事例はいくつもあります。

④「定型的一般表現」は使わない

　心を込めてブランドプラットフォームをつくっても、直接目に触れるものが「ありきたり」だと訴求力は減退します。そのまま使わないほうがいい表現として、例えば、次のような言葉があります。
顧客満足／地域密着／社会に貢献／未来・明日／世界／夢／感動／こだわりの／最適な……
　このような内容を伝えたい場合、これらの言葉を使わないでどう言えるかを考えましょう。

⑤ブランドステートメントの留意点

　「シンプルで分かりやすく」「あれもこれもではなく『これ』に絞られている」「競合ブランドと差異化」「社員の求心力になる」「ブランドの意志が込められている」
　ブランドステートメントは社内外に対してブランドの意志を端的に「宣言」するものです。ともすれば、あれもこれも伝えたいと迷いますが、シンプルに「ひとつ」に絞りましょう。また、社員が判断に迷ったときにどうすれば良いかの指針になるものです。私はブランドステートメントのアイデアを検討するときは「社員として自分が何かをするときに判断できるかどうか」を判断基準にしていました。

⑥法的保護をする

　ブランドステートメントは独自性を維持することが求められますので、他社が同様の言葉を開発しないように法的保護をしておきましょう。

W_{ork} [実践編] ▷ ブランドステートメントをつくってみましょう。

	ブランドビジョン	ブランドステートメント
A		
B		
C		

つくったブランドステートメントを自社のロゴの上に配置することも試してみてください。

Brand
Management

32

Q ....

ブランドストーリーって
何ですか？

A ....

そのブランドが持っている
「独自の想いを表した物語」
です。

Theory [理論編]

▌ ストーリーは自分だけのもの

　面白かったテレビドラマ、映画や小説を思い出してみてください。

　かなり長いコンテンツだったとしても、「あのシーンが良かった」「あのエピソードにジーンときた」「何と言ってもあのセリフがすべてを表していた」……などと、ついその世界に引き込まれてしまうことがあります。

　ブランドも同じです。

　第1章でも書きましたが、人は「物ではなく物語」に心を惹かれ、共感を抱き、好きになるのです。物は他人（他社）がマネできますが、物語をマネすることはできません。

　創業理念が心、ブランドビジョンが頭、ブランドミッションが行動、ブランドバリューが提供するもの（価値）、パーソナリティが人柄だとすると、**ブランドストーリーはその人の「いわく」「エピソード」に該当します。**

デービッド・アーカー氏は優れたブランドには優れたブランドストーリー（シグネチャーストーリー）が存在するとし、そのブランドだけが有するストーリーの重要性を説いています。

　では「シグネチャーストーリー」とは何か。それは戦略的メッセージ——ブランド・ビジョン、顧客との関係、組織の価値観や事業戦略などを明確化または強化するメッセージ——を伝える、あるいは支える物語である。シグネチャーストーリーは興味をかき立て、人を引き込み、真実味がある。そして、長期にわたってブランドに知名度と活力をもたらし、従業員や顧客を説得し、刺激を与えるものである。
（『ストーリーで伝えるブランド』ダイヤモンド社）

▍ある物語

　1958年に富士重工業（現SUBARU）が「国民車」として「スバル360」という軽自動車を発売しました。このクルマは「てんとう虫」の愛称で呼ばれ、日本の高度経済成長時代のマイカーとして絶大な人気を博しました。2016年には日本機械遺産に認定されました。
　富士重工業の前身は中島飛行機という航空機メーカーです。「スバル360」を設計・開発した技術者は航空機のエンジニアたちでした。
　新しいクルマの開発・製造は試行錯誤の連続でした。開発リーダーの百瀬晋六氏は、「このクルマは、

大人4人が乗れ、安心してどこまでも行けるクルマでなければならない」という信念を持っていました。
　そして、そのクルマを実現させました。

　航空機の最大の使命は「安全に乗員を守ること」です。クルマもまず安全を最優先にする、という基本方針でした。

　現在、SUBARUは「安心と愉しさ」を謳っています。ブランドバリューに該当する言葉です。SUBARUの水平対向エンジン、4WD、アイサイト、ボディ剛性……は「安心と愉しさ」を実現するための技術です。自分たちの航空機開発の思想が、クルマづくりに息づいています。
　SUBARUブランドのシグネチャーストーリーです。

図32-1	ブランドストーリーづくり

ブランドストーリーのソース

- 創業者の想い、創業のきっかけ
- 思想・哲学
- 歴史
- 特徴的なエピソード
- 文化
- 人物
- 技術
- 顧客の声
- 取引先、地域の声
- 将来
- 決意
- ……

編集

ブランドビジョン、ブランドミッション、ブランドバリュー、ブランドパーソナリティ、ブランドステートメントなどに合わせて編集

発信

ホームページ、動画配信、社内報、映画（自主製作）、書籍・ムック本など

■ 誰かに手紙を書くように

ブランドストーリーのつくり方

　ブランドストーリーは、1回で簡潔にまとめる方法もあれば、シリーズ展開させる方法もあります。

　1回でまとめる場合はブランドブックに掲載、あるいはブランドムービー（動画）に組み入れます。シリーズで展開する場合は、社内報、動画（YouTubeなど）でパートごとに展開します。

①ソース（ネタ）を集める

　まず、どのようなソースがあるか、確認しましょう。社内で発行された印刷物など、過去の記録からニュース、トピックス、エピソードを探ります。また、社内で語り継がれている出来事は貴重です。単なる事実報告であっても、その裏にはそれに携わった人たちの想いがあるはずです。

②ブランドの基盤に紐づけて編集する

　大事なポイントは、それぞれのソースについて単純に伝えるのではなく、ブランドビジョン、ミッション、バリュー、パーソナリティ、ステートメント等々、ブランドの基盤に紐づけて再編集することです。話題は別々でもその背景にブランドの考え方が息づいていると認識してもらうことが重要です。

③構成を考える

（例）
- 歴史
- 創業の想い
- 創業時代の時代背景、エピソード
- 活動（開発、技術、サービス、顧客対応、社員の想い、エピソード……）
- 具体的な成果、社会的評価、顧客からの評価
- 現在の時代背景
- これから求められること
- 今後の決意

④誰かに手紙を書くように

　誰かに手紙を書くつもりで書いてみましょう。手紙はただの事実の羅列ではなく、背景、想い、願い、決意などについて心を込めて書きます。つまり、自然に情緒的に書いているわけです。ブランドストーリーも同じです。

⑤コピーライターに依頼する

　ブランドストーリーは書きなれていない人にとってはとても難しいものです。場合によっては、プロに依頼したほうが良いでしょう。その際は、上記①〜④の内容を明確にディレクションしましょう。

W_{ork} ［実践編］ ▶ 自分の会社のブランドストーリーのネタを探してみましょう。

■創業者の想い、創業のきっかけ・思想・哲学・歴史・特徴的なエピソード・文化・人物・技術

■顧客の声・取引先、地域の声・将来・決意・その他

33

Q ....

ブランドの世界観・イメージって何ですか？

A ....

そのブランドが
持っている
「独得の雰囲気」の
ことです。

Theory ［理論編］

▌ 言葉で説明できない雰囲気をイメージする

　ブランドプラットフォーム、ブランドパーソナリティ、ブランドステートメントなど、「ブランドの基盤」が固まりつつあります。

　では、そのブランド全体が醸し出すイメージはどのようなものでしょうか。

　ブランディングは「抽象的な概念を具体的にしていくこと」です。そのため「何となくこんな感じ」という、言葉では説明しきれない、そのブランドが持つ独特の雰囲気を意図的に創っていく必要があります。この独特の雰囲気のことを、「ブランドの世界観・イメージ」と表現します。

　ブランド全体の「見せ方」を考えるブランド専門のデザイナー、クリエイターは「ブランドの世界観・イメージ」をより明らかにするためにムードボードというパネルを制作します。ムードボードは写真、絵などを貼り合わせたイメージコラージュ（コラージュ：collage／フランス語で「糊で貼る」意味）の手法です。

　専門のデザイナー、クリエイターはこのムードボードによりイメージを膨らませ、ブランドのロゴマー

ク、シンボルマーク、カラー、デザイン要素などの
ヒントを得ていきます。

▌自分たちで世界観をイメージする

　デザイン、クリエイティブに慣れていない人に
とってはややハードルが高い作業ですが、自分たち
で実際に試してみるとそれまで気がつかなかったブ
ランドの世界が広がります。ブランディングのワー

クショップでは自分たちで行うこともあります。
　「ブランドの基盤」を真ん中に置き、そこからイ
メージされるもの、発想を飛ばすものなどの写真や
絵を雑誌やネットから集めます。「これが正解」と
いうものはありませんが、「こんな世界観」「こんな
イメージ」という共通項は生まれてきます。「ブラ
ンドの基盤」が複数ある場合は、それぞれについて
この作業を行います。

図33-1 　ムードボードの例

写真はイメージを膨らませる

ムードボードのつくり方
①「ブランドの基盤」を確認します。
②それに合わせてイメージ写真を集めます。
（雑誌、インターネットなどから）
写真のジャンルとしては
■働いている人、社員のイメージ
■製品、サービスなどのイメージ
■店舗、社屋などの空間イメージ
■コミュニケーション、広告などの
　イメージ
③ムードボードを見ながら、集められた写真が「ブランドに合っているか、いないか」を話し合います。
正解はありません。何となくでも良いので自由に話し合いましょう。

ムードボードの例

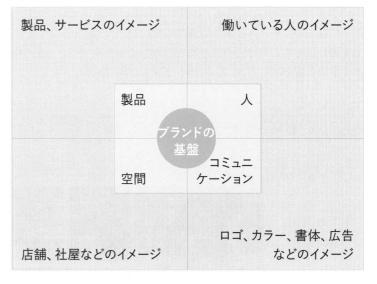

W o r k

［実践編］

自分が決めた「ブランドの基盤」の各案について、
雰囲気に合う写真を集めてみましょう。

(このページだけでなく、別の紙のシートを用意したり、パワーポイント、ワードなどのソフトを使ってチャレンジ
してみてください)

34

Q ....

トーン&マナー、トーン・オブ・ボイスって何ですか？

A ....

トーン&マナーは
「見せ方の調子（装い）」、
トーン・オブ・ボイスは
「口調、口ぶり」のことです。

Theory [理論編]

▎「らしさ」は装いと口調に表れる

トーン（Tone）は「音、色調、全体から感じられる気分・調子」のこと。マナー（Manner）は「作法、流儀」などの意味があります。従って、トーン&マナー（略して「トンマナ」とも呼ばれます）とは、ブランドの場合は「全体の雰囲気を感じてもらうための作法」ということなります。

これまで、ブランドを人に例え、心、頭、体（行動）、提供するもの、人柄、掛け声と進みました。この考えでいくと、**トーン&マナーは「服装などの装い」に該当します。トーン・オブ・ボイスは「口調、口ぶり」です。**

「あの洋服、なんかあの人に合っていない。あの人らしくない」「今日の服装、なんかしっくりきていない」あるいは、「あんな言い方をするなんて、いつものあの人とは違う」「あの話し方、いかにもあの人らしくて好感が持てる」……誰にでも、このような経験があると思います。

その人物の考え方、人となり、人柄など「その人らしさ」を前提にしているため、服装の雰囲気が違っていたり、口調が変わっていると違和感を抱き

ます。ブランドにもこれと同じことが起こります。「知的、落ち着いた」パーソナリティを目指しているのに、広告表現や店舗のデザイン、社員の対応などが「元気いっぱい、エネルギッシュ」だとしたら顧客には全く違う印象を与えてしまいます。

トーン&マナーとトーン・オブ・ボイスは表現の一貫性を守る

トーン&マナーとトーン・オブ・ボイスは特に外部の人にブランドが接するブランドタッチポイントにおいて重視されます。プロモーション活動（マスメディア広告、マス以外の広告、Web、SP広告、SPツール、イベント、PRなど）や接客、応対などの人的サービスの場合はトーン&マナー、トーン・オブ・ボイスの一貫性が求められます。

しかし、その設定と遵守は、現実にはやや困難な場合もあります。広告制作の場合、広告会社、広告制作会社などに依頼しますが、コピーライティング、デザインなどのクリエイティブは「お任せ」する傾向があり、結果としてブランドのパーソナリティや世界観とは異なるクリエイティブ作品が発信されることも起こります。

広告作品などはその専門家に依頼したほうが良いのですが、その前にブランドに沿ったトーン&マナーとトーン・オブ・ボイスについての考え方をディレクションしましょう。最初は制作する人たちも戸惑いがあるかも知れませんが、何回か繰り返すうちにブランドのトーン&マナー、トーン・オブ・ボイ

スに沿ったアウトプットが次第に生み出されるようになってきます。海外の著名なブランドの中には、トーン&マナーとトーン・オブ・ボイスを厳格に定めているケースがいくつもあります。

トーン・オブ・ボイスの効用

トーン・オブ・ボイスは「口調、口ぶり」のことですが、情報を発信するときの「文章や文体、言葉遣いの調子」に該当します。

外部に情報を発信する際、多くの書き手が文章を書きます。そのときに、一定の基準が用意されていないと、書き手が自由に書いて良いことになります。ある情報では「知的で抑制が効いた文章」なのに、別の情報では「カジュアルでポップな文章」といった事態が起こらないとも限りません。

トーン・オブ・ボイスが決められていると、文章や言葉遣いの一貫性が保たれます。

トーン・オブ・ボイスの事例（「ブランドの基盤」により異なるため、下記は一例です）
①ポジティブに表現し、否定的な言い方はしない
②説明するときには具体的な数字を入れる
③反語的な使い方をしない
④体言止めのような言い切りはしない
⑤定型的な表現は避け、別の表現方法を考える
　　など

図34-1	トーン＆マナーは「見せ方の調子（装い）」、トーン・オブ・ボイスは「口調、口ぶり」

トーン＆マナー

トーン・オブ・ボイス

図34-2	「らしい」表現を決める

1	ブランドの基盤を確認する ブランドビジョン、ミッション、バリュー、パーソナリティ、ステートメント、世界観・イメージ	
2	ブランドを表現する場合の基本方針を決める 〜で□□な印象を感じさせるものとする。そのために「××」「○○」「△△」の要素を重視する。 （例）　■このブランドは「知的で洗練された」印象を感じさせるものとする。 　　　　■そのために、「品質感」「スマートさ」「シンプル」の要素を重視する。	
3	トーン＆マナー（装い） ■カラー ■写真 ■イラスト ■書体 ■基本レイアウト ■デザインエレメント　………	トーン・オブ・ボイス（口調、口ぶり） （例） ■ポジティブに表現する ■説明するときには具体的な数字を入れる ■反語的な使い方をしない ■体言止めのような言い切りはしない ■定型的な表現は避ける

※トーン＆マナー、トーン・オブ・ボイスはブランドコミュニケーションガイドラインで規定されます。

［ 実 践 編 ］ ブランドの基盤から発想せよ
H i n t トーン＆マナー、トーン・オブ・ボイスの事例とつくり方

例：愛知東邦大学　ブランドビジョンＡ案の場合

ステップ	進め方	具体的事例		
ブランドの基盤の確認	ブランドビジョン	「21世紀の寺子屋」（という存在になる）		
	ブランドミッション	学生ひとり一人が自分だけの'知の武器'を身につける教育をする		
	ブランドバリュー	機能的価値		情緒的価値
		教員一人当たりの学生数が少なく、密度の濃い教育を提供できる		■喜怒哀楽を分かち合える人間性 ■成長実感 ■委ねられる安堵感
	ブランドパーソナリティ	活気がある・カジュアルな・快活な・自由な「自分を認めてくれるパートナー」		
	ブランドステートメント	オンリーワンを、一人に、ひとつ。		
	ブランドの世界観・イメージ（イメージコラージュ）	自由闊達な学生・同志のような教職員 教育の密度感・フレンドリーで知的なコミュニケーション		
ブランド表現の基本方針		■全体として「活動的な知性」を感じさせるものとする ■そのために「躍動感」「カジュアルさ」「品質感」を重視する		
T&M TOV 検討	■トーン＆マナー（装い） ■トーン・オブ・ボイス（口調・口ぶり）	トーン＆マナー		トーン・オブ・ボイス
		デザインの考え方	躍動感・カジュアルさ・品質感	■ポジティブな表現 ■具体的な事実を語る ■カジュアルに語る ■NG表現 ・暑苦しい言い回し ・過剰な表現 ・体言止め ・!、!!などのマーク
		色	オレンジ＆濃緑	
		写真	笑顔写真や説明的写真は控える	
		レイアウト	〜なレイアウト	
		書体	UD新ゴファミリー	
		イラスト	シンプル	

W
o r k

ホームページなどを見て、実際のブランドのトーン＆マナーを確認してみましょう。

例：ブランド価値が高い企業
「アップル」「グーグル」「コカ・コーラ」
「マイクロソフト」「トヨタ」「IBM」
「サムスン」「BMW」「メルセデス」「ナイキ」
「マクドナルド」「ホンダ」「スターバックス」
「エルメス」「ティファニー」……など

チェックポイント
・全体的にどんな雰囲気を感じるか。形容詞などで表現してみる。
・カラー／写真の見せ方／レイアウト／書体などに特徴はあるか。

Brand
Management

35

Q
良い
「ブランドの基盤」って
どんなものですか？

A
社員が、
「こうすればいい」と
判断できるものです。

Theory ［理論編］

■「ブランドの基盤」は柔軟に

　「ブランドの基盤」はブランドとしての軸であり、外に対しては「ブランドらしさ」を発信し、内に対しては「ブランドらしい」活動を推進する軸になるものです。そのため、当然、明確に定められていたほうが良いです。

　しかし、少し矛盾した言い方になりますが、ブランドの軸だからと言ってそれを絶対視してしまうと逆に身動きがとれない事態を招きます。「ブランドの基盤」「その他の要素」として、以下を挙げました。

ブランドの基盤
- 創業理念、経営理念など
- ブランドビジョン、ブランドミッション、ブランドバリュー→ブランドプラットフォーム（ブランドビジョンに該当するものとして、ブランドコンセプト、ブランドプロミス、ブランドアイデンティティ、ブランドエッセンス、ブランドプロポジションなどが考えられる）
- ブランドパーソナリティ
- ブランドステートメント

その他の要素
- キーメッセージ
- トーン＆マナー、トーン・オブ・ボイス
- ブランドストーリー
- 世界観・イメージ

　これらを遵守していくことは現実には簡単なことではありません。「ブランド基盤」を定めたからといって正解は必ずしも‘ひとつ’ではありません。ロゴマークの配置やデザイン、書体の使い方といった表現は正解を決めることができますが、ビジョン、ミッション、バリューなどの実践は「複数ある正解らしきもの」を探っていく性格のものです。むしろ、それらを具体的に活動するためにはどうすればいいかを考えることが大事なのです。

　「この活動はビジョンに合っているのか」「バリューを高めるためには、いつもの活動をどのように変えれば良いのか」などと話し合い、具体化させていくことが大切です。

　「ブランドの基盤」は大事ですが、その具現化は柔軟に構えましょう。

▌ シンプルにする方法もある

　「ブランドの基盤」を思い切ってシンプルにする方法もあります。社員の活動の基準になるものなので、シンプルで分かりやすいものは相応の効果があります。

　「ブランドの基盤」を導くまでの作業は順を追って進めますが、そのアウトプットは企業の事情によって大きく異なります。下記に主な例を挙げます。

Aのタイプ

　「ブランドの基盤」「その他の要素」をすべて定めている

Bのタイプ

　創業理念などに加え、「ブランドプラットフォーム」（VMV）、ブランドパーソナリティ、ブランドステートメント

Cのタイプ

　創業理念などに加え、ブランドビジョン（ブランドコンセプト、ブランドプロミス、ブランドプロポジションなど）、ブランドバリュー、ブランドステートメント

Dのタイプ

　創業理念などに加え、ブランドビジョンorブランドバリューorブランドステートメントのみ

　つまり、「必ず守らなくてはならないルール」というより、自分たちの活動の基準として実行しやすいか、自分たちが迷ったときに「こうすればいい」という判断ができるものであることがまず優先されます。Dの段階から始め、「自分たちらしい」活動の進行度合いに合わせてC、B、Aと段階を踏む方法もあります。

図35-1	ブランドの基盤となる要素

ブランドを規定する要素				A	B	C	D
ブランドの基盤	心		創業理念・企業理念・行動指針	○	○	○	○
	頭	プラットフォーム	ブランドビジョン （コンセプト、プロポジション、プロミスなど）	○	○	○	○ or
	体（行動）		ブランドミッション	○	○		
	価値観 提供価値		ブランドバリュー	○	○	○	○ or
	人柄		ブランドパーソナリティ	○	○		
	掛け声		ブランドステートメント （スローガン、タグライン）	○	○	○	○ or
その他の要素	語る内容		キーメッセージ	○			
	装い		トーン＆マナー	○			
	語り口調		トーン・オブ・ボイス	○			
	いわく、エピソード		ブランドストーリー	○			
	全体のイメージ		世界観・イメージ	○			

上記は例であり、それぞれの要素を自分たちのブランドに合わせて考えてみましょう。

大事なことは「動きやすさ」です。

企業	理念	内容
カゴメ 株式会社	企業理念	（時代を経ても変わらずに継承される「経営のこころ」）　感謝　自然　開かれた企業
	ブランドステートメント	（ブランドのありたい姿）　自然を　おいしく　楽しく
株式会社 SUBARU	経営理念	"お客様第一"を基軸に「存在感と魅力ある企業」を目指す
	提供価値	安心と愉しさ
	ありたい姿	笑顔をつくる会社
清水建設 株式会社	社是	「論語と算盤」
	経営理念	真摯な姿勢と絶えざる革新志向により 社会の期待を超える価値を創造し 持続可能な未来づくりに貢献する
	コーポレートメッセージ	子どもたちに誇れるしごとを。　Today's Work, Tomorrow's Heritage（海外向け）
クリナップ 株式会社	創業者理念	五心 創業の心　親愛の心　創意の心　技術の心　使命の心
	経営理念	「家族の笑顔を創ります」
	行動理念	1.私たちは、心豊かな食・住文化を創ります　2.私たちは、公正で誠実な企業活動を貫きます 3.私たちは、自らの家族に誇れる企業を創ります
	ブランドステートメント	「キッチンから、笑顔をつくろう」
ANA グループ	グループ経営理念	安心と信頼を基礎に、世界をつなぐ心の翼で夢にあふれる未来に貢献します
	グループ経営ビジョン	ANAグループは、お客様満足と価値創造で世界のリーディングエアラインググループを目指します
	グループ 行動指針	私たちは「あんしん、あったか、あかるく元気!」に、次のように行動します。 安全（Safety）　　　　　　　　　　　　　お客様視点（Customer Orientation） 社会への責任（Social Responsibility）　　チームスピリット（Team Spirit） 努力と挑戦（Endeavor）
	コーポレートメッセージ	あんしん、あったか、あかるく元気!

（各社ホームページをもとに筆者作成）

W o r k

［実践編］

いろいろな企業のブランド理念体系「ブランドの基盤」を
調べてみましょう。

「ブランドの基盤」に該当するもの （ビジョン、ミッション、バリューに該当すると思われるもの）	ブランドステートメント （スローガン、タグライン）

テーマ は
［ブランドの基盤をつくる］です

ⓠ そもそも「ブランドの基盤」って何ですか？

Ⓐ ブランドの「らしさ」を構成する要素です。

　ブランドの「らしさ」を確立するための要素が「ブランドの基盤」です。しかし、ブランド理念に関する言葉は多い上、企業にはもともとの創業理念、企業理念、経営理念などが存在しているので、そのままでは混乱してしまいます。この機会に、理念体系の整理を

し、「ブランドの基盤」を定めましょう。
　心：創業理念、企業理念、経営理念など
　頭：ブランドビジョン
　体：ブランドミッション
　社会・顧客に届けるもの：ブランドバリュー

ⓠ ビジョン、ミッション、バリュー。もう少し詳しく教えてください。

Ⓐ 目的、手段、結果と考えてみましょう。

　ビジョン（Vision）、ミッション（Mission）、バリュー（Value）は「ブランドプラットフォーム」と呼ばれています。「ブランドプラットフォーム」は次のように整理できます。
　ビジョン：ブランドが目指すべき姿、ありたい姿。
　→目的
　経営戦略においては未来像、理想像、目指すべき姿、ありたい姿などの意味として使われています。「〜（という存在）になる」「〜（という絵）をイメージする」という視点で考えてみましょう。
　ミッション：ビジョンを達成するために行うこと。

　→手段
　ブランディングにおけるミッションは、「ビジョンを達成するために行うこと」と考えてみましょう。「〜（というビジョンを達成するために）私たちは○○する（○○しなければならない）」という視点で考えます。
　バリュー：社会・顧客に提供する価値。→結果
　ブランディングの結果、最終的に社会や顧客に提供するものはそのブランドの価値です。価値には機能的価値と情緒的価値があります。「自分たちは社会・顧客に機能的には□□、情緒的には□□を提供する」という視点で考えましょう。

ⓠ ブランドパーソナリティって何ですか？

Ⓐ ブランドの人柄のことです。

　ブランドパーソナリティは「ブランドの基盤」を構成する大事な要素です。ブランドの人柄であり、印象の基準です。ブランドの「見せ方」「言い方」「動き方」につながります。

Q ブランドステートメントって何ですか？

A ブランドそのものを
端的に表現したものです。

　ブランドステートメントは「掛け声」に当たります。そのため、あまり長いものや曖昧なものはふさわしくありません。端的に、ポイントを絞り、響きがよく、聞いた人の心に残る工夫が必要です。同様の言葉に、スローガン、タグラインなどもあります。

Q ブランドストーリーって何ですか？

A そのブランドが持っている
「独自の想いを表した物語」
です。

　人は「物ではなく物語」に心を惹かれ、共感を抱き好きになります。物は他人（他社）がマネできますが、物語はマネできません。
　デービッド・アーカー氏は優れたブランドには優れたブランドストーリー（シグネチャーストーリー）が存在するとし、そのブランドだけが有するストーリーの重要性を説いています。

Q ブランドの世界観・イメージって何ですか？

A そのブランドが持っている
「独得の雰囲気」のことです。

　ブランディングはある意味「抽象的な概念を具体的にしていくこと」です。そのため「何となくこんな感じ」という言葉では説明しきれない、そのブランドが持つ独特の雰囲気を意図的に創っていく必要があります。この独特の雰囲気のことを、「ブランドの世界観・イメージ」などと表現します。

Q トーン＆マナー、トーン・オブ・ボイスって何ですか？

A トーン＆マナーは「見せ方の調子（装い）」、
トーン・オブ・ボイスは「口調、口ぶり」
のことです。

　トーン＆マナーとはブランドの場合は「全体の雰囲気を感じてもらうための作法」ということです。トーン＆マナーとトーン・オブ・ボイスによりブランド表現の一貫性を保つことができます。

Q 良い「ブランドの基盤」ってどんなものですか？

A 社員が、「こうすればいい」と
判断できるものです。

　「ブランドの基盤」はブランドとしての軸であり、外に対しては「ブランドらしさ」を発信し、内に対しては「ブランドらしい」活動を推進する軸になるものなので、当然、明確に定められていたほうが良いです。しかし、それを絶対視してしまうと逆に身動きがとれない事態を招きます。「必ず守らなくてはならないルール」というより、自分たちの活動の基準として実行しやすいか、自分たちが迷ったときに判断ができるものであることが優先されます。

Chapter 7
「伝え方」をつくる

「見せ方」
「言い方」「社内浸透」
「社外発信」
策定のポイント

第 7 章 の テ ー マ は
[「伝え方」をつくる]です

STEP	何をするか	どのように	
1	基本を知る	ブランド、ブランディングの基本的知識を得る	準備
2	機運をつくる	ブランディングを始めるための雰囲気をつくり、仲間を見つける	
3	組織をつくる	ブランディングを推進する組織をつくる	
4	環境を見つめる	マクロ環境（政治、経済、社会、技術）分析 ミクロ環境（業界、競合、顧客）分析 内部環境分析 外部環境の機会・脅威、自社の強み・弱みを把握	
5	進む方向を考える	外部環境、内部環境を「クロスSWOT」分析 プロポジションリスト（自社が提案できること） ブランドの「ありたい姿」議論	凝縮
6	ブランドの 基盤をつくる	ブランドの基盤（ブランドコンセプト）策定 ・ブランドビジョン、ブランドミッション、ブランドバリュー ・ブランドパーソナリティ ・ブランドステートメント　など 企業・組織の理念体系の整理	
▶ 7	「伝え方」をつくる	「ブランドらしい見せ方」「ブランドらしい言い方」を決める ブランドコミュニケーションガイドライン 内部浸透活動計画 外部発信コミュニケーション計画	拡散
8	「活動」を考える	「ブランドらしい活動」を具体的に考える	
9	デビューさせる	ブランドへの期待感を高める活動	
10	成果を活かす	各施策の定期的な測定・診断	診断

36

Q..

ブランドはどのように
育てていけば
いいんですか？

A..

中長期的な
ブランディングの
シナリオをつくりましょう。

Theory ［理論編］

▌ 少しずつ、計画的に進める

　ブランドは一朝一夕にでき上がるものではありません。ブランディングには時間がかかります。会社や組織の考え方そのものに関係するため、即座に変化が現れる、効果が出るというものではありません。即効性が高いクスリではなく、ジワジワと体質を改善していく漢方薬のようなものです。

　広告キャンペーンは一時的に広告を投下して一定の成果を上げることはできます。しかし、ブランディングの場合は活動を始めたとしても劇的に変化をすることはあまり考えられません。

　目標を決めて少しずつ体質改善を進めるように、ブランディングも中長期的な視点に立って、できるところから徐々に進めていきましょう。

　そのためには、中長期的なブランディングのシナリオが必要です。無理は禁物です。ブランディングの成否のカギを握っているのはインナーの社員であり、その人たちの行動だからです。インナーの社員に対してどう行動してもらいたいか、それと並行してアウターの人たちに対してどのように認識しても

らうか、この双方のバランスを常に心がける必要があります。

▌「中長期ブランド戦略」をつくる

「中長期ブランド戦略」は10年ほどのタームで考えてみましょう。もちろん、10年間で世の中は大きく変化します。そのため戦略通りに進むとは考えられません。しかし、どのようにブランドを育んでいくのかという見通しを立てておくことは非常に有益です。

活動を進めていくと、「そもそも何を目指しているのか」「最初はどう考えていたのか」が分からなくなることがあります。

経営者やブランディング推進組織のメンバー、そして社員も入れ替わることがあります。従って、ブランディングの最初の段階で、「中長期ブランド戦略」を立案しましょう。

時間的推移は、次のように大きく4段階に分かれます。

①第1段階：ブランド基盤整備期

ブランドの基盤を整備し、ブランドに対して内部の理解を深める時期です。

自分たちのブランドとは何か、どんなビジョンを抱いているのか、あるいは、ロゴマークなど「見せ方」（VI：ビジュアル・アイデンティティ）を変えた場合はその意味は何か、など、ブランドに対す

る基本的な認識をはかる時期です。

土台づくりの時期とも言えます。

②第2段階：ブランド発信期

ブランドを内外に発信する時期です。

ブランドステートメントを謳い、どのようなブランドを目指すのかを発信します。VIを変更した場合はブランドに対する期待感を高めるチャンスです。

③第3段階：ブランド醸成期

ブランドを醸成する時期です。

ブランドを内外に発信する中で、外部からの理解・共感を獲得しつつ、社内ではブランドの考え方の体質化を進めます。自分たちのブランド価値を高めるためにはどのように活動すれば良いかを自主的に考えます。

④第4段階：ブランド確立期

ブランドをしっかりと確立する時期です。

「ブランドの基盤」を社内に根づかせ、外部の人たちの'頭の中'に確固たる存在感を築きます。

図36-1 | 中長期ブランド戦略の段階

段階	期間の位置づけ	内容
第1段階	ブランド基盤整備期 	■ブランド基盤（VMVほか）の整備 ■社内のブランドへの理解
第2段階	ブランド発信期 	■内外へのブランド発信 ■ブランドに対する期待感醸成
第3段階	ブランド醸成期 	■社内はブランドの体質化 ■社外はブランドへの理解・共感
第4段階 ↓ 継続	ブランド確立期 	■社内外にブランドの存在感を確立

図36-2　長期ブランド戦略 ロードマップ（例）

			2015	2016	2017	2018	2019	2020	2021	2022	2023	2024	2025	2026	2027
基本認識	環境	名古屋	2015年度	2016年度	2017年度	2018年度 ■名駅／ささしま地区活性化	2019年度	2020年度 ■東京オリンピック	2021年度 ■リニアに向けて名古屋活性化	2022年度	2023年度 ■活性化する名古屋企業	2024年度	2025年度	2026年度	2027年度 ■リニア開業
		大学		■国際ビジネス学科	■新学生寮　★新UI										
東邦学園	東邦学園創立		92年	93年	94年	95年	96年	97年	98年	99年	100年	101年	102年	103年	104年
	2016度入学者			1年	2年	3年	4年	社会人1年	2年	3年	4年	5年	6年	7年	8年(中堅社員)
	建学の精神校訓					■真に信頼して事を任せうる人格の育成　　■真面目									

コンセプト（例）　■「スーパーリージョナルカレッジ：21世紀の'寺子屋'」
ミッション　■鉄道の時代の人材を育てた下出民義、リニアの時代の人財を育てる愛知東邦大学

期間の位置づけ	基盤整備期	ブランド発信期Ⅰ	ブランド発信期Ⅱ	ブランド展開期	ブランド確立期
期間方針	■	■	■	■	■
シナリオ（学外の認識）	■	■	■	■	
事業計画	■中期計画	■中期計画	■中期計画		

ブランド戦略

評判づくり

UI計画（ブランド表現）
- ■現在のブランド表現の改善
- ・ブランド表現の基本方針立案
- ・簡易ガイドラインの整備
- ・ブランドマネジメント体制整備

情報発信
- Paid Media　・マス広告、交通広告など
- Owned Media　・HP、パンフレット、リーフレット　・OC、高校訪問など
- Earned Media　・FB、ツイッター、ブログ、YouTube　・戦略的PR

実態づくり

教学
- 経営　RB／IB
- HH
- EC

（略）

地域連携
〈基本的なストーリー〉
■下出民義イズムを今の時代に活かすために何をすべきか。①ヒト（人材育成／開発。人材を人財へ）②モノ（地域の資源開発／地域資源の再開発）③コト（地域文化の価値の再発見）。
■この方針に基づき、経営学部、人間学部、教育学部、その他の関連組織、が何をしているか。「止めること」「強化すること」「始めること」で整理する。

「見通し」は大胆に、「足元」は着実に

「中長期ブランド戦略」のつくり方

　大胆に発想し、中長期的な見通しを立てましょう。しかし、そこに至るまでの道筋はステップごとに実施すべき具体的な計画を立ててください。

①タテとヨコのマトリクスをつくる

　ヨコ（時間推移）とタテ（環境認識・基本方針・インナー施策・アウター施策）のマトリクスをつくり、それぞれをクロスさせて具体的な内容を考える。

ヨコ（表頭）→10年くらいのターム。3年ごとの中期に区切る

タテ（表側）
1. 環境認識
   - 外部環境において予想される出来事
   - 内部環境において予定している出来事
2. 基本方針
   - 創業理念、経営理念、企業理念など
   - ブランドの基盤（ビジョン、ミッション、バリューなど）

- 3年間の期間ごとの位置づけと方針
3. インナー施策
4. アウター施策

②マトリクスを見ながら、全体のストーリーを考える

（例）3年ごとのターム
第1期：ブランド基盤整備期
第2期：ブランド発信期
第3期：ブランド醸成期
第4期〜：ブランド確立期

③それぞれの期において、インナー施策、アウター施策を具体的に考える

- インナー（対社内）に対してどのような活動を行うか
- アウター（対社外）に対してどのような活動を行うか

W<small>ork</small> ［実践編］

あなたの会社の「中長期ブランド戦略」について
考えてみましょう。

ブランドを確立するためにどんなことをすればいいのか、逆算で考えてみましょう。

環境 予想される出来事					
創業理念					
ブランドビジョン					
期間の位置づけ					
対内的に 行うこと					
対外的に 行うこと					

※バックキャスティング：「ありたい姿」から逆算してこれからの活動を考える方法。
　この反対に、現在の状況から考えていく方法をフォーキャスティングと言います。

37

Q ....

VI（Visual Identity/
ビジュアル・アイデンティティ）
って何ですか？

A ....

「ブランド『らしい見せ方』の
要素」のことです。

■ 「ブランドの基盤」からVIを考える

　「Visual Identity（ビジュアル・アイデンティティ）」という言葉、ブランディングにおいては一般的に使われます。略してVIと呼ばれます。アイデンティティとは「自己同一性」などと訳されていますが、自分自身を規定するものというような意味です。Visualは「視覚に訴えるもの」つまり「見た目」のことなので、**「Visual Identity（ビジュアル・アイデンティティ）」とは「自分らしさの見た目」のことです。つまり「ブランドらしい見せ方」です。**

　これまでの中でブランドビジョンなど「ありたい姿」を考え、そのブランドパーソナリティや世界観・イメージを議論してきました。「ブランドらしい見せ方」は当然それらの議論に基づきます。

■ VIには何があるか

　主なVIの要素には以下のようなものがあります。
①トーン＆マナー
　「らしい見せ方」ですので、第6章No.34で述べたトーン＆マナー（＝装い、見せ方の調子・作法）もVIを構成する要素です。

②ブランドシンボル、ロゴマーク

　ブランドの名称を独自にデザイン化したものをロゴ（logo）と呼びます。マーク（mark）は図案のことなので、ロゴマークとはブランドの独自性を表現する象徴です。ロゴマークはブランドシンボルなどとも呼ばれます。また、社名や商号などをデザイン化したものを社名ロゴタイプ（タイプとは書体のこと）と呼びます。ブランドシンボル、ロゴマークはブランドにとっては大事なものなので、法的な保護をしておきましょう。

③カラー

　コカ・コーラと言えば赤、スターバックスと言えば緑、吉野家はオレンジ、peach（LCC）は紫など、カラーはブランドを想起させる力を持っています。VIにおいては非常に重要な要素です。

④グラフィックエレメント

　ブランドを視覚的に表現する際には、ある一定の法則に従って図形などを表現するデザイン手法があります。シンプルな矩形、柔らかい波線、弾むようなドット（点）、シャープなラインなど、ブランドに合わせてデザインされたものをグラフィックエレメントと呼びます。

⑤書体（タイプフェイス）

　ブランドを記述表現する場合の書体もブランドイメージに影響を与えます。

⑥デザインシステム

　ブランドには様々な顧客との接点、ブランドタッチポイントがあります。それらに合わせてどのようにブランドを表現するかを決める必要があります。空いたスペースにブランドシンボルを適当にあしらうわけにはいきません。実はそのようなケースは多いのですが、対応の仕方によってはブランドを毀損することにもなります。

　どの媒体にどのようにブランドシンボル、カラー、グラフィックエレメントをデザインするかについては緻密な計算が必要です。これらを体系的に整理したものがデザインシステムです。

⑦写真イメージ

　写真の撮り方、見せ方、選び方ひとつでブランドの見え方が違ってきます。自分たちのVIを守っているブランドは写真に関しても明確にディレクションをしています。

VIは専門家に依頼する

　VIはデザインの専門家（特にVIデザインの専門家）に依頼しましょう。VIはブランドにとってはその象徴であり、ロゴマーク（ブランドシンボル）は「'頭の中'のイメージの貯金箱を開けるカギ」という重要な要素です。また、ただロゴマークをつくればいいというわけではなく、様々な媒体にどのように配置するか、ブランドステートメントとの組み合わせはどのようにすればいいかなど、客観的な視点で計算する必要があります。これはデザインに関しての心得がないとできません。

図37-1　ブランドの基盤とVI

ブランドの基盤

心：創業理念・企業理念・行動指針など
頭：ブランドビジョン（コンセプト、プロポジション、プロミスなど）
体（行動）：ブランドミッション
人柄：ブランドパーソナリティ
掛け声：ブランドステートメント

その他の要素

キーメッセージ
トーン&マナー
トーン・オブ・ボイス
ブランドストーリー
世界観・イメージ

VI（Visual Identity/ビジュアル・アイデンティティ）

■ロゴマーク、ブランドシンボル
■カラー
■グラフィックエレメント
■書体
■デザインシステム
■写真イメージ

図37-2　事例：愛知東邦大学のブランドシンボル

［実践編］

VIはブランドを象徴する

VI変更の進め方

①ビジュアルオーディットをする

まず、どのように見えているかを調査しましょう。これをビジュアルオーディット（視覚的監査）と言います。ブランドを表現しているもの（実物、実際の写真、インターネットに上がっている写真など）を集めて並べてみましょう。

②ブランドの基盤との整合性を判断する

名刺、封筒、伝票類、ネームプレート、ユニフォーム、ホームページ、パワーポイントスライド、社内各種掲示物、社用車、社屋看板、社屋表示、広告（マス広告、Web広告、屋外広告、チラシ・ポスターなどのSP広告）、SPツール（会社案内、販促案内、リーフレット……）、商品パッケージなど、ブランドタッチポイントに該当するものを集め、俯瞰して見ましょう。それらの表示物は自分たちのブランドらしいでしょうか。もし、適合していない場合は、変更（完全刷新か修正）を考えましょう。

③外部専門会社を選定する（変更の場合）

外部の専門会社（デザイン会社、広告会社、ブラ

ンドコンサルタント会社など）に依頼します。単独の会社でもいいし、複数の会社にプレゼンテーションを要請し、その中からパートナー会社を選ぶ方法もあります。プレゼンテーションの内容は、最初の段階ではその会社の「実績」「対応能力（デザイン体制、プロデュース体制など）」「料金レベル」を主眼に置くのが良いでしょう。

④ブリーフィングをする

パートナー会社が決まったら、ブリーフィング（オリエンテーション）を行います。その時点では「ブランドの基盤」がある程度明確になっているため、それをもとに説明をします。デザイナーがクリエイティブを考えるときの発想の土台になります。

⑤プレゼンテーションを受け、案を検討する

一定期間後、プレゼンテーションを受けます。判断の基準は「ブランドの基盤」です。複数のロゴマーク案に迷うこともあります。社員アンケートを取って多数決で決めることもあります。しかし、多数決の場合、やや保守的な思考になる傾向が少なくありません（私はこの傾向を「保守的な罠」と呼んでいます）。VIはブランドの象徴ですので、ブランディング推進組織のメンバーとして「多少異論はあるが、これでいく！」という判断も、ときには必要です。

⑥決定する

最適な案を決定する場合は、提案された基本案をもとに修正を要請することもできます。長期的にブランドの象徴となるのだから、納得のいくものにしましょう。

W_{ork} ［実践編］ ▶ 自社のビジュアルオーディットをしてみましょう。

自社のVIの現状を確認するために、ビジュアルオーディットをしてみましょう。
今回は簡易ですので、集められるアイテムだけで結構です。

アイテム例：
- 名刺（部署によりサイズや縦横の比率などが異なる場合があるため、部署が異なる複数の名刺も集める）
- 封筒・伝票・社屋表示・社内表示・社用車・ユニフォーム・プレゼン資料・ネームプレート・名札・ホームページ
- 広告（マス広告、Web広告、屋外広告、ポスター・チラシ・POPなどのSP広告）
- SPツール（会社案内・パンフレット・リーフレットなど）

① 全体を眺めて、判断しましょう。
　全体の印象は……
　1. 統一感がある
　2. まあ、統一感がある
　3. あまり、統一感が見られない
　4. 全く、統一感が見られない

②ロゴマークの変更の可否を判断しましょう。
　現在のロゴマークは（自分が考えた）
　ブランドの基盤に……
　1. 合っている
　2. まあ、合っている
　3. あまり、合っていない
　4. 全く、合っていない

③自分として判断しましょう。
　現在のロゴマークは、自分としては……
　1. 刷新したほうが良い
　2. 修正したほうが良い
　3. 変更しなくても良い

38

Q ....

バーバル・アイデンティティ
（Verbal Identity）って
何ですか？

A ....

ブランド
「『らしい言い方』の要素」
のことです。

Theory ［理論編］

■ 「らしい言い方」もある

バーバル（verbal）という言葉はやや聞き慣れない言葉です。「言葉の」「話し言葉で表した」「口頭の」などの意味がある形容詞です。アイデンティティとあるので、**バーバル・アイデンティティとは「らしい言い方」**となります。

「元気で明るいブランド」と「落ち着いた大人のブランド」では、言葉遣いや表現の内容が当然異なります。バーバル・アイデンティティはそれらを規定するものになります。

日本企業ではビジュアル・アイデンティティに比べ、バーバル・アイデンティティに関しては定めている会社が少ない印象を受けます。ブランドを表現するためには「自分たち'らしい'言い方」を考えてみましょう。

■ メッセージシステムとは

バーバル・アイデンティティには次のようなものがあります。これらの要素をまとめ、ブランドとしてどの媒体に何をどのように伝えるかを仕組み化し

たものを「メッセージシステム」と呼びます。

①トーン・オブ・ボイス

「らしい言い方」ですので、第6章No.34で述べたトーン・オブ・ボイス（口調、口ぶり）もバーバル・アイデンティティの要素です。

②ブランドネーム

社名、商品名、サービス名などのネーム（名前）です。ネームを開発することをネーミングと呼びます。ブランドネームは「ブランドの基盤」から発想しますが、覚えやすさ、独自性、言いやすさ、マイナスのイメージはないか、などの観点から開発されます。また開発に当たっては同様のネームがないかという商標チェックが必須です（商標に関してはコラム6に詳述しています）。

③ブランドステートメント

第6章No.31で述べた「掛け声」であるブランドステートメントは言葉そのものであるため、バーバル・アイデンティティを構成する要素です。これも法的に保護すべきです。

④エレベーターピッチ

もともとはエレベーターに乗っている数十秒の間に、知らない人に自分たちのブランドを説明するためのもので、アメリカのシリコンバレーが発祥と言われています。ピッチ（pitch）にはプレゼンテーションの意味があるため、エレベーターピッチとは「短時間でのブランドプレゼンテーション」のような意味です。「どんなブランドですか?」と問われ

たとき、「私たちは～の歴史があって、社員が～人で、～な商品をつくっていて……」では、相手はエレベーターから降りてしまいます。自分たちのブランドを簡潔に説明できる言葉をつくりましょう。

⑤キーメッセージ

ブランドとして伝えたいことがいくつもある場合、どんなメッセージをどう伝えるかを前もって決めておく必要があります。特にブランドとして大事にしているキーとなるメッセージが、「人によって言う中身が違う」「表現の仕方も異なる」という状態では一貫性が保てなくなります。ブランドとして必ず表現しなくてはならないことは「○○個」と数を定め、さらに表現方法についてもそれぞれについて明確に決めておきます。中には、媒体ごとにキーメッセージを定めているブランドもあります。

⑥ボイラープレート（boilerplate）

やや聞きなれない言葉ですが、プレスリリースなどの文末に書かれるブランドを表す定型文のことです。自分たちのブランドの歴史、概要、ブランドビジョンなどを簡潔に述べたものです。

⑦ブランドストーリー

ブランドストーリーはそのブランドの「独自の想いを表した物語」です（第6章No.32参照）。

図38-1	ブランドの基盤がバーバル・アイデンティティとなって届けられる

ブランドの基盤

心：創業理念・企業理念・行動指針など
頭：ブランドビジョン（コンセプト、プロポジション、プロミスなど）
体（行動）：ブランドミッション
人柄：ブランドパーソナリティ
掛け声：ブランドステートメント

その他の要素

キーメッセージ
トーン＆マナー
トーン・オブ・ボイス
ブランドストーリー
世界観・イメージ

バーバル・アイデンティティ（Verbal Identity）

- トーン・オブ・ボイス
- ブランドネーム
- ブランドステートメント
- エレベーターピッチ
- キーメッセージ
- ボイラープレート
- ブランドストーリー
- メッセージシステム

スピーチ	ホームページ 会社案内 パンフレット	広告 ■マス広告 ■Web広告 ■屋外広告 （OOH） ■交通広告	イベント ■展示会 ■販促	PR・IR 接客	……

社会・顧客

H int ［実践編］ 「らしい言い方」を考えてみよう
バーバル・アイデンティティづくりのポイントの整理

	要素	ポイント	例:「21世紀の寺子屋」の場合
1	トーン・オブ・ボイス	ブランドパーソナリティ、トーン&マナー、世界観・イメージを基準に開発。	「ポジティブな表現」「具体的な事実を語る」「カジュアルに語る」
2	ブランドネーム	独自性・覚えやすさ・言いやすさ・ネガティブさがない・法的保護。	愛知東邦大学
3	ブランドステートメント	ブランドV・M・Vを端的に表現。	オンリーワンを、一人に、ひとつ。
4	エレベーターピッチ	■どんなブランドかを数十秒で説明。 ■何を目指すか(ビジョン)・その理由・そのための活動(ミッション) ■その結果(バリュー)	愛知東邦大学は名古屋にある小規模私立大学です。私たちは「21世紀の寺子屋」を目指しています。 「学生ひとり一人が自分だけの'知の武器'を身につける教育をする」、これが私たちの使命です。 学生にとっては十分な成長実感があると確信しています。
5	キーメッセージ	ブランドとして必ず伝えなくてはならないこととその伝え方(表現法)を決める(数はブランドによって異なる)。	■学園としては長い歴史がある。 ■創立者は〜の産業の基盤をつくった人物。 ■建学の精神、校訓は〜である。 ■大学は地域の「知」の拠点である。 ■地域社会との結びつきが深く〜など数々の実績がある。 ■〜に関して〜という実績があり、これは全国の大学では初である。 (以上のような特徴的な事柄を項目別にまとめる)
6	ボイラープレート	プレスリリースなどの文末の定型文。歴史、概要、ブランドビジョンを簡潔に記す。	愛知東邦大学は〜に拠点を置く学生数○○人の大学です。今から約○○年前、〜の産業の基盤を創った○○が、人材育成のために創立した○○学園がルーツです。本学は、大きな変化が予想されるこれからの時代にあって「21世紀の寺子屋」として学生と正対し、学生ひとり一人が自らの知識と知恵を磨く教育を続けます。
7	ブランドストーリー	ブランドの歴史、創業者の志、象徴的なエピソード、文化、哲学などの物語	(略)

Work [実践編] ▶ あなたが考えたブランドの 「エレベーターピッチ」をつくってみましょう。

第6章 No.29で作成したブランドビジョン・ミッション・バリューの表を見ながら、ブランドの「エレベーターピッチ」づくりに挑戦してみましょう。

39

Q ....

ブランド
コミュニケーション
ガイドラインって何ですか？

A ....

「らしさ」を守る
ルールブックです。

▍「ブランドらしい」表現を守るために

　ブランドは内外に対してその「ブランドらしい」表現をする必要があります。「らしい見せ方」「らしい言い方」は表現そのものです。

　ブランドコミュニケーションガイドラインはそのためのルールブックです。

　ブランド表現に直接携わる人は国内外に存在します。またブランディングには外部のパートナー企業の人たちも関わってきます。

　ブランド表現が制作者によってバラバラだと、一貫性が欠如してしまいます。せっかく「ブランドの基盤」を定めても肝心なアウトプットがそれに沿っていなければ「もったいない」ことになります。

　現在は多くの社員が企画書を作成してプレゼンテーションをします。その上、ポスター、チラシ、POP、看板などを自作することもあります。部署によっては名刺を自分たちの使い勝手が良いように変更し、印刷会社に依頼することもあります。キャンペーンでは独自に内容をディレクションして販促ツールを制作することもあります。

▍ 制作物の「あるある」

各人、各部署が独自に制作を行うことは組織の活性化、業務の効率化、即時性という点では当然認められるものですが、その場合、ブランドとしての表現の基本ルールは認識しておくべきです。

ビジュアルオーディット（視覚的監査）による制作物の「あるある」では、次のような点が挙げられます。

- ■ ロゴマーク、ブランドシンボルの位置が制作物によってバラバラ
- ■ ロゴマーク、ブランドシンボル自体が変形している
- ■ ブランド名、社名の書体がその都度違う
- ■ パワーポイントのスライドのトーン＆マナーが制作者によって大きく異なる。各自、自己流で制作している
- ■ グラフィックエレメントと思われるものが適当にあしらわれている
- ■ 写真やイラストに統一性がない
- ■ カラーがふんだんに使われている
- ■ CMの雰囲気が会社のイメージに合っていない ……

▍ ブランドコミュニケーション ガイドラインのレベル

コミュニケーションガイドラインは企業によりいくつかのレベルがあります。

①**ロゴマーク（ブランドシンボル）があるだけで特に表現の決まりはない**

②**ロゴマーク（ブランドシンボル）の位置は決まっているがそれ以外のルールはない**

③**ロゴマーク（ブランドシンボル）の使い方、カラーの使い方、レイアウトのルールがある**

これらはビジュアル・アイデンティティが定められているガイドラインです。VIガイドラインとも言われます。

④**ビジュアル・アイデンティティ、バーバル・アイデンティティが決められている**

ガイドラインとしては完成度が高いものです。「見せ方」と「言い方」という表現方法を定めたものです。

ブランドコミュニケーションガイドラインは「紙の冊子」によるものもあれば、オンラインによるものもあります。オンラインの場合は担当者が制作する場合、色や形を変えられないなど、NG表現ができない形式になっていることもあります。

図39-1 | ブランドコミュニケーションガイドラインの事例

愛知東邦大学

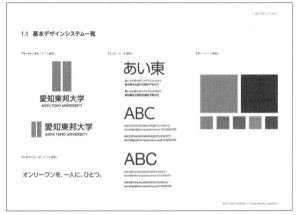

1.1 基本デザインシステム一覧

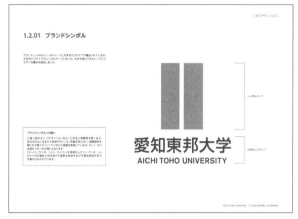

1.2.01 ブランドシンボル

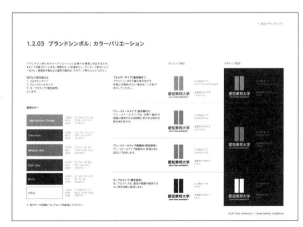

1.2.03 ブランドシンボル: カラーバリエーション

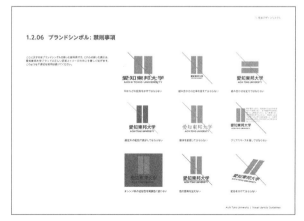

1.2.06 ブランドシンボル: 禁則事項

▌ きちんと守れば「らしさ」が伝わる

ブランドコミュニケーション
ガイドラインの守り方

　「ビジュアル・アイデンティティガイドライン（VI
ガイドライン）」の整備が前提です。

①専門の担当者、担当部署を置く

　ブランドコミュニケーションを管轄する担当者、
あるいは担当部署を設けましょう。

②ブランドコミュニケーションガイドラインがある
ことを知らせる

　ブランドを表示する際にはルールがあること、ま
たそのルールを示したガイドラインがあることを知
らせましょう。データ化して社員全員が閲覧できる
場所に格納しておくと便利です。

③ガイドラインについて説明会を開く

　できればガイドラインの大事なポイントについて
説明会などを開くと良いでしょう。対面集会、オン
ライン会議、オンデマンド動画などの方法があります。
主なQ&Aを入れておくと分かりやすくなります。

④外部のパートナー企業に対して説明する

　特に情報発信の際に関係する外部パートナー企業
の方にもガイドラインを説明しましょう。広告、パ
ンフレット、Webなどは多くの人の目に触れるため、
それに携わる人たちのビジュアル・アイデンティティ
への理解は必須です。

⑤定期的なビジュアルオーディットを行う

　制作物を定期的に集めてビジュアルオーディット
（視覚的監査）を行いましょう。ガイドラインに合っ
ているもの、合っていないものを判断します。ロゴ
の使い方、カラーの使い方が明らかに間違っている
場合は修正します。

　また、写真や全体のレイアウトなどによる全体の
イメージがVIに適合しているかどうか、判断に迷
うことがあります。その場合は、即座に判断は下さ
ずデザイナーなどの専門家に意見を聞くか、一旦、
判断を保留にしておきましょう。ブランドの世界観・
イメージは一気にでき上がるものではないため、検
討を重ねながら徐々に「合格ライン」に近づけてい
く要領で臨みます。

⑥ 判断に迷うときの相談に乗る

　社員の方が困ったとき、判断に迷ったときは担当
者、担当部署の方が相談に乗りましょう。正解が曖
昧で、担当者でも判断に迷うことは実際にあります。
VI管理に厳しい企業の場合は、多くの部分がルール
化されていることで柔軟性がなくなり、「使いづらい」
ものになっていることもあります。迷ったとき、判
断に困るときは是々非々で柔軟に対応していくほう
が現実的です。それらの曖昧なものに関しては議論
を重ねながら「合格ライン」を探っていきましょう。

W[実践編]ork

あなたの会社のブランドコミュニケーションガイドラインについてチェックしてみましょう。

1　あなたの会社にはブランドコミュニケーションガイドライン（もしくはそれに類するもの）がありますか。また、それはどのレベルですか。（これは簡単にはできないため、社内で調べてみる必要があります）

	レベル	チェック
1	ロゴマーク（ブランドシンボル）があるだけで特に表現の決まりはない	
2	ロゴマーク（ブランドシンボル）の位置は決まっているが、それ以外のルールはない	
3	ロゴマーク（ブランドシンボル）の使い方、カラーの使い方、レイアウトのルールがある	
4	ビジュアル・アイデンティティ、バーバル・アイデンティティが決められている	
5	その他	

2　あなたの会社ではブランド表現に関する担当者はいますか。

① 担当者がいる
→それはどの部署ですか（総務課、広告課、広報課、ブランド課……）。

② 担当者はいない
→ロゴマークなどの扱い方に関してはどのように判断しているのですか。

※本格的なブランディングを推進しているいないにかかわらず、ロゴマークはブランド（会社）の象徴です。もし、何もルールが存在していなければ、最低限その扱い方・表示の仕方のルールは定めたほうが良いでしょう。

40

Q ....

「ブランドの基盤
（ブランドコンセプトなど）」を
社内に浸透させるためには
何をすればいいですか？

A ....

本格的な
「インナーブランディング」
により
「体質化」させましょう。

ブランディングの成否は
社員が握るが……

「ブランドの社内浸透」という言葉があります。浸透（＝浸み込むこと）であることは間違いないのですが、私はもう一歩進めて「体質化」と表現します。「ブランドの基盤」をつくり、それを社内に伝え、理解を促したとしても、社員の皆さんが「右から左へ（受け流す）」ならば、「ブランドの基盤」は単なるお題目に終始してしまいます。

広告コミュニケーション活動などでいくらブランドの世界観・イメージを訴求したとしても、実際の店舗、商品、サービス、営業活動、トップの行動などがそれと反していたら全く無意味になります。突き詰めて言えば、「トップを含めた全社員が『ブランドの基盤』という約束を具体的に実行できるかどうか」にかかっています。これはブランディングでは非常に重要です。

よくあるケース
- ブランディング？　一時期、経営企画や広報が中心になってやっていましたね。ロゴ変えただけでしょ。
- ブランディングは一種のブームでした。「あれ

はあれ」という感じです。自分の今の仕事には
あまり関係ないですね。

- 新しくキャッチフレーズをつくって、当時はそ
  んなもんかなと思いましたが、今はそれほどで
  もないですね。
- 新しい社員が入ったり、経営層もだいぶ変わり
  ました。ブランディングを始めたときとは社員
  構成が違うので、今は元に戻った感じです。
- そもそも、社長から「私たちのブランドは
  ……」という言葉を聞いたことがありません。

「ブランドの体質化」と言いましたが、コトはそ
れほど簡単ではありません。社員構成は非常に流動
的です。ブランディングを始めたときの熱量、エネ
ルギーは、ときが経ち、人が徐々に入れ替わるにつ
れて減退していきます。その会社にとって、ブラン
ディングは一種のブームだったわけです。

「できるビジネスパーソン」から 「かけがえのないブランドパーソン」へ

「ブランドの体質化」とは「ブランド基盤」に基
づく思考の方法であり、思考の結果としての行動で
す。ブランドステートメントの項でも述べましたが、
良いブランドステートメントは社員の行動の基準、
判断の基準になるものです。そして自分なりにその
判断を下し、自然に実行に移すことができれば「ブ
ランドの体質化」がなされていると言えます。実際
にそのような事例はいくつもあります。そのような

ブランドは判断に迷ったときに「それって、（ブラ
ンドステートメントなどに）合っていますか？」と
いう問いがあり、それに基づいて考える文化が根づ
いています。

いわゆる「できるビジネスパーソン」は「問題を
把握し、課題を発見し、その解決のための活動を行
う」という資質を有しています。ならば、その資質
にプラスして「自分たちのブランドだったらどうす
るのが適切なのか」についても考えをめぐらすこと
ができれば、その人は「かけがえのないブランドパー
ソン」になります。

「ブランドパーソン」を育む インナーブランディング

まず、判断の軸としての「ブランドの基盤」（ブ
ランドビジョン、ブランドミッション、ブランドバ
リューなど）があります。それを覚え、内容を理解
します。そして、内容について納得し共感するこ
とで、自分事化できます。つまり、「ハラに落ちる」
状態です。そうなると、自分で判断し行動するこ
とが習慣になってきます。「ブランドらしく思考し、
行動する」ことが身についている状態です。

マニュアルではなく、自分自身の判断によって
「ブランドらしく」活動します。まさに、ブランド
の体質化です。そのような人材・「ブランドパーソ
ン」が組織の中に徐々に増えていくと組織として強
いブランドになります。インナーブランディングは
そうした「ブランドパーソン」を育む活動です。

図40-1	インナーブランディング

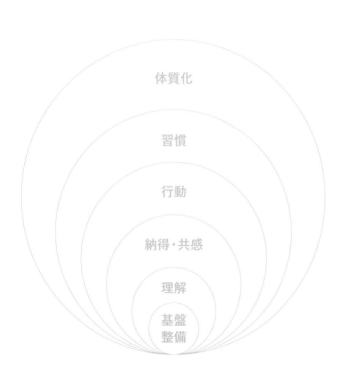

図40-2	「できるビジネスパーソン」から 「かけがえのないブランドパーソン」へ

Hint ［実践編］

インナーブランティングの方法はいくつもある

主なインナーブランディング施策（例）

		目的	プログラム	対象	具体的施策
	前提	伝えるべき内容の明確化	基本的要件整備		活動の柱となるブランドの基盤を明確にする
耕す A	機運づくり	ブランドの姿勢表明	1.広告	全従業員	全国規模でマス広告を展開。全社員、家族、ステークホルダーにブランドを宣言
			2.自社サイト	全従業員	ブランドサイト（自社ホームページ）
		ブランドリーダー育成	3.ブランドリーダー育成	組織のキーパーソン	その後の活動のリーダーを育成 ■キーパーソンブランドミーティング
			4.次期経営者育成	経営者	次期経営陣候補者によるブランド塾／経営塾
認知・理解 B	認知促進	ブランドに対する基本的な認知を促進する	1.印刷物系浸透ツール	全従業員	ポスター、ブランドブック、社内報、クレドカードなど
			2.映像系ツール	全従業員	ブランドムービー（イントラ、Web、YouTubeなど）
			3.キックオフイベント	全従業員	イベント
	理解促進 C	ブランドに対しての意識を喚起する	1.意識喚起ツール	全従業員	各自のクレド、宣言、職場の宣言
			2.ブランドセミナー	職場単位	職場、職種単位に対するセミナーキャラバン
			3.ブランドクイズ	全従業員	イントラを用いて、ブランドに関する問題をクイズ形式で出題
納得・共感・体質化 D	納得促進	ブランドに対する納得性を高め、活動の意欲を喚起する	1.ブランドアカデミー	職場リーダー→各職場	ブランドらしい活動について職場ごとに考え、実践するワークショップ まず職場リーダーを育成し、その人が職場構成員の教育を行う
			2.職場ミーティング	職場単位	職場単位で定期的にブランドに対する意見交換
			3.家族向けアプローチ	従業員の家族	従業員の家族に対するコミュニケーション
	具体的活動促進 E	具体的活動を促進し、活動の成果を共有化、体質化させる	1.活動促進キャンペーン	全従業員職場	「○○ブランド」運動・「Good JOB」運動などによる表彰
			2.成功例共有		成功例をイントラ、社内報、ミーティングなどで紹介し共有する
			3.経営者とのミーティング		活動内容、成果について経営者と定期的に意見交換
	成果判断 F	活動の成果を測定し、改善策を立案する	1.定量意識調査	全従業員	従業員意識調査
			2.職場定性調査	職場	職場定性調査（グループインタビュー）、デプスインタビューなど

インナーブランディング施策にチェック

◎：優先順位　高　　　　○：優先順位　中　　　　△：優先順位　低　　　　無印：行わない

			プログラム	対象	◎○△
耕す	A	機運づくり	ブランドサイト（ホームページ）	全従業員	
			経営者・キーパーソン研修（ワークショップ）	組織のキーパーソン	
認知・理解	B	認知促進	印刷物（ブランドブック、ポスター、社内報……）	全従業員	
			映像・動画（ブランドムービー、YouTube……）	全従業員	
			キックオフイベント	全従業員	
	C	理解促進	意識喚起ツール（各自のクレド、決意……）	全従業員	
			ブランドセミナー	職場単位	
			ブランドQ&A（イントラなどにより）	全従業員	
納得・共感・体質化	D	納得促進	ブランドリーダー研修（「らしい活動」を考える）	職場リーダー→各職場	
			職場ワークショップ（「らしい活動」を考える）	職場単位	
			家族向けアプローチ	従業員の家族	
	E	具体的活動促進	活動促進キャンペーン	全従業員・職場	
			成功例共有	全従業員・職場	
			経営者とのミーティング	職場	
	F	成果判断	定量意識調査	全従業員	
			職場定性調査	職場	
			ステークホルダー調査	取引先	
			消費者（顧客）調査	消費者	

優先順位が高い場合は、それをどのように進めるか考えてみましょう。

41

Q ....

ブランドブックについて
詳しく説明してください。

A ....

自分たちのブランドの
理解を得るための
ツールです。

［理論編］
Theory

▌ ブランドブックで「その気になってもらう」

　ブランディングを開始したとしても全社員がブランドビジョンやブランドミッション、ブランドバリューなどを理解しているわけではありません。その段階で理解しているのはブランディング推進組織のメンバーと、判断に関わった役員や一部の関係社員だけです。

　そのため、全社的にブランディングに関する基本的な理解を得る必要があります。ブランドブックはそのためには有効な手段のひとつです。ここで大事なことは、**ブランドブックは「説明文書ではない」** ということです。

　ブランドビジョンに共感してもらい、社員の皆さんに「よし、やってみよう！　なんか楽しくなってきた！」と思ってもらうことが大事です。社員の皆さんの心に火を点けることが大切です。

ブランドブックの基本的な構成要素
- なぜブランディングを始めたのか
- そもそもブランドとは何か
- 顧客は自分たちのことをどう思っているのか
- 社員は自分たちをどう思っているのか

- ブランドは何を目指すのか、どんなブランドになりたいのか（ブランドビジョン）
- そのために、何をするのか（ブランドミッション）
- 私たちは何を提供するのか。私たちの価値は何か（ブランドバリュー）
- ブランドパーソナリティ、世界観・イメージ
- ロゴマーク（ブランドシンボル）、カラーなどのVI
- ブランドステートメント
- ブランドストーリー
- これまでの活動をどう変えていくか

上記の内容をすべて入れ込む必要はありませんが、読みやすさ、分かりやすさを考えて編集しましょう。

たまに、ブランドブックをつくり全社員に配布しても「いつもの会社からの資料ね……」という感じで机の中にしまわれてしまうケースが見受けられます。残念ですね。

配布の仕方、デザインの仕方、編集の仕方などにもその「ブランドらしさ」が必要です。工夫のしどころです。

自分たちのブランドが「フレンドリーで、明るくカジュアルなブランド」を目指しているのに、ブランドブックが「次の内容を守ること！」「このブランドの基準を部内で徹底すること！」といったトーン＆マナーでは、すでにブランドを毀損していることになります。

ブランドブック以外のツール

ブランドブック以外にもブランドについて理解を得るツールがあります。

- **ブランドリーフレット／ビジョンブック**
「ブランドの基盤」「VI」を中心にまとめた簡易のリーフレット。身近なところに置いておけるもの。
- **ブランドカード**
「ブランドの基盤」だけのカード、もしくは小型版の折り畳みシート（手帳などに入るサイズ）。
- **社員の声パッケージ**
ブランドに関する社員のナマの声をそのまま掲載した冊子。イントラネットでの展開も可能。
- **社員のクレド集**
ブランディングのために、社員各自は何をするのかという心構え、信条（クレド）をまとめたもの。
- **社内報特集、ブランドニュース**
ブランディングの理由などを全社員に伝えるための社内報のブランド特集版。
- **ブランドスマホアプリ**
自社のブランディングに関する情報が入ったスマホのアプリケーション。
- **ブランドムービー**
自社の歴史やブランドへの想い、「ブランドの基盤」、ブランドストーリーなどを情緒的に編集した動画。

| 図41-1 | 様々なツールでブランド理解を深めよう |

ブランドブック

社内報

クレド集

ブランドムービー

ブランドカード

スマホアプリ

ビジョンブック

	項目	内容
表紙	タイトル	ブランド名（○○○ブランドブック）
①	今、なぜブランディングか	ブランディングを始めたそもそものキッカケ
②	ブランドって何？	ブランドとは何か
③	お客様に私たちのことを聞いてみました	顧客は自分たちのブランドをどう認識しているのか
④	社員の皆さんは自分たちをどう思っているのでしょうか	自分たちのブランドについて社員はどう思っているのか
⑤	こんなところにギャップが	顧客の認識と自分たちの認識の違い
⑥	マーケットに目を向けてみましょう	社会の変化、自分たちを取り巻く環境の変化
⑦	より一層の飛躍のために	ブランディングの必要性
⑧	ブランドビジョン	私たちは何を目指すか
⑨	ブランドミッション	私たちは何をするか
⑩	ブランドバリュー	私たちは何を提供するか、何を大事にするか
⑪	ブランドパーソナリティ	私たちはどんなふうに思ってもらいたいか
⑫	ブランドステートメント&世界観・イメージ	ブランドステートメントとその想い
⑬	新VI（変更の場合）	新しいブランドシンボル（変更の場合）
⑭	ブランドストーリー	私たちしか持っていない物語
⑮	ブランドを軸に活動しよう	これからの活動方針。各自・各部署がバラバラではなく、ブランドを軸に活動する
裏表紙		発行日、発行主体、連絡先など

上記はあくまでも要素の構成です。順番、削除、追加など、自分たちのブランドに合わせて考えてください。また、ブランドブックはそれ自体がブランドを表現するものです。自分たちの「ブランドらしい」ブランドブックを制作しましょう。

W ork ［実践編］ ▶ 「ブランドブックのコンテンツ」を考えてみましょう。

どんな感じのブランドブックを想定しますか。

サイズは？ 紙質は？ カラーは？ 配布方法は？「すごい！」「ヤル気が出る！」というような工夫は？ ……

コンテンツはどうしますか。

（自分のフラッシュアイデアを書いてみましょう）

42

Q ....

「インナーブランディング」を
スムーズに進めるためには
どうすればいいですか？

A ....

各部署に
ブランドリーダーを
つくりましょう。

ブランディングを「一時のブーム」で終わらせない

インナーブランディングの推進は実のところ骨が折れる作業です。

「ブランドの体質化が大事」とはいっても、それは徐々に醸成されていくものであり、誰かの号令や指令によってでき上がるものではありません。ブランディングはキャンペーンでもなければ、イベントでもありません。たとえ少しずつしか進まなくても継続することが大事です。ブランディング推進組織や担当部署が声をかけ、モチベーションを高める活動をしたとしても自ら限界があります。

ブランディングが「一時のブーム」で終わってしまう事例はいくつもあります。

土地を耕し、種を蒔き、水をやり、発芽させ、ようやく大きくなるというときに、それを「一時のブーム」で終わらせないようにするためには、ブランディングの専門部署だけではなく、各部署にブランドリーダーを置くという方法があります。

ブランドリーダーはブランドアンバサダー（ブランドの伝道師）とも呼ばれています。

ブランドリーダーは
ブランディングのキーパーソン

　ブランドリーダーは自社のブランディングを進める際の学級委員長のようなものです。「ブランドの基盤」についての知識を持ち、ブランディングの核・キーパーソンとなる立場です。

　ブランドリーダーの選出方法は企業によって異なりますが、中堅・若手社員を任命する場合が一般的です。しかし、特にルールがあるわけではないので自社に適した方法で選出しましょう。

　ブランディングは会社の今後の経営に大きく関わることから、「明日の経営を担う人材」をブランドリーダーに任命する企業もあります。

　ブランドリーダーの役割は次の2つです。

①タテの役割
　「ブランドの基盤」に基づき、自分の所属する部署において「ブランドらしい活動」のモチベーションを高める役割。プレイヤー件コーチ。
②ヨコの役割
　他のブランドリーダーと連携を取り、「ブランドらしい活動」の成功事例、失敗事例などの情報共有を行う役割。コーディネーター。

ブランドリーダーは、まず基礎から

　ブランドリーダーは、会社から任命されたからと言って、即座にブランディングのすべてが分かっているわけではありません。

　ブランディング推進組織のメンバーが行ってきたように、基礎的な知識としてのブランド、ブランディングについて、さらに自分たちの「ブランドの基盤」についての理解が必要です。

　ブランドリーダーに選ばれた人のブランドに関する認識レベルは、選ばれた時点では一般社員と同じです。ブランディングにシンパシーを感じてもらうためには丁寧な取り組みが必要です。

　ブランドリーダーを対象とした研修会・ワークショップ、勉強会、サロン、オンラインミーティング、親睦会、認定証（サーティフィケイト）など、ブランドリーダーの意欲を喚起する仕組みを考えましょう。その際も「ブランドらしい」仕掛けを工夫しましょう。

図42-1 | ブランドリーダーの役割

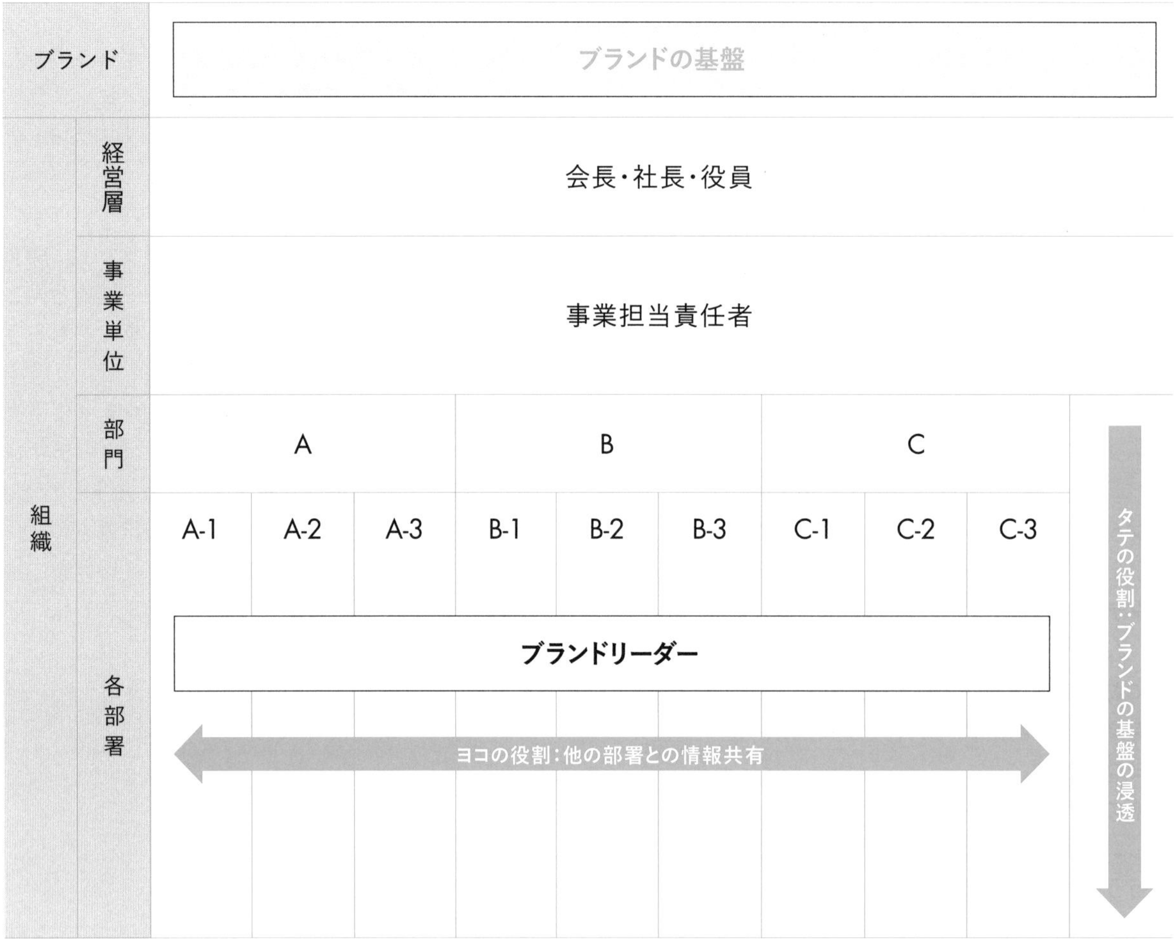

ブランド		ブランドの基盤								
組織	経営層	会長・社長・役員								
	事業単位	事業担当責任者								
	部門	A			B			C		
	各部署	A-1	A-2	A-3	B-1	B-2	B-3	C-1	C-2	C-3

ブランドリーダー

ヨコの役割：他の部署との情報共有

タテの役割：ブランドの基盤の浸透

ブランドリーダーは「楽しい変革者」

ブランドリーダーを育てるために

① メンバーの部署・職務はバラエティを持たせて

ブランドはプロモーション活動（広告、SP、PR、人的販売など）で確立されるものではなく、社員全員でつくり上げていくものです。誰かがどこかでブランディングを進めていくのではなく、自分の部署はどうすることが「ブランドらしい」のかを考える必要があります。総務・経理・管理、営業、開発、生産、物流、広告・販促……、様々な職務があります。ブランドリーダーのメンバーは部署・職務に幅を持たせて選びましょう。

② One Team の意識づけ

ブランドリーダーはそれ自体がひとつのチームです。自分の部署で率先して「ブランドらしさ」を促進するプレイヤー兼コーチ（タテの役割）であると同時に、他のリーダーとのコミュニケーションを図りながら全社的にブランディングを進めていくコーディネーター（ヨコの役割）でもあります。ブランドリーダーによる「One Team」としての力はブランディングの原動力になります。

③ ブランドリーダーに向いているタイプ

すべて満たしている必要はありませんが、ブランドリーダーは次のような人が向いています。

- ポジティブな反応が多い
- 楽しいことが好き、ノリが良い
- 何とかしたい、現状を変えたいという想いがある
- どちらかと言えば目立ちたがり
- 勉強好き
- 基本は真面目
- 社内の知り合いが多い
- 社内のキーパーソンの知り合いがいる

④ 心理的安全性を担保

「心理的安全性（psychological safety）」という心理学の言葉があります。自分の考えや意見を安心して発することができる環境という意味ですが、ブランディングの場合は特にこの「心理的安全性」が守られていることが大事です。「ブランドらしい活動」は正解が明確に定まっているわけではなく、新たなアイデアは自由な発想から生まれます。

⑤ 自由に、楽しく、ワクワクと

ブランドリーダーに「ブランドに関する業務的な負荷」をかけるべきではありません。ブランドリーダーが自分の部署の「厳しいブランド管理人」になってしまっては本末転倒です。ブランドを軸に所属している部署の可能性を発見し、伸ばしていくコーチのような立場です。本人も、部署のメンバーも「自由に、楽しく、ワクワクと」進めましょう。

chapter7 「伝え方」をつくる [見せ方][言い方][社内浸透][社外発信]策定のポイント

あなたが考えるブランドリーダーの候補者を挙げてみましょう。
現在、候補者がいない場合は、空欄のままでも結構です。

部署	候補者氏名

Brand
Management

43

Q ....

ブランド研修・
ワークショップは
どのように進めれば
いいでしょうか？

A ....

基本は
「自分たちのブランド」の
意味を理解し、
共有するところから。

Theory ［理論編］

▌「ブランドの基盤」を自分の仕事で考える

ブランド研修・ワークショップの目的は「かけがえのないブランドパーソン」をつくること、すなわち自分たちの「ブランドらしく思考し、行動する」人材を育てることです。

そのためには、社員ひとり一人が
- 「ブランドの基盤」を覚える
- 解釈する
- 自分の仕事で考える
ことが必要です。

繰り返しになりますが、ブランドビジョン、ミッション、バリュー、ブランドステートメントなどを「お題目で終わらせない」ためには、「ブランドの基盤」が体質化されていることが必要です。

ブランド研修・ワークショップは全員対象ですが、一斉は難しいので、いくつかに分けて行います。
- 経営者、キーパーソン（管理職者）対象
- ブランドリーダー対象
- 職場、部署対象

■ ブランドリーダー研修の進め方

　ブランドリーダーはインナーブランディングのキーパーソンなので、丁寧に研修をします。

　ブランドリーダーの知識を増やし活動の意識を高めるために、可能であれば定期的な研修会を行いましょう。研修は自社の会議室のほか、ホテルなどを利用し合宿形式で行うケースもあります。国内外に支社・支店・事務所などがある場合はキックオフとして国内のどこかに一堂に会して行う場合もあります。対面形式だけでなく、オンライン研修会も併せて考えましょう。

　なお、研修会も「ブランドらしさ」を演出するための工夫をしましょう。

ブランドリーダー研修会の主な内容

①チーム分け
　1チーム5人以内でチーム分けをします。

②アイスブレイク（各チーム）
　各自の自己紹介（所属、名前、自分の趣味、最近のニュース、マイブームなど）を済ませた後、チーム名、その日のリーダーを決めます。

③研修会の目的の確認、共有

④ブランディングについての基本的な知識の確認

⑤「ブランドの基盤」の確認
　ビジョン、ミッション、バリューなどを定めている場合は、それぞれを「暗唱」することもあります。覚えていないと、いざというときに使えないからです。

⑥「ブランドらしい活動」についての
　ディスカッション
　自社にとって、また、自分たちの部署や職種にとって「ブランドらしい活動」とは何かを話し合います。「ブランドらしい活動」は部署により、職種により全く異なるためです。

⑦各チームによるディスカッション内容発表
　その日のリーダーが、チームのディスカッションの内容を代表して発表します。

⑧「ブランドらしい活動」事例共有
　部署、職種による成功事例、失敗事例を話し合い、共有します。

⑨各職場における研修の進め方確認
　ブランドリーダーが各職場に戻り、職場別ブランド研修を行うための方法を確認します。

⑩懇親会
　メンバー同士のコミュニケーションをはかり、チームワークを高めましょう。

図43-1	ブランド研修、ワークショップ

経営者、キーパーソン（管理職者）研修

キーパーソン、管理職者は現場のリーダーであり、推進者。
自分たちが理解していなければ、社員の共感は得られない。

ブランドリーダー研修

ブランドリーダーはインナーブランディングのキーパーソン。
職場ではプレイヤー兼コーチ。
会社全体では活動のコーディネーター。

各職場ワークショップ

各職場のメンバーは「ブランドらしい活動」の実践者。
具体的に何をすればいいか。

	項目	実行者、活動内容など
1日目	集合・チーム分け（各職務シャフル）	1チーム3人～5人
	オープニング	主催者
	チームメンバーミーティング	自己紹介（所属・マイブームなど）／チーム名、当日のチームリーダー決め
	ブランドについての基本的な知識	テキスト、スライド、板書による講義
	自社のブランディングについて	自社ブランディングの概要講義
	昼食	チームで食事
	ブランド暗唱	自社ブランドのキーワード（ビジョン、ミッション、バリューなど）を覚える
	自社ブランドを解釈する	自社ブランドの意味、「らしい活動」を考える
	10年後の新聞記事	10年後の評判をイメージする
	チーム結果発表	チームの議論結果を全体に発表
	個人のまとめ	今日の感想・意見・提言をまとめる
	クロージング	主催者
	懇親会	全員で楽しく懇親会
2日目	集合・チーム分け（同一職務ごと）	前日とは異なり、同じ職務ごとのチーム
	オープニング	主催者
	昨日の復習	昨日のポイント
	チームメンバーミーティング	自己紹介（所属・マイブームなど）／チーム名、当日のチームリーダー決め
	自分たちの職務とブランド	自分たちの職務の「らしい活動」を考える
	発表	チームの議論結果を全体に発表
	職場ワークショップオリエンテーション	自分の職場でのワークショップの仕方
	個人のまとめ	今日の感想・意見・提言をまとめる
	クロージング	ブランドリーダー認定証授与
	解散	解散

W_{ork} ［実践編］

「ブランドリーダー研修」を行うとしたら
どのように進めますか。

ポイント	想定
どのような方法で実施しますか （実施場所、オンラインなど）	
1回の参加者数は何人くらいですか （組織の規模が大きい場合は複数回行います）	
どの職場（職務）の人に集まってもらいますか	
実施する場合、どのように手続きしますか ▪組織的な手順 ▪ブランドリーダー選定 ▪告知方法 など、社内でどのように進めるか想定します	
ブランドリーダー研修の演出のアイデアを 考えてみましょう	

44

Q ....

外部にはどのように
コミュニケーションすれば
いいですか？

A ....

コミュニケーションの
設計図を
つくりましょう。

Theory ［理論編］

▍プロモーション（コミュニケーション）活動とは

　外部に向かってブランドを発信する場合、多くの手法があります。このことをマーケティング戦略ではプロモーション活動、あるいはコミュニケーション活動と呼びます。プロモーション活動は広告だけではありません。

プロモーション活動の範囲

　広告、SP、PR、人的販売のことをプロモーションチャネル、これらを効果的に組み合わせることをプロモーションミックスと呼びます。

①広告

　テレビ、新聞、雑誌、ラジオのマス広告。マス以外としてインターネット広告、屋外広告、交通広告など。インターネット広告はリスティング広告、バナー広告など多岐にわたります。

②SP

　SPツールと呼ばれるパンフレット、リーフレット、チラシ、ノベルティグッズ、さらに、消費者向けのキャンペーン、流通向けのキャンペーン、イベントなどがあります。

③PR（Public Relations）

広くは「パブリック（公共・公）との良好な関係を築く」活動です。最も一般的なのは、自社の特徴的なニュースを提供してマスメディア、インターネットメディアなどで無料で取り上げてもらうパブリシティ活動です。また、メディアとタイアップして好意的に報じてもらうケースもあります（この場合は有料です）。IR（Investor Relations）は投資家向けの情報提供です。

④人的販売

社員（販売員）が直接的に顧客とコミュニケーションを行うものです。

このようなプロモーションチャネルは、何が良いのか、内容はどうすればいいか、いくらかかるのかなど、慣れていないと戸惑うことばかりです。また、実際の業務は広告会社に依頼することになりますが、依頼した会社から提案を受けたとしても判断に迷うことがあります。

- せっかく新しいロゴマークをつくったので広告してはどうでしょうか
- 知られていないと話になりませんので、テレビCMという手もあります
- 新聞広告で宣言すると社会的にアピールできます
- ネットを効果的に使って拡散する考えは。話題にもなりますし

- PRイベントを効果的に組み合わせましょう

……

どれも良さそうで、興味が湧きますが、予算も気になります。この場合、こちらは専門家ではないため、すべて分かっている必要はありませんが、ポイントは理解しておきましょう。

外部へのコミュニケーションのポイント

①誰に

コミュニケーションのターゲットです。一般の人たちを対象にする場合と、自分たちの既存顧客（BtoB、BtoCいずれも）に対するアプローチの仕方は当然違います。マス広告の場合は広く伝えることはできますが、顧客ひとり一人に対するきめ細かい情報提供はできません。コミュニケーションは誰に対して行うのかをまず明らかにしましょう。当然、伝える内容や方法は違ってきます。

②なぜ

コミュニケーションの目的です。認知を獲得するためか、それとも興味・関心を抱いてもらうためか、あるいはロイヤルティを高めるためか。目的が異なれば手段も異なります。

③何を・どうやって・いつ・いくらで

ターゲットと目的が決まれば、ふさわしいコミュニケーション活動は自ずと明らかになります。

図44-1

ブランドコミュニケーションの構造
「ブランドの基盤」に基づく、一貫性

ブランド	ブランドの基盤	■ブランドビジョン、ブランドミッション、ブランドバリュー ■ブランドステートメント ■ブランドパーソナリティ ■VI …

対象	対インナープログラム	対アウタープログラム	
		BtoC	**BtoB**
施策 広く 話題性 ↕ 狭く 詳しく	■社内環境 　（空間演出、設備、備品、展示物…） ■社内ポスター ■社員対象イベント 　（キックオフ、記念日、パーティ、 　懇親会…） ■ブランドムービー（YouTube、映像…） … ■イントラネット ■社内報 ■ブランドブック ■ビジョンブック ■ブランド研修会・ワークショップ ■職場ミーティング …	■マス広告 　テレビ、新聞、雑誌、ラジオ ■インターネット広告 　（バナー広告、リスティング広告、 　SNS…） ■交通広告、屋外広告（OOH） ■PR（Public Relations） ■専用アプリ ■イベント ■キャンペーン ■車両 ■ユニフォーム … ■ホームページ ■会社案内、カタログ ■セミナー ■製品案内 ■パッケージ ■チラシ、リーフレット ■ダイレクトメール ■店舗、販売員、接客 ■社屋、オフィス ■社員 …	■マス広告 　業界紙・誌 ■インターネット広告 　（バナー広告、リスティング広告、 　SNS…） ■PR（Public Relations） ■専用アプリ ■展示会、業界イベント ■キャンペーン ■車両 ■ユニフォーム … ■ホームページ ■会社案内、カタログ ■業界セミナー ■製品案内 ■パッケージ ■チラシ、リーフレット ■ダイレクトメール ■社屋、オフィス ■販売員 ■社員 …

図44-2　プロモーションプログラム概要

		認知	興味・関心	情報入手・理解	比較・利用意向	決定・契約	使用・利用	満足・推奨
ターゲットの認識	BtoC	商品、サービスを知る	■面白そう ■役立ちそう	■よく知りたい ■家族はどう思うか	■他社と比べてみよう ■営業担当は信用できるか	■この商品、サービスに決めた ■契約する ■メンテナンスは大丈夫か ■担当者の対応は大丈夫か	■商品、サービスに満足している ■商品、サービスに問題がある ■担当者に言いたいことがある	■商品、サービスに満足している ■担当者にも満足している ■知り合いに推奨したい
ターゲットの認識	BtoB	商品、サービスを知る	■気になる ■良さそう	■もっと調べよう ■具体的なメリットは	■他社よりメリットがある ■企業はしっかりしているか	■この商品、サービスに決めた ■この会社と契約する ■この会社の体制は大丈夫か	■商品、サービスを利用している ■満足している ■担当者に確認したいことがある	■商品、サービスは効果があった ■担当者にも満足している ■他の部署、関連会社にも紹介したい
ターゲットのタイプ		Cool Prospect		Warm Prospect	Hot Prospect	初期カスタマー	カスタマー	ロイヤルカスタマー
ターゲットの行動	BtoC	■テレビ、新聞、雑誌、地域紙などで知った ■他人から聞いた ■ネット、SNSで知った ■店頭で見かけた	■テレビ、新聞などで興味を持つ ■口コミ、SNSで興味を持った ■店頭で実物を見た	■ネットで情報収集をする ■資料を集める ■直接問い合わせる ■店舗に行く ■家族に意見を聞く	■情報を比較検討する ■ネットで評判を確認する ■店舗に行く ■担当者に聞く	■購入する ■契約する ■疑問点を聞く ■メンテナンス体制を確認する	■利用する ■ネットなどに評価を書きこむ	■満足して利用し続ける ■他のサービスも利用する ■知り合いを紹介する
ターゲットの行動	BtoB	■テレビ、新聞、雑誌で知った ■業界紙・誌で知った ■ネット、SNSで知った ■知人から聞いた ■同業者、取引先から聞いた	■内容に興味があるのでもっと知りたくなる	■ネットで情報収集をする ■導入の効果を調べる ■営業担当に問い合わせる ■店舗、事業所に行く	■担当者からプレゼンを受ける ■内容、見積もりを聞く ■上司、同僚に相談する	■契約する ■メンテナンス体制、フォロー体制を確認する	■利用する ■担当者に問い合わせる	■満足して利用し続ける ■他部署、関連企業でも利用する
ターゲット行動喚起のための活動方針	BtoC	■商品、サービス認知促進 ■企業のブランド力認知促進	■興味、関心喚起 ■企業の信頼性訴求	■各プロモーションチャネルによる情報提供 ■企業の信頼性、安心感訴求	■商品、サービスの具体的メリットを伝える ■対応体制の安心感訴求	■謝意を表明する ■選択が間違いでないことを伝える ■今後の体制を伝える	■顧客の不満点を解消する ■顧客との適度なコミュニケーションをとる	■顧客満足度を高めるリレーションシップ活動を進める
ターゲット行動喚起のための活動方針	BtoB	■商品、サービス、システム認知促進 ■企業のブランド力認知促進	■効果、効能訴求 ■企業の信頼性訴求	■ターゲット企業に対する詳細情報提供 ■企業の信頼性訴求	■具体的効果、効能を直接伝える ■先方の社内手続きの負担を軽減する ■企業の信頼性訴求	■謝意を表明する ■長期的なサポート体制を伝える	■不満点、改善点への迅速な対応 ■顧客とのスムーズなコミュニケーション	

施策プログラム

マス:
- A:認知促進プログラム（全ターゲット対象）
- B-1:話題活性化プログラム（認知〜比較・利用意向） ／ B-2:話題活性化プログラム（決定・契約〜満足・推奨）
- C:エリア内コミュニケーションプログラム
- D:見込み客発掘プログラム（BtoCプロスペクト対象）
- E:利用・購入促進プログラム（BtoCホットプロスペクト対象）
- F:Thank Youプログラム（BtoC初期カスタマー対象）
- G:リレーションシッププログラム（BtoCカスタマー、ロイヤルカスタマー対象）

パーソナル:
- H:BtoB見込み企業発掘プログラム（BtoBプロスペクト対象）
- I:プレゼンテーションプログラム（ホットプロスペクト企業対象）
- J:ウエルカムプログラム（初期カスタマー企業対象）
- K:企業リレーションシッププログラム（カスタマー、ロイヤルカスタマー企業対象）
- L:インターネットプログラム（すべてのターゲット対象）

下記の表は企業が外部発信する場合のプロモーションをプログラム別に整理したものです。ブランド発信にとどまらず、製品・サービスなどの購入・利用促進、顧客との関係強化などの施策もプログラムとして取り上げています。施策項目はメニューなので、実際には具体的な企画を立案してください。

	プログラム名	施策項目	ターゲット	
			BtoC	BtoB
A	認知促進プログラム	■広告(TV、新聞、雑誌、ラジオ、インターネット、交通広告)	○	○
		■広告(業界紙・誌、インターネット)		○
B-1	話題活性化プログラム(プロスペクト対象)	■話題づくりイベント、パブリシティ、キャンペーン ■タイアップ、SNS、口コミネタ	○	○
B-2	話題活性化プログラム(自社カスタマー対象)	■限定キャンペーン、限定イベント、パブリシティ	○	○
C	エリア内コミュニケーションプログラム	■地域コミュニティペーパー、地域イベント協賛 ■地域放送局	○	○
D	見込み客発掘プログラム(プロスペクト対象)	■イベント(フェア、講演会、セミナーなど) ■キャンペーン	○	
E	利用・購入促進プログラム(ホットプロスペクト対象)	■来店・来場イベント、体験イベント ■限定キャンペーン	○	
F	Thank Youプログラム(初期カスタマー対象)	■新規顧客への謝意イベント・レター・記念品	○	
G	リレーションシッププログラム(カスタマー、ロイヤルカスタマー対象)	■限定イベント(「○○のつどい」など)、限定体験イベント、レター、紹介依頼	○	
H	BtoB見込み企業発掘プログラム(プロスペクト対象)	■イベント(フェア、講演会、セミナー、展示会など) ■キャンペーン		○
I	プレゼンテーションプログラム(ホットプロスペクト企業対象)	■見込み度の高い企業に対するプレゼンテーション		○
J	ウエルカムプログラム(初期カスタマー企業対象)	■新規契約企業に対する謝意イベント、ツール		○
K	企業リレーションシッププログラム(カスタマー、ロイヤルカスタマー企業対象)	■限定イベント・限定特典 ■他部署、関連企業紹介依頼		○
L	インターネットプログラム(すべてのターゲット対象)	■インターネット広告、メールニュース、ホームページ ■ツイッター、インスタグラム、フェイスブック ■YouTube…	○	○

Work ［実践編］

自分の会社の「プロモーション状況」を
チェックしてみましょう。

BtoB、BtoC の企業特性に合わせてお考えください。

◎：よくできている　　　○：まあできている　　　△：うまくできていない　　　×：実施していない

	プログラム名	施策項目	◎○△×
A	認知促進プログラム	■ 広告（TV、新聞、雑誌、ラジオ、インターネット、交通広告）	
		■ 広告（業界紙・誌、インターネット）	
B-1	話題活性化プログラム（プロスペクト対象）	■ 話題づくりイベント、パブリシティ、キャンペーン ■ タイアップ、SNS、口コミネタ	
B-2	話題活性化プログラム（自社カスタマー対象）	■ 限定キャンペーン、限定イベント、パブリシティ	
C	エリア内コミュニケーション プログラム	■ 地域コミュニティペーパー、地域イベント協賛 ■ 地域放送局	
D	見込み客発掘プログラム （プロスペクト対象）	■ イベント（フェア、講演会、セミナーなど） ■ キャンペーン	
E	利用・購入促進プログラム （ホットプロスペクト対象）	■ 来店・来場イベント、体験イベント ■ 限定キャンペーン	
F	Thank Youプログラム（初期カスタマー対象）	■ 新規顧客への謝意イベント・レター・記念品	
G	リレーションシッププログラム （カスタマー、ロイヤルカスタマー対象）	■ 限定イベント（「○○のつどい」など）、限定体験イベント、 　レター、紹介依頼	
H	BtoB見込み企業発掘プログラム （プロスペクト対象）	■ イベント（フェア、講演会、セミナー、展示会など） ■ キャンペーン	
I	プレゼンテーションプログラム （ホットプロスペクト企業対象）	■ 見込み度の高い企業に対するプレゼンテーション	
J	ウエルカムプログラム（初期カスタマー企業対象）	■ 新規契約企業に対する謝意イベント、ツール	
K	企業リレーションシッププログラム （カスタマー、ロイヤルカスタマー企業対象）	■ 限定イベント・限定特典 ■ 他部署、関連企業紹介依頼	
L	インターネットプログラム （すべてのターゲット対象）	■ インターネット広告、メールニュース、ホームページ ■ ツイッター、インスタグラム、フェイスブック ■ YouTube…	

テ ー マ は

[「伝え方」をつくる]です

Q ブランドはどのように育てていけば いいんですか?

A 中長期的なブランディングの シナリオをつくりましょう。

ブランドは一朝一夕にでき上がるものではありません。ブランディングには中長期的なシナリオが必要です。「中長期ブランド戦略」は10年ほどのタームを見通しながら、社員であるインナーと外部であるアウターに対してどのようにブランディングを進めていくかを考えます。

Q VI (Visual Identity/ビジュアル・ アイデンティティ)って何ですか?

A 「ブランド『らしい見せ方』の要素」 のことです。

ブランドビジョンなど「ありたい姿」を考え、そのブランドパーソナリティや世界観・イメージを議論してきましたが、「ブランドらしい見せ方」は当然それらの議論に基づきます。

Q バーバル・アイデンティティ (Verbal Identity)って何ですか?

A 「ブランド『らしい言い方』の要素」 のことです。

バーバル・アイデンティティとはブランドを表現するための「らしい言い方」のことです。バーバル・アイデンティティもブランドビジョンなどの「ありたい姿」、ブランドパーソナリティ、世界観・イメージに基づきます。

Q ブランドコミュニケーション ガイドラインって何ですか?

A 「らしさ」を守るルールブックです。

ブランドは内外に対してその「ブランドらしい」表現をする必要があります。ブランドコミュニケーションガイドラインはそのためのルールブックです。

Q 「ブランドの基盤(ブランドコンセプトなど)」 を社内に浸透させるためには 何をすればいいですか?

A 本格的な「インナーブランディング」に より「体質化」させましょう。

ブランディングの成否は社員が握っています。「インナーブランディング」とは、「ブランドの基盤」に基づき思考し、思考の結果として行動するという「ブランドの体質化」を図るものです。

「問題を把握し、課題を発見し、その解決のための活動を行う」、いわゆる「できるビジネスパーソン」の資質にプラスして、

「自分たちのブランドだったらどうするのが適切なのか」の考えをめぐらすことができれば、その人は「かけがえのないブランドパーソン」になります。

Q ブランドブックについて詳しく説明してください。
A 自分たちのブランドの理解を得るためのツールです。

ブランディングに関する基本的な理解を得るために、ブランドブックは有効な手段のひとつです。ブランドビジョン、ブランドミッション、ブランドバリューなどに共感してもらい、社員全員に「よし、やってみよう！ なんか楽しくなってきた!」と思ってもらうことが大事です。心に火を点けるツール、それがブランドブックの役割です。

Q 「インナーブランディング」をスムーズに進めるためにはどうすればいいですか？
A 各部署にブランドリーダーをつくりましょう。

自分たちの「ブランドの基盤」を社内に定着させるにはブランディング推進組織や、担当部署だけの活動では限界があります。会社組織の中にブランドリーダー（ブランドアンバサダー）を置きましょう。ブランドリーダーには2つの役割があります。
①タテの役割：自分の所属する部署で「ブランドらしい活動」のモチベーションを高める役割。プレイヤー兼コーチ。
②ヨコの役割：他のブランドリーダーと連携を取り、「ブランドらしい活動」の成功事例、失敗事例などの情報共有を行う役割。コーディネーター。

Q ブランド研修・ワークショップはどのように進めればいいでしょうか？
A 基本は「自分たちのブランド」の意味を理解し、共有するところから。

ブランド研修・ワークショップの目的は、自分たちの「ブランドらしく思考し、行動する」人材を育てることです。すべての社員が対象ですが、一斉は難しいので「経営者・キーパーソン（管理職者）対象」「ブランドリーダー対象」「職場・部署対象」などいくつかのレベルに分けて行います。

Q 外部にはどのようにコミュニケーションすればいいですか？
A コミュニケーションの設計図をつくりましょう。

外部に向けたブランドの発信には多くの手法があります。これをマーケティング戦略ではプロモーション活動、あるいはコミュニケーション活動と呼びます。広告、SP、PR、人的販売をプロモーションチャネル、これらを効果的に組み合わせることをプロモーションミックスと呼びます。ブランドの発信においては、「誰に」「なぜ」「何を、いつ、どうやって」を軸にコミュニケーション施策を組み立てます。

CIとブランディング、何が違う？

株式会社インターブランドジャパン
クリエイティブ・エグゼクティブ・フェロー
松尾任人

CIとは何だったのか？

　CI＝コーポレートアイデンティティというと、会社のロゴタイプやマークを思い浮かべることでしょう。実際「企業のアイデンティティ変更」といった英語の文脈においては「ロゴタイプやマークの変更」のことを意味します。しかし、そうしたデザインをつくったりガイドラインに規定を定めて守ることがブランディングかというと、それだけではCIについての理解が表層的ですし、今日的な解釈としては時代遅れと言えます。

　CIを実践してきた多くの企業では、その導入の際に、企業が目指すところや、競合との差別性、社会や顧客へどのような価値を提供できるかを議論し、そのためにどのような指針で行動すべきか、どのような企業文化を醸成していくのかを定め、そして、その企業の旗印たるマークを制定するといったプロセスを経験してきたことと思います。
　日本で名だたる企業がCIを導入し始めた70〜80年代においても、CIの実践は基本このように行われてきたはずです。企業の競争力や、市場での優位性、延いては社会での価値を高めていくことを目標とし、その企業の価値やあるべき姿をどのように知覚化するかという活動であるということでは、CIもブランディングも同じなのです。

　今日ブランディングと言うとき、その対象は名称や、ロゴ、マークといった商標登録可能な知財だけではなく、カラーや書体、グラフィックや写真、モーションなど様々なブランドアセットを含むのが一般的ではないでしょうか。さらに、リテイルやオンラインでの

体験やインタラクションについても、ブランドとしてどうあるべきか検討する機会が増えてきているのではないかと思います。皆さんが、どこでブランドに接し、感じているのかを考えてみると良いと思います。単にロゴやマークで、そのブランドの理解が深まったり、好きになったりということではないと思うのです。

　かつてのCIと、今日のブランディングはどこが違うのか?　私は、ブランディングに求められることが時代によって変化してきたというのが正しいと考えています。

ブランディングの変遷

　1980年代、CIがブームのように行われていましたが、思い返してみるとこの昭和の時代には、街中の看板は漢字の社名が手描きで表現されていました。そのような時代に、現代的なグラフィックを駆使した色鮮やかなマークはとても先進的で美しく、それを始めた企業も進歩的で品質が高い企業に見えました。

　印刷物も1色や2色のものが多い時代でしたから、ブランドのマークやロゴはその部分だけ、あらかじめ用紙にカラーで印刷されていたのですが、特別に調色したインクが使用されており、それこそ特別な印象を醸し出していました。

　この時代においては、CI自体が、新しい価値を社会に与えてくれるブランドの象徴となり、人々の期待を醸成することができていたのだと思います。

　現在では、人々が手にするおおよそすべての情報がフルカラーで提供されています。スマートフォンやパソコンはもちろん、街中の看板やビルボード、デジタルサイネージ、カタログやチラシのほとんどに鮮やかな写真やイラストが使われ、画面や紙面の多くを占めています。

　DTPやフルカラーの大型プリンターが普及してきたのは90年代中頃くらいからだったと記憶しています。PC上でデザインして、多様な色使い、リッチな写真画像、そして豊富な書体を自由に使い、画面上で試行錯誤できるようになったのはこのころからです。そうしてカードサイズの小さなものから街中のビルボードまで、画面上のコンテンツそのも

のに色彩や質感を与えることができるようになり、ブランドのマークやロゴは画面上の一部分になっていったのです。

　ブランディングにもこうした新しい表現が次々と取り込まれ、そのブランド特有のスタイル表現で商品やサービスの特徴をアピールする競争が始まりました。GAPが日本に進出したのがちょうどこのころですが、クールなモデルがジーンズを履いた写真を、巨大なビルボードや、店内のバナーに大きく使っていたのが新鮮だった時代です。

　2000年代に入ると、検索エンジンが普及し企業がホームページを持つことも当たり前の時代になってきました。デジタル世界の幕開けです。ブランディングの扱うべき対象に、マークやロゴ、文字や写真や色などのスタイルに、モーションやインタラクション、画面上のボタンやアイコンなども加える必要が出てきたのもこのころからです。ブランドガイドラインもROMに焼いて納品したり、専用のサイトをつくってオンラインで提供を始めたのもこのころです。

　一方デジタルと対極にある物理的な空間がブランド表現の最前線となってきたのもこの時代です。東京南青山にプラダエピセンターがオープンしたのが2003年、その後表参道はブランド建築が立ち並ぶショーケースのような状態になっていきました。銀座に日本初のアップルストアができたのも同じ年です。初めて店内を訪れた際にはショールームのようにしか見えませんでしたが、今ではそれが何なのか理解できます。展示・販売・サービス・イベント・セミナーなど、オンラインとシームレスにつながっているブランド体験提供の場で、高質な顧客エンゲージメントの拠点なのです。

　2010年以降の大きな変化は、パーソナル化です。

　スマートフォンが急速に普及しました。ブランドのウェブサイトはどんどんスマホに最適化され、レスポンシブを意識したパネル構成のデザインや、縦スクロールに最適な見せ方を意識した色や写真表現が、先進的なブランドの証になり、PCで一般的だったサイドナビやニュースリストがあるサイトは、前時代的に見えます。

　マークやロゴも小さな画面に適した単色のシンプルなデザイン＝フラットデザインへと

変化しています。自動車やテックブランドをはじめとし次々とこうした表現を取り入れ、今やグラデーションを使ったマークがとても古くさく見えてしまいます。

　SNSも InstagramやYouTubeなど、視覚や動画などリッチな素材が扱えるようになり、ブランディングの対象として扱うことも増えてきました。

　SNS上の人々の書き込み、噂や評判をコントロールするのは難しいのですが、見たり分析することはできますし、そうした機会も確実に増えてきました。そして広く評判づくり、つまりPRにブランド視点を取り入れることや、顧客とのコミュニティでの共創を推進しブランドのアクションにつなげていくといったケースも増えてきています。

　リテイルやサービスブランドでは、体験の主戦場がウェブからアプリに移ってきたケースも多く、ブランドからの一方通行の情報発信ではなく、顧客の時間とどうつながれるかがテーマになってきました。

　こうした流れから、従来の企業主語の発信、広報・マーケティング活動を、ブランドと顧客個々人とのつながりという軸に置き直すという変化が始まっているのだと、私は感じています。

ブランディングには進化が求められる

　このように、ブランディングの主題や、ブランディングで扱う対象は、常に変化しているのです。コミュニケーションの方法や、クリエイティブ表現の手段が変化してきたからというのはもちろんですが、ブランドがいち早くその時代の方法や手段を取り入れ、周囲もそれに追随する。ビジネスは競争ですから競合との戦いから一歩抜きん出るために、できることを次々とやる。そうして過去に取り入れたものは陳腐化し個性を発揮できるものではなくなっていく。ブランディングもそうした周囲の変化をとらえ、俊敏に進化を進めていかないと、企業の競争力や、市場での優位性、延いては社会での価値を高めていくという、そもそもの目的を果たすことができないのです。

　「CIをつくりました。ガイドラインをつくりました。ガイドラインに則ってきちんと管理をしています。」というのではいささか時代遅れ、今日的な視点からはブランディングとは言えないと考える理由がここにあるのです。

ブランドエンゲージメント研修

「かけがえのないブランドパーソン」を育てるために

様々な社員研修

企業に入ると様々なタイミングで社員研修が行われます。

職階別研修会：

新入社員、若手社員、中堅社員、管理職（初級・中級・上級）、役員、経営者など

職種別／部門別研修会：

人事、総務、経理、営業、マーケ、開発、購買、サービス、経営企画など

このような研修会ではその職階、その職種・部門に求められる能力、スキルを学習します。企業にとっては社員の能力を向上させ、仕事に対するモチベーションをさらに高める狙いがありますし、それぞれの社員にとっても自分のキャリアを磨き、自身の仕事に対する誇りを確認する機会でもあります。

エンゲージメントという言葉があります。英語の意味は「契約」「約束」などのことですが企業においては「会社と従業員の信頼関係」としてとらえられています。人材育成の視点からは、会社に対する従業員エンゲージメントが強いと会社への貢献意欲が高まると言われています。

先に挙げた研修は会社にとってもその社員にとっても「'できる'ビジネスパーソン」づくりには当然有効です。

ブランドパーソンづくり

　これらの研修にブランドの要素を加えてみる方法があります。それを実践している企業もあります。自分たちの「ブランドの基盤」（特に、ブランドビジョン、ブランドミッション、ブランドバリューなど）を「判断のモノサシ」として据え、発想の仕方、課題解決の方向、行動の仕方などを考える習慣をつけるものです。

　このように「ブランドを体質化する」研修を「ブランドエンゲージメント研修」と呼びます。問題が起こったとき、通常は「Aという解決方法」を選びますが、その会社の「ブランドの基盤（B）」を軸に考えることにより「A×B＝ブランドらしい方法」を導くというものです。

「'できる'ビジネスパーソン」
×
「ブランド（の基盤）」
＝
かけがえのないブランドパーソン

303

職階別ブランドエンゲージメント研修

	テーマ（例）	➡ ブランド	➡ ブランドらしい発想
新入社員	■会社概要 ■社会人／社内ルール		〜らしさとは 〜らしい社員とは
若手社員	■問題発見・解決 ■論理的思考		ブランドの基盤の理解
中堅社員	■課題解決 ■提案力・組織力		〜らしさによる具体的活動
初級管理職	■部下マネジメント ■目標管理	ブランドの基盤 ■ブランドビジョン ■ブランドミッション ■ブランドバリュー	〜らしい活動の働きかけ
中級管理職	■組織マネジメント ■組織目標管理		〜らしい組織活動の検討
上級管理職	■企業経営全般 ■事業計画		〜らしい事業計画立案
役員	■経営戦略立案 ■企業マネジメント		〜らしい経営計画立案
経営者	■経営戦略全般 ■経営理念 ■後継者育成		ブランド経営 ブランドの見直し

職種別・部門別ブランドエンゲージメント研修

	テーマ（例）	ブランド	ブランドらしい発想
経営企画	■環境分析 ■経営計画立案		〜らしい経営計画
人事	■人材採用 ■人材育成／人材配置		〜らしい人材採用 〜らしい人材育成
総務	■社内環境、労働環境整備 ■コンプライアンス		〜らしい環境、働き方 ブランドに基づくコンプ ライアンス
経理	■経理、ファイナンス	ブランドの基盤 ■ブランドビジョン ■ブランドミッション ■ブランドバリュー	ブランド価値とは何か
マーケティング	■マーケティング戦略 ■事業計画		〜らしいマーケティング 活動
広報・宣伝	■コミュニケーション戦略		〜らしいコミュニケー ション活動
開発	■新製品開発 ■新技術開発		〜らしい製品開発 〜らしい技術開発
サービス	■顧客管理 ■アフターサービス ■保守、メンテナンス		〜らしい顧客対応
…	…		…

ブランドと知財

株式会社Toreru COO
ブランド弁理士®
土野史隆

ブランディングや事業活動を行うにあたり、「知財」に気をつけなければならないと聞いたことはありませんか？ でも'何となく'そう聞いたことがあるくらいで、具体的に何をどう気をつければいいのか分からない。そもそも「知財」って何？ という方も少なくないのではないでしょうか。

このコラムでは、Q&Aの形をとりながら、「知財」の気になるところを'ブランディング目線'で解説します。

Q1. そもそも「知財」って何？
Answer

「知財」とは「知的財産」の略です。具体的には、発明、デザイン、ブランド、著作物などのことを指します。

知財は「形の無い財産」（無体財産）です。なので、せっかく人が生み出しても、物理的に占有できません。あなたの自宅にある家具や時計のような「物」や、家や土地などの「不動産」のように、'自分の所有物として囲っておく'ことができないのです。そのため、がんばって生み出した知財を「自分の知財」と言えるようにするためには「知財を占有する権利」を取ることが必要になります。それを「知的財産権（知財権）」と言います。

この知財権には、特許権、実用新案権、意匠権、商標権、著作権などがあり、次の図のようにそれぞれ守備範囲が違います。

代表的な知財権

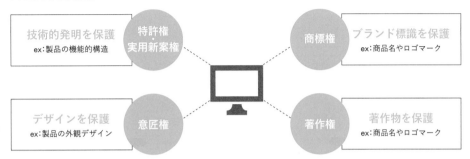

技術的発明を保護 ex：製品の機能的構造	特許権・実用新案権	商標権	ブランド標識を保護 ex：商品名やロゴマーク
デザインを保護 ex：製品の外観デザイン	意匠権	著作権	著作物を保護 ex：商品名やロゴマーク

Q2. どうしてブランディングで知財を気にしないといけないの？

Answer

　大きく2つの理由があります。

　まずひとつは、「ブランド」そのものが「知財」の一種だからです。Q1へのお答えでお話ししたように、知財（ブランド）は「形の無い財産」（無体財産）です。そのため、自分の財産としてコントロールできるようにするためには、法的な保護を受ける権利が必要になります。すなわち、ブランディングによって生まれる「ブランド」を模倣や毀損から守るためには、ブランドの占有＝知財権の取得が必然的に求められます。

　もうひとつの理由は、「知財」は「ブランドの伝達手段」だからです。ブランディングの過程において、「ブランド」（らしさ）は企業の'見た目'や'振る舞い'（タッチポイント）を通じて消費者に伝わります。ここでの'見た目'や'振る舞い'とは、別の言い方をすると「ブランド要素」や「ブランド体験」です。具体的には、商品名やロゴマーク、パッケージデザイン、カラー、キャラクターなどのブランド識別記号になるもの（ブランド要素）です。あるいは、「お客様に'いらっしゃいませ'ではなく'こんにちは'と挨拶する」とか「パソコンで書きかけたメールの続きをシームレスにスマホで書ける」というようなそのブランドらしい体験（ブランド体験）です。

ブランドらしさは、この「ブランド要素」や「ブランド体験」を通じて、消費者に伝わるのです。

ブランドの伝達過程

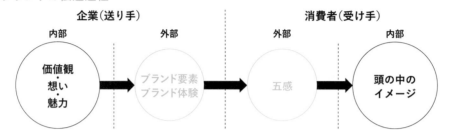

　実は、この「ブランド要素」や「ブランド体験」には、「知財」が含まれていることが少なくありません。

　例えば、商品名やロゴマークは「商標」です。パッケージやウェブサイトのデザインは「意匠」です。先の例で挙げた「パソコンで書きかけたメールの続きをシームレスにスマホで書ける」体験をコンピューターシステムで実現したら、そのシステムは「特許」になるかも知れません。

ブランドの伝達過程（知財Ver.）

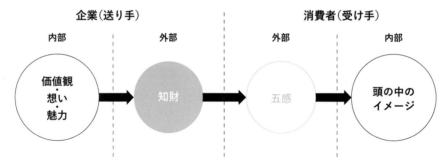

つまり、ブランディングにおいて、知財はブランドの伝達手段でもあるということです。

ここで再度、「知財は無体財産」だということを思い出しましょう。ということは、「知財権」をきちんとコントロールしておかないと、「ブランドの伝達手段」が使えなくなってブランディングの実行を妨げたり、自社らしい「ブランドの伝達手段」が他社に模倣や希釈化されたりするおそれがある、ということです。このようなことが起こると、独自のブランドを築くにあたって大きな障害となることは明らかです。

逆にいえば、ブランディングにおいて「知財権」をうまく活用することで、ブランディングを有利に進めることができます。「ブランドの伝達手段」を独占して'らしさ'の模倣を防いだり、築き上げたブランド（信用）が化体した商標を権利化して「財産」にすることができるからです。

Q3. ブランディングの「どのタイミング」で知財に気をつければいいの？
Answer

ブランドコンセプトを決め、そのブランドらしさを伝える「ブランドの伝達手段」を設計するとき、特に、知財に気をつける必要があります。

具体的には、例えば次のようなものを設計するときです。

1. 商標
   - ブランド名
   - 商品・サービス名
   - ロゴマーク、シンボルマーク、アイコン
   - 機能名
   - 概念名
   - イベント名
   - キャッチコピー
   - キャラクター画像
2. 意匠
   - 製品デザイン

- ■パッケージデザイン
- ■UIデザイン
- ■建築物・内装デザイン
3. 特許
    - ■製品の機能的構造
    - ■製品の化学的構造（ex. 薬の成分配合）
    - ■製品の効果的な生産方法
    - ■ITシステムのプログラム処理方法

　なぜこのタイミングなのでしょうか。それは、「ブランド伝達手段」には次のようなリスクが潜んでいるからです。
1. その「ブランド伝達手段」を実行すると他社の知財権を侵害してしまうリスク
2. その「ブランド伝達手段」を他社にも同様に実行されてしまうリスク
　ブランディングの過程で「ブランド伝達手段」を設計する際には、当然ながらその「ブランド伝達手段」は問題なく実行できることを前提としています。しかし、知財権の調査をしなければ、その「前提」が正しいかは分かりません。知らぬ間に、実は権利侵害のおそれがある「ブランド伝達手段」の実行を前提に、ブランディング計画を立ててしまう可能性が大いにあります。つまり、知財に気をつけていなければ、実際には実行できないブランディングを苦労して準備していることになりかねません。
　「ブランド伝達手段」を決定した後に権利問題に気づいた場合、再設計しないといけません。せっかく進めてきたブランディングのプロセスを巻き戻さないといけなくなります。ブランディングに本気で取り組んでいたときほど、それが優れたブランディングであったときほど、かけた時間や巻き込んできた関係者の数は多大になっているもの。「すみません、やり直しです」となれば、周囲に多大な迷惑がかかり、信用失墜にもつながります。
　また、他社の権利侵害はしなかったとしても、自分たちの「ブランド伝達手段」について知財権を取得していなければ、他社も同じような「ブランド伝達手段」を実行することが可能になります。自分たちの「ブランド伝達手段」に独自性があればあるほど、独自の

ブランドを築くことができます。他社も同じようなことをしてしまったらその独自性は薄まり、強固なブランドイメージの形成を妨げます。

Q4. 知財を守るにはどのくらいお金がかかるの？
Answer

　知財権を取得する費用は、場合によって様々なので、ここで網羅的に説明することはできません。しかしながら、ここでは参考として、日本で知財権を1件取得するために必要な費用‘感’を紹介します。（あくまでも目安になりますので、実際の費用は個別にご確認ください）

日本で知財権を1件取る費用目安

権利の種類	費用の目安
特許権	50〜100万円
意匠権	15〜25万円
商標権	5〜20万円

　なお、外国で知財権を取得するには、日本での手続きとは別に各国での手続きが必要になります。費用も日本とは別にかかります。諸外国での知財権取得費用は国ごとにまちまちのためここでは割愛しますが、一般に日本での費用よりも高くなることが多いです。

Q5. それだけのお金をかける意味はあるの？
Answer

　ブランディングに真剣に取り組むほど、知財権にお金をかける「意味」が出てきます。
　ブランディングとは、対外的には、一貫性のある‘見た目’や‘振る舞い’を長期的に維持することです。私たちは、「人」にある印象を抱くとき、何を見ているでしょうか。その人がいつもどんな表情をしているか。どんな言葉を発するか。どんな服を着ているか。どんな行動をしているか。その人の‘見た目’や‘振る舞い’を見て、そこから何らかの印象

を抱いているかと思います。

　企業や商品もこれと同じです。私たちは、その企業や商品の‘見た目’や‘振る舞い’からそれらを判断するしかありません。また、Q2への回答の通り、企業や商品の‘見た目’や‘振る舞い’の多くは「知財」でした。もし知財を「人」に例えるなら、下の図のように言えるかもしれません。

知財を「人」に例えると

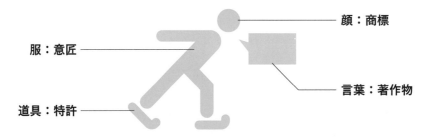

服：意匠

顔：商標

言葉：著作物

道具：特許

　そして、その‘見た目’や‘振る舞い’を継続できるようにする権利が知財権です。知財権で守らないと‘見た目’や‘振る舞い’は継続できません。それは、計画したブランディングが継続できないことを意味します。ブランディングに真剣に取り組み、お金も労力もたくさんかければかけるほど、そのブランディングが頓挫したときの損失が大きくなるのは言うまでもありません。したがって、ブランディングが頓挫することによる損失を回避するために、知財権への投資は大きな意味を持つことになります。

　また、別の見方もできます。ブランディングをするということは、その‘見た目’や‘振る舞い’の価値を高めることであるとも言えます。憧れのハリウッドスターの服装や言動に価値を感じるのと同じように、企業や商品がブランド化されればされるほど、その‘見た目’や‘振る舞い’自体の価値も高まります。‘見た目’や‘振る舞い’自体の価値が高まれば、それらを実行する権利である「知財権」の価値も高まるのは道理です。したがって、ブランディングに取り組むほど、対応する知財権の価値も高まり、知財権取得への投資を回収

できるようになるのです。

Answer

　あなたが生み出した知財のうち、「'ブランドらしさ'と紐づく知財」について優先的に知財権を取るのがいいと思います。

　まず「商標」については、次の2点を特に意識しましょう。

1. ブランドの象徴となるブランド名・ロゴなどの商標登録は必須
2. 'ブランドらしい体験'のキモとなる機能・オペレーション・イベントなどにもユニークな商標をつけて商標登録する

　次に、「意匠」や「特許」については、'ブランドらしい体験'の演出をサポートするデザインや機能について権利を取ると効果的です。

　一般に、知財権を取ろうとするとき、「便利な機能を独占しよう」とか「みんなが使いたそうな言葉を独占しよう」という'競争的'発想になることが少なくありません。しかしこれでは、「らしさの追求」ではなく、便利さ勝負のような「比較の世界」で勝負することになります。せっかく特許を取っても、それよりも機能的に優れた特許を他社が取得したら、自分の特許の価値がなくなる。そんな世界です。

　でも、ブランディングに本気で取り組もうとする読者の皆さんには、'ブランド的'発想で知財権を活用してほしいと思います。'ブランド的'発想では、「ブランドらしい体験」を生み出し、それを継続的に提供し続けることが何よりも大切です。そして、まさにそれを実行するために本書を手に取ったはずです。そうであれば、「ブランドらしい体験」の継続を可能にし、財産にするために、知財権を活用しましょう。'他社より優れた権利だから価値がある'ではなく'他社とは違う権利だから価値がある'。そんな「比較の世界」から抜け出す一歩を、「ブランド×知財」で踏み出していただければこれほど嬉しいことはありません。

Chapter **8**
「らしい活動」を考える

「ブランドらしい活動」づくりのポイント

この 章 で は 何 を 学 ぶ か

Q 「ブランドらしい活動」って何ですか?

Q 業務で「ブランドらしい活動」を進めるためにはどうすればいいですか?

この 章 で は 次 の 演 習 を し て み ま し ょ う

Work ▶ 自社ブランドとして「『らしい』活動」と「『らしくない』活動」を考えてみましょう。

Work ▶ ブランドコンセプトに基づき、あなた自身の仕事の
「ブランドらしい活動」を考えてみましょう。

第 8 章 の テ ー マ は
[[「らしい活動」]を考える」です

STEP	何をするか	どのように
1	基本を知る	ブランド、ブランディングの基本的知識を得る
2	機運をつくる	ブランディングを始めるための雰囲気をつくり、仲間を見つける
3	組織をつくる	ブランディングを推進する組織をつくる
4	環境を見つめる	マクロ環境（政治、経済、社会、技術）分析 ミクロ環境（業界、競合、顧客）分析 内部環境分析 外部環境の機会・脅威、自社の強み・弱みを把握
5	進む方向を考える	外部環境、内部環境を「クロスSWOT」分析 プロポジションリスト（自社が提案できること） ブランドの「ありたい姿」議論
6	ブランドの 基盤をつくる	ブランドの基盤（ブランドコンセプト）策定 ・ブランドビジョン、ブランドミッション、ブランドバリュー ・ブランドパーソナリティ ・ブランドステートメント　など 企業・組織の理念体系の整理
7	「伝え方」をつくる	「ブランドらしい見せ方」「ブランドらしい言い方」を決める ブランドコミュニケーションガイドライン 内部浸透活動計画 外部発信コミュニケーション計画
▶ 8	「活動」を考える	「ブランドらしい活動」を具体的に考える
9	デビューさせる	ブランドへの期待感を高める活動
10	成果を活かす	各施策の定期的な測定・診断

準備

凝縮

拡散

診断

Q ⋯⋯⋯⋯⋯⋯⋯⋯⋯⋯⋯⋯⋯

「ブランドらしい活動」
って何ですか？

A ⋯⋯⋯⋯⋯⋯⋯⋯⋯⋯⋯⋯⋯

「ブランドの基盤
（ブランドコンセプト）」に
基づく活動のことです。

Theory [理 論 編]

▌ すべて結果で判断される

第7章No.42、No.43でも述べたように、ブランディングにおいては「ブランドらしい活動」こそがブランドを強くする源です。そしてその活動の軸、判断の軸は「ブランドの基盤」です。

もちろん企業により、そのあり方は様々ですが、いずれにしても自分たちのブランドとして確固たる考え方はあるはずです。

ブランドの基盤
⇓
ブランドの思考
⇓
ブランドらしい活動

ブランドに接する人（ステークホルダー）は、社員を除きそのブランドの基本的な考え方は知る由もありません。すべて結果で判断します。

広告を見る、イベントに参加する、店舗に行く、担当者と話す、実際の商品を購入する、サービスを体験する、問い合わせをする、トップが挨拶しているところを見る、インターネットの評判を見聞きす

る……、それらのすべてのブランドタッチポイントはその会社の社員が関与しています。

もし、どこかの部署の誰かがブランドを毀損する行為をしてしまった場合、それはその部署だけの問題ではありません。別の部署ばかりか、最終的には会社全体にもその影響は及びます。

広告でどれだけ「志が高い」ことを謳っていたとしても、それに反することをしていたとしたら「広告メッセージはウソ」ということになります。逆に、もし適切な活動を取った場合、良い評判は会社全体に及びます。

▍ パッケージと中身

例え話です。

出張の帰りにお土産を買うことにしました。お店ではいかにもおいしそうなお菓子がたくさん並んでいたので、ここは奮発して「高級そう、おいしそう」なお菓子を買いました。家に帰って、さっそく家族みんなで味わうことにしました。パッケージ（包み紙）がとても高級そうで品が良かったので少し楽しみです。

肝心の味。決して美味しくないというわけではありませんが、期待していた割にはそうでもなく、ふつうの味でした。

私はブランディングの際、よくこの話をします。

自分の大学のブランディングにおいても、この話を強調しました。

パッケージ（包み紙）は「見え方、見せ方」です。ブランディングではVI（ビジュアル・アイデンティティ）です。

デザインに力を入れ、見栄えも良くなりました。しかし、肝心の中身がそれにふさわしいものでなかったら、期待を大きく裏切ることになります。中身とは「らしい活動」そのものです。

私の大学で言えば、VIにより「見せ方」を変えたとしても、中身である教員・職員のあり方、授業の内容、教え方、学生との向き合い方、卒業生への対応、学生をサポートする体制、施設・設備、研究、地域貢献などがブランドコンセプトに適合していなければならないということになります。そうでなければ文字通りの「看板倒れ」です。期待値が高かった分、失望値も高くなります。

「らしい活動」という中身こそがブランディングの成否を決めます。

図45-1 パッケージと中身

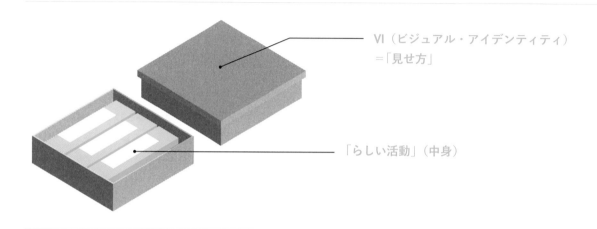

VI（ビジュアル・アイデンティティ）
＝「見せ方」

「らしい活動」（中身）

図45-2　顧客の「期待」と「現実」の関係

顧客の「期待」と「現実」の関係について、消費者対応研究、CS研究の第一人者である佐藤知恭氏は次のように説明されています。ブランディングにおいても非常に参考になる考え方です。

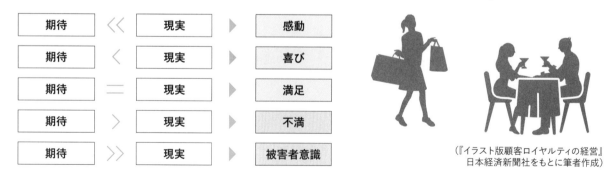

（『イラスト版顧客ロイヤルティの経営』
日本経済新聞社をもとに筆者作成）

［実践編］
Hint

▎「らしい活動」、答えはいくつもある

「ブランドらしい活動」を考えるための
チェックリスト

①「ブランドの基盤」を確認する

まず、判断の軸となる「ブランドの基盤」を確認しましょう。ブランドビジョン、ブランドミッション、ブランドバリュー、ブランドパーソナリティ、ブランドステートメントなどです。

②自分の仕事、部署の仕事の棚卸しをする

自分の仕事、部署の仕事を洗い出してみましょう。

いつもの仕事ですが、「ブランドらしく」することができるはずです。

③ブランドに適合しているか考える

それらの仕事が「ブランドの基盤」に適合しているかどうか、自分で考えたり、チームで話し合ったりしてみましょう。「ブランド」を軸にすると改善、改革の方向が見えてきます。

考える際は、「それって〇〇（ブランドコンセプト、ブランドステートメントなど）に合っていますか」と問いかけてみましょう。

④レベルを分ける

それらの仕事について、

A：やめるもの
B：修正するもの
C：より力を入れるもの
D：新しく始めるもの
というレベルで分けてみましょう。

	レベル	「ブランドの基盤」への適合
A	やめるもの	ブランドに適合していない
B	修正するもの	ブランドに適合してはいるが、修正する必要がある
C	より力を入れるもの	ブランドをより強めることができる
D	新しく始めるもの	現在は行っていないが、ブランドを強化するために新規で始める

[実践編]

自社ブランドとして「『らしい』活動」と
「『らしくない』活動」を考えてみましょう。

ここでは、自分で考えたブランドのビジョンなどに基づき、全社的な視点で自由に考えてみましょう。
アイデアレベルで結構です。

	レベル	「ブランドの基盤」への適合
A	やめるもの	ブランドに適合していない
B	修正するもの	ブランドに適合してはいるが、修正する必要がある
C	より力を入れるもの	ブランドをより強めることができる
D	新しく始めるもの	現在は行っていないが、ブランドを強化するために新規で始める

Brand
Management

46

Q

業務で
「ブランドらしい活動」を
進めるためには
どうすればいいですか？

A

いつもの仕事を
「ブランド」を軸に
考えてみましょう。

［理論編］

Theory

▌ いつもの仕事にブランドの「味付け」

企業には様々な部署があり、職務・業務があります。総務、経理、人事、管理、研究開発、調達、製造、生産、営業、広告、国際、関連会社など、複数に及びます。

「ブランドらしい活動」と言っても、部署によりその中身は全く違います。どのような職務でも、それぞれの職務分掌により内容や権限、責任が定められており、その上で日常の業務を行っています。それを踏まえた上で、「ブランドらしく活動する」ためには何をどうすればいいかを考えることが求められます。

「いつもの仕事にオンされるのか」と思われるかも知れませんが、実はそうではなく、いつもの仕事に自分たちのブランドの「味付け」をするイメージです。

お得意様や取引先での商談のとき、いつものセールストークがどう変わるでしょうか。プレゼンテーションスライドがどう変化するでしょうか。

会社の様々な案件に対応する総務の仕事の場合、何をすればいいでしょうか。

正確さが求められる経理部門にとってはどんな意味があるでしょう。

また、ブランドに合った人事政策をするためには何が求められるでしょうか。

ブランドらしい商品開発、流通政策、プロモーション活動のためにはどんな視点が必要でしょうか。

答えはすべて違いますし、正解・不正解がすぐに判明するとは限りません。

各個人の活動自体はそれほど大きなものではないかも知れません。しかし、その取り組みが部署全体に広がり、事業所全体、会社全体に広がっていくとしたらどうでしょうか。社会的な認知、顧客、取引先からの評判は次第に変化してきます。

▌「ブランドで課題解決」する試み

個人やチームでいつもの仕事を「ブランドを軸に考える」ことをしてみると見落としていたことに気づいたり、新たな発見をすることがあります。

それまでも当然のこととして業務改善、効率化、創意工夫など課題解決に取り組んできました。その成果も収めたと思います。

これからは、「ブランドで課題解決するとすればどうしたらいいか」という見方で考えてみてはどうでしょうか。つまり、課題解決の軸を定め、解決の方向性を探るものです。

同規模同業種の場合、課題はどの会社も似通ってきます。それを解決しようとすると、おそらく解決策も似通う可能性があります。

しかし、自分たちのブランドという物差しで見るとどうなるでしょうか。

そのブランドはその会社しか有していないため、解決方法は他とは違ってきます。

「いまどき、どの会社でも同じようなもの。しかし、私たちは少し違う。なぜなら〇〇というブランドの判断軸があるから」という思考です。

第1章No.2で述べましたが、「ブランドは細部に宿る」のです。社員の方のブランド「らしい活動」がすべてのタッチポイントを構成しています。そしてそれらのタッチポイントの印象は、人々の「'頭の中'にストック」されていきます。

いつもの仕事をブランドを軸に見直してみることは、最初は少し大変かも知れませんが、やってみると楽しくもあります。

図46-1 | ブランドらしい活動

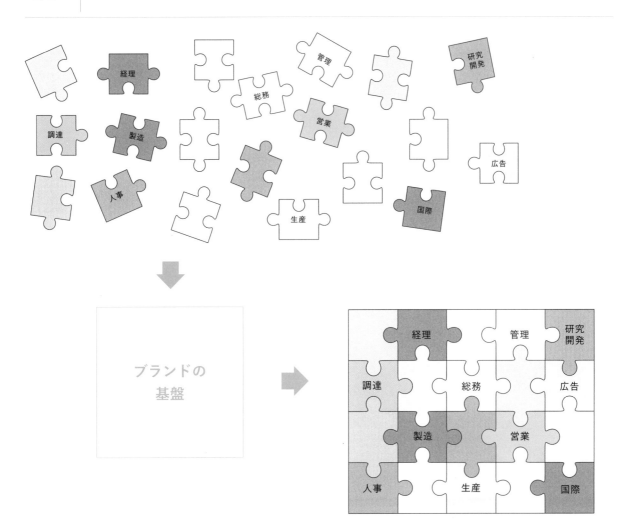

「ブランドらしい活動」の見つけ方

前項No.45のHintおよびWorkでは、全社的な視点での「ブランドらしい活動」について考えましたが、この項では「自身の現在の業務」をどのように「ブランドらしい活動」にするか考えてみましょう。

次のような表をつくってみましょう。

現在の業務をすべて書き出してみましょう。「ブランドの基盤」に合わせてどのような活動をすれば「ブランドらしい活動」になるか考えてみましょう。できれば、「さすが」と言われるレベルまで考えてみましょう。

「ブランドの基盤」に合わせて、新規に行う活動も考えてみましょう。「ブランドの基盤」に合わせて「やめてもいい業務」は何かも考えてみましょう。

	業務	現在の内容	➡ ブランドの基盤	➡ 「ブランドらしい活動」 「さすが、○○と言われるレベル」
通常の業務		■ ■ ■		■ ■ ■ やめてもいい業務
新規業務				

事例：愛知東邦大学入試広報課

ブランドの基盤

- ブランドビジョン：「21世紀の寺子屋」
- ブランドミッション：
  学生ひとり一人が自分だけの'知の武器'を身に
  つける教育をする
- ブランドパーソナリティ：
  活気がある・カジュアルな・快活な・自由な「自
  分を認めてくれるパートナー」
- ブランドステートメント：
  オンリーワンを、一人に、ひとつ。

「愛知東邦大学のブランドらしい活動」
入試広報課課長・Mさんの活動

- 自分たちの仕事の本質は「高校生、高校教員、
  保護者に対して大学をアピールして入学者を増
  やすこと」ではなく、**「高校生の人生の岐路に
  立ち会う仕事」**である。
  「オンリーワンを、一人に、ひとつ。」を自分た
  ちの業務として解釈してその結論に至った。

- そのために、大学案内、高校に対するプレゼン
  テーション、オープンキャンパスはすべて、「人
  生において大学で学ぶことの意味」を語る内容
  にした。

- オープンキャンパスでは高校生ひとり一人の悩
  み、想いに応える内容とした。大学の派手なプ
  レゼンテーションではなく、ひとり一人と向き
  合うことができる仕組みとした。

- また、新規業務として地域内の各高校に出向き、
  「じぶんブランディング講座」という高校生の
  これからの生き方のヒントになる講座を開催し
  た。そこでは、大学の案内は一切しなかった。

- 「自己プロデュース入試」という入試方法を学
  内に働きかけ導入した。
  これは高校生が自分の生き方、大学での学び方
  を面接の場でプレゼンテーションするというも
  のである。これも新規として考案した。

W_{ork} ［実践編］

ブランドコンセプトに基づき、あなた自身の仕事の
「ブランドらしい活動」を考えてみましょう。
（あなたが考えた「ブランドの基盤」を軸に考えてみましょう）

ブランドの基盤

	業務	現在の仕事内容	「ブランドらしい活動」「さすが、○○と言われるレベル」
通常の業務		・ ・ ・	・ ・ ・ やめてもいい業務
新規業務			

「ブランドらしい活動」の事例

エバラ食品工業株式会社

ロゴマーク		
経営理念	「こころ、はずむ、おいしさ。」の提供 わたしたちは、お客様への情熱とチャレンジ精神を力に、 「人を惹きつける、新しいおいしさ」と「期待で胸が膨らむ、ワクワクするおいしさ」を通じて、 人と人との絆づくりの機会を広げていきます。	
ブランドステートメント	**こころ、はずむ、おいしさ。**	
事業活動	肉まわり調味料群	「黄金の味」や「焼肉のたれ」など、肉料理のための商品群です。"たれ"で新しい肉料理の可能性を広げていきます。
	鍋物調味料群	「すき焼のたれ」や「キムチ鍋の素」など、鍋料理のための商品群です。鍋料理の可能性を広げ、鍋を通年の家庭料理にしていきます。
	野菜まわり調味料群	「浅漬けの素」など、野菜のための商品群です。"たれ"で野菜をもっと身近なものにしていきます。

（同社HPをもとに筆者作成）

大和ハウスグループ

ブランド シンボル	 大和ハウスグループ　　　エンドレスハート
経営 ビジョン	―心を、つなごう― 私たちは「人・街・暮らしの価値共創グループ」として、お客様と共に新たな価値を創り、活かし、高め、人が心豊かに生きる社会の実現を目指します。そして、お客様一人ひとりとの絆を大切にし、生涯にわたり喜びを分かち合えるパートナーとなって、永遠の信頼を育みます。
基本 姿勢	共に創る。共に生きる。

事業 活動	人・街・暮らしの価値共創グループ		
	Housing	Business	Life
	戸建住宅や分譲マンション、賃貸住宅など、住まいに関する「建てる、運営・管理する、住みつなぐ」事業を展開。住まいの生涯に寄り添い、暮らしや環境、社会の未来を育てています。	お客さまのビジネスパートナーとして、商業施設や物流施設、医療・介護施設、都市開発など、時代に即した選択肢をご提案。事業の成長をサポートし、生産性の向上や地域経済の活性化に貢献しています。	若者から高齢者まであらゆる世代が楽しめる環境づくりを基本に、ホテルやホームセンター、フィットネスクラブ、有料老人ホームの運営など、生活に関わる事業を通じ、人生を豊かにするお手伝いをしています。

（同社HPをもとに筆者作成）

愛知東邦大学

ロゴマーク	**愛知東邦大学** AICHI TOHO UNIVERSITY
コンセプトフレーズ	オンリーワンを、一人に、ひとつ。
クレド	コンセプトフレーズを実現するためのクレド（信条）

学生へのクレド	地域へのクレド	仲間へのクレド
01 原石は宝石 02 多様な視点と可能性を共に見つける 03 成長実感の提供	01 地域が教室 02 愛される存在、信頼される大学 03 未来を共創してゆくパートナー	01 挑戦と創造 02 自分だからできる貢献 03 学生に尊敬される身近な社会人

具体的な活動		
■プロジェクト型授業 ■外部ビジコン参加 ■教育懇談会 　（保証人との定期面談） ■オンリーワン学生表彰 ■就職合宿 ■「じぶんブランディング」講座 ■自己プロデュース入試	■地域の保育園、幼稚園、小学校との連携 ■地域企業との共同研究 ■県外自治体との連携 ■学生運営のゲストハウス ■地域の知のプラットフォーム活動	■教職員ONE TEAM ■教職員全員のクレド ■学部横断型連携活動

「じぶんブランディング講座」：中京地区の高校生を対象とした「パーソナルブランディング」についての巡回型講座
「自己プロデュース入試」：入学試験の一形態。志望者は入学後どのような活動をするか、自分は何のために大学に入るのかをプレゼンテーションするもの。そのために事前に教員研究室訪問、シラバス確認などが必須である。

テ ー マ は
[「らしい活動」を考える]です

Ⓠ 「ブランドらしい活動」って何ですか？

Ⓐ 「ブランドの基盤（ブランドコンセプト）」
に基づく活動のことです。

　ブランディングにおいては「ブランドらしい活動」こそがブランドを強くする源です。そしてその活動の軸、判断の軸は「ブランドの基盤」です。

ブランドの基盤⇒ブランドの思考⇒ブランドらしい活動

　ブランドに接するステークホルダーはブランドタッチポイントによりすべてを判断します。誰かがブランドを毀損する行為をすればそれは全体に及び、逆に良い活動をすればその評判は全体に及びます。
　ブランドの「見せ方」と同時に「中身（ブランドらしい活動）」も充実させましょう。

Ⓠ 業務で「ブランドらしい活動」を 進めるためにはどうすれば いいですか？

Ⓐ いつもの仕事を
「ブランド」を軸に考えてみましょう。

　会社には様々な部署があり、それぞれの職務・業務があります。「ブランドらしい活動」と言っても、所属部署によって異なります。「自分たちのブランド」を軸に、いつもの仕事をどう変えるのか、何を新しく始めればいいのか、個人で、部署全体で考えましょう。それぞれのそうした活動がブランドをより強くしていきます。

「健康経営ブランディング」のススメ

企業理念への共感・共鳴と従業員の健康

　2018年に「働き方改革関連法」が成立したことをきっかけに「働き方」について改めて考える機会が多くなりました。また、テレワーク化の進展に伴い、働くことの意味、そして健康に生きることの意味が問われています。

　「企業理念への共感・共鳴はそこに働く人たちの精神的、肉体的な健康にも良い影響をもたらす」、現在そのような研究が進んでいます。企業理念とはこれまで述べてきた文脈だとブランド理念に該当します。もちろん、その中にはブランドビジョン、ブランドミッション、ブランドバリューも含まれます。

　それらのブランド理念を自分のものとする（「理念の内在化」と言います）とその人自身も健康になり、その結果、企業経営にも好影響が生じるという考え方です。

　「健康経営」という言葉は日常的に使われるようになりましたが、そこに「ブランディング」を組み合わせた「健康経営ブランディング」とはどのような意味でしょうか。

　一橋大学大学院経営管理研究科の阿久津聡教授は、「健康経営ブランディング」を次のように規定しています。

　　「企業が従業員の健康に配慮することによって、経営面においても大きな成果が期待できるとの基盤に立って、健康管理を経営的視点から考え、企業ブランディングの枠組みに則って戦略的に実践すること」（『Cept』2021年1月15日 vol.14）

ここでは健康経営を人事、総務など担当部署の限定的な取り組みではなく、企業全体でブランディングの一環として取り組むことの必要性を説いています。

なぜか。

「働き方改革」ということで、超過勤務の禁止、残業規制、有給休暇取得促進、休憩時間の確保などの措置が取られます。その背景にはそれらの措置が見過ごされてきた側面が確かにあります。

では、「働きがい」「生きがい」といった心理的な面ではどうでしょうか。

これは企業の文化によるところがあるため、担当部署だけで対応するには限界があります。コーポレートブランディングの場合は企業全体での活動になる上、「働きがい」「生きがい」は企業にとっても従業員にとっても大きなテーマです。

「生きがい型ウェルビーイング」は心身の健康につながる

「働きがい」「生きがい」と健康との関係はどうなのでしょうか。

実は、それに関しても阿久津教授の研究成果が発表されています。同教授がミシガン大学の北山忍教授や京都大学の内田由紀子教授、UCLAのスティーブ・コール教授と行った研究によると、「会社に対する誇りや共感、協調的自己観といった仕事の資源や個人資源が中長期の健康リスクを低減する」ということが実証されました。(『Cept』2021年1月15日 Vol.14)

人間が感じる幸せ(ウェルビーイング)には快楽や満足感などによる「快楽型ウェルビーイング」と、苦労や努力から培われる「生きがい型ウェルビーイング」があります。

上記の研究において、この両者を比較すると、後者のほうが「免疫機能が良好な影響を及ぼす」、つまり慢性炎症を抑える役割があるということが明らかになりました。

「生きがい型ウェルビーイング」はCTRA反応／遺伝子発現指数を抑えるというものです。CTRA反応とはストレスを受けたときに働く遺伝子のことで、満足感が得られるとその働きが弱まるというものです。

さて、ワーク・エンゲイジメントという言葉があります。これは従業員のメンタル面での健康度合いを示すものです。

阿久津教授は次のように語っています。

> **ワーク・エンゲイジメントは、そもそも産業心理学や経営組織論での議論から出てきた考え方で、「仕事の要求度－資源」モデルと呼ばれる理論モデルの中核となる概念です。「活力」（高い水準のエネルギーや心理的回復力）、「熱意」（仕事への強い関与、熱中、誇り）、「没頭」（仕事への集中と没頭）の3要素から成り立っており、ワーク・エンゲイジメントが高い人は、仕事に誇り（やりがい）を感じ、熱心に取り組み、仕事から活力を得て生き生きしている状態にあります。**
> （『ブランド戦略＆マーケティング情報メディア　CCL.』2021.1.15日経BPコンサルティング、「いま求められるワーク・エンゲイジメント──ブランド研究の第一人者に聞く」）

このワーク・エンゲイジメントは実は経営理念、ブランド理念など企業の理念と大きな関係があります。

ある研究によると経営理念（ブランド理念）の浸透は、ワーク・エンゲイジメント、職場の一体感、積極的な学習、創造性の発揮などとの正の相関が見られることが分かってきました。（小林、江口、安藤、川上、TOMH研究会／2014）

以上をまとめると次のように考えることができます。
「企業の理念（経営理念、ブランド理念）」が社内に浸透
→従業員が理念に共感
→ワーク・エンゲイジメントが高まる
→仕事のやりがい、誇り、活力が生まれる
→「生きがい型ウェルビーイング」状態
→心身の健康をもたらす

また、阿久津教授は「'螺旋状に上昇するサイクル'をめざそう」として次のような考え方を説いています。

> 　企業ブランドの理念への共感が社員のワーク・エンゲイジメントを高め、それによって企業のパフォーマンスが上がり、外部からも評価され、さらにそれが企業ブランドの理念への社員の共感を強める（後略）
> （『Cept』2021年1月15日vol.14）

企業をまるごと健康にするブランディング

　ブランディングが最終的に企業の利益、企業の業績を向上させることに貢献することは明らかになっています。自分たちのブランドビジョン、ブランドミッション、ブランドバリューなど「ブランドの基盤」に基づいて活動を行うことにより、企業全体が活性化し企業自体の価値が高まるというものです。

　こう言うと企業（経営）側だけがメリットを得られるような印象がありますが、先ほど述べたようにブランディングはそこに働く人の心身の健康にも良い影響をもたらします。

　「働き方」改革は大事です。時短、有給取得、休憩時間、育児休暇などの制度は当然推進すべきことです。それだけではなく、さらに企業全体が働く人にとってどうあるべきかという視点は、これからますます重要になります。

　自分たちのブランドに共感・共鳴することによりワーク・エンゲイジメントが高まる、それにより自らも心身ともに健康になる、そしてそれはその人の大切な家族や周囲の人たちの健康にも良い影響をもたらしていくと考えられます。

　「企業をまるごと健康にする」、全社的な視点に立つブランディングだからこそ、その可能性があります。

注：他の項では「エンゲージメント」と書いていますが、この項では出典に倣い、研究論文などで使われている「エンゲイジメント」という表記を用いました。

健康経営ブランディング

「企業の理念（経営理念、ブランド理念）」の社内浸透

従業員が理念に共感・共鳴する

ワーク・エンゲイジメントが高まる

仕事のやりがい、誇り、活力が生まれる

「生きがい型ウェルビーイング」を感じる

心身の健康をもたらす

column 8

ブランドと
コンプライアンス

渥美坂井法律事務所・外国法共同事業／
パートナー弁護士
三浦悠佑

コンプライアンスの失敗は、ブランド戦略の失敗

　ブランドと企業の事業活動は表裏一体。それゆえ、ブランドは広報だけでなく営業、人事、技術開発をはじめとするあらゆる企業活動と関わりがあります。これは、コンプライアンスのようなブランドからは程遠いと思われがちな企業活動であっても同じです。

　例えば、「経営陣が品質偽装を指示していた」というコンプライアンス違反が発生すると、その商品に魅力を感じなくなり買うのをやめる消費者も出てきます。また、その企業で働く人たちも、商品に以前のような誇りが持てなくなります。

　このように、コンプライアンス違反によってブランド価値が大きく傷つけられると、企業は事業規模を大幅に縮小したり、方針を大きく転換したりせざるを得なくなります。つまり、コンプライアンスの失敗はブランド戦略の失敗でもあるのです。

コンプライアンスとブランドは隣り合わせ

　「でも、コンプライアンスって、つまり法律問題でしょ？　なんだか難しそうだし、企業活動を前に進めるブランドとは相容れなさそう……」

　そんな印象を持たれている人も多いと思います。

　しかし、例えば、コンプライアンスを単なる「法令遵守」ではなく、「社会に対して、法律やルールを守って、正々堂々と胸を張って事業を行うと約束すること」と定義し直したらどうでしょう。こう考えると、コンプライアンスはブランド理念の一部だと言えますね。

　他にも、コンプライアンス活動の中身を「法律やルールを守る方法を考える」から「法律やルールを守ることが差別化要素のひとつとなって、商品・サービスが売れる、ファンが増える方法を考える」に変えてみるのはどうでしょう。コンプライアンスのブランディング的な側面が見えてくるのではないでしょうか。

　このように、実はコンプライアンスとブランドは隣り合わせの関係にあります。

コンプライアンスを取り込み、ブランド戦略をより万全なものへ

　近年、コンプライアンスの世界でも、「コンプライアンスは単なる法律問題ではなく、企業の存在意義に関係する問題だ」という考え方が広まりつつあります。

　また、「クリーンであること」をブランド理念に掲げ、法令遵守のための人的投資を積極的に行うことで、病院や学校や大型商業施設など、「高価格でもきちんと廃棄物を処理して欲しい人々」のニーズをとらえて成功を収めている廃棄物処理事業者など、コンプライアンスをブランド戦略に取り込む企業も増えてきています。

　人々の暮らしをより良いものにすること、地球環境に貢献することなどと同じように、コンプライアンス＝正々堂々と胸を張って仕事をすることがブランド戦略の重要な一部分となる日が、すぐそこまで来ているのです。

Chapter 9
ブランドをデビューさせる

ブランドを
スムーズに
デビューさせる
ポイント

第 9 章 の テ ー マ は
「ブランドをデビューさせる」です

STEP	何をするか	どのように	
1	基本を知る	ブランド、ブランディングの基本的知識を得る	準備
2	機運をつくる	ブランディングを始めるための雰囲気をつくり、仲間を見つける	
3	組織をつくる	ブランディングを推進する組織をつくる	
4	環境を見つめる	マクロ環境（政治、経済、社会、技術）分析 ミクロ環境（業界、競合、顧客）分析 内部環境分析 外部環境の機会・脅威、自社の強み・弱みを把握	
5	進む方向を考える	外部環境、内部環境を「クロスSWOT」分析 プロポジションリスト（自社が提案できること） ブランドの「ありたい姿」議論	凝縮
6	ブランドの 基盤をつくる	ブランドの基盤（ブランドコンセプト）策定 ・ブランドビジョン、ブランドミッション、ブランドバリュー ・ブランドパーソナリティ ・ブランドステートメント　など 企業・組織の理念体系の整理	
7	「伝え方」をつくる	「ブランドらしい見せ方」「ブランドらしい言い方」を決める ブランドコミュニケーションガイドライン 内部浸透活動計画 外部発信コミュニケーション計画	拡散
8	「活動」を考える	「ブランドらしい活動」を具体的に考える	
▶ 9	デビューさせる	ブランドへの期待感を高める活動	
10	成果を活かす	各施策の定期的な測定・診断	診断

47

Q
ブランドデビュー、
どうすれば
いいですか？

A
期待感をグンと
高めましょう。

Theory ［理論編］

▎最初が肝心

　さて、いよいよブランドがデビューすることになりました。最初は大事です。新しいロゴマークを公開して、何かしらのコメントを発表する……これだけでは味気ないです。せっかくの機会なので、期待感を高め、存在感をアピールしましょう。

　スタートは「やや高いステップ（階段）」から踏み出したほうがいいです。企業によっては、ブランドのデビュー（あるいはリブランディング）期を「第2の創業」と位置づけ、内外に力強く宣言するケースもあります。
　企業の歴史の中で、このようなタイミングはそれほど多くはありません。単なる「ロゴの改定」ではなく、企業全体の「改革」の意味を込めています。

　もちろん、会社の大小、業種の違い、コミュニケーション対象の違いはあるため、自社の特性に適した方法を選ぶことは大切です。期待感を高めると言っても、単純に大がかりな施策をすればいいというわけではありません。

▌期待感を高めるためのシナリオ

　まず、期待感を高め、存在感を得るためのシナリオを用意しましょう。ブランドのデビュー期は第7章No.36で述べた第2段階に当たります。

第2段階：ブランド発信期

　ブランドを内外に発信する時期です。ブランドステートメントを謳い、どのようなブランドを目指すのかを発信します。VIを変更した場合はブランドに対する期待感を高めるチャンスです。

　この時期にどのようにブランドコミュニケーション活動を進めていくか、「中長期ブランド戦略」に則り、以下の内容を踏まえた「ブランドコミュニケーション戦略・デビュー編」を考えます。

①誰に（コミュニケーションの対象）
対外部（アウター）
BtoC：
社会、一般消費者、見込み客、顧客、
ロイヤルカスタマー……
BtoB：
社会、業界、見込み客、取引先、
関係会社、顧客、優良顧客……
その他：
地域社会、行政

対内部（インナー）：経営者、幹部社員、管理職、一般社員、契約・派遣・アルバイト社員、関連会社……

　誰をコミュニケーションの対象にするかはそれぞれの会社によりますが、優先順位をつけて考えましょう。

②なぜ（目的）

　対象者に対してコミュニケーションを行う目的です。それぞれに対して、何を期待するのかを明確にしておきましょう。一般社会、業界などの広範囲では「認知」が目的になりますし、ロイヤルカスタマー（BtoC）、優良顧客（BtoB）の場合はより一層のファンになっていただくことが目的になります。

　目的が異なれば、当然、コミュニケーションの手段、メッセージの内容も異なってきます。

③どうやって（手段）

　対象者と目的により、コミュニケーションの手段は変わります。新聞広告で謳った内容をそのまま優良顧客に「コピペ」で使うことはできません。

　また、インナーの皆さんにはこのタイミングでブランドへの共感を抱いてもらうわけなので、「事務的なお知らせ」では意味がありません。

④いつ（時期・期間）

　コミュニケーションの時期と期間です。中長期的

には発信期は3年としていますが、もちろん会社によって全く環境が違うため、半年〜1年のようにタームを短く設定しても問題ありません。

■ ティザーという考え方

ブランドデビューの前に「ティザー期」を設定する方法もあります。ティザーとはtease（じらす）にerを付けてteaser（じらす人）の意味ですが、広告業界などでは本格的なキャンペーンが始まる前に少しずつ情報を発信しながら好奇心をくすぐる方法が取られます。

例えば次のような情報です。

「〇月〇日から、私たちのシンボルマークが変わります」

「〇月〇日、私たちは『あらためて創業』します」

「〇月〇日、新しい私たちが始まります」

ロゴ、シンボルマークなどの刷新や内外に対する「宣言」のタイミングとしては、4月1日、10月1日、1月1日、創業記念日、周年イベント当日、会社にとって過去の歴史的な日などがあります。「ティザー期」はその少し前に当たります。これは、対外的・対内的、双方にとって有効です。

アウター向けコミュニケーション施策例

- マス広告（テレビ、新聞、雑誌、ラジオ、業界紙・誌）
- マス以外（インターネット広告、交通広告、屋外広告）
- ソーシャルメディア（Facebook、Twitter、YouTube、Instagram……）
- SP（パンフレット、冊子、リーフレット、ポスターなどのSPツール、イベント、記念グッズ、キャラバン）
- PR（パブリシティ……）
- 人的活動（顧客訪問、メール……）

インナー向けコミュニケーション施策例

- 社員集会（対面、オンライン）
- 部門ミーティング、部署キャラバン
- デビューイベント（パーティ）
- 社内ツール（ポスター、冊子、社内報、手紙、メール……）
- 記念グッズ

図47-1　ブランドコミュニケーション戦略・デビュー編

			ブランド発信期	
			ティザー期	**ブランドデビュー期**
ブランドの基盤				
対象	**アウター**	**社会**	広告・PR活動などによる 好奇心を喚起	広告・PR（イベント、パブリシティ）活動を 組み合わせて期待感喚起
		見込み客		
		顧客	ダイレクトコミュニケーションによる 興味喚起	ダイレクトコミュニケーションによる 期待感喚起
		ロイヤル カスタマー	ダイレクトコミュニケーションによる 特別感醸成	ダイレクトコミュニケーションによる 限定感、特別感醸成
	インナー	**全社員**	社内メディア活用による 興味喚起	社内メディア、社員集会などによる 期待感、高揚感喚起
		職場	情報共有による 興味喚起	個別職場ミーティングなどによる 意志固め、期待感喚起
		個人	個人向けメッセージによる 興味喚起	個人へのダイレクトコミュニケーション による期待感喚起

[実践編] Hint

■ デビューは楽しく、活動は戦略的に

デビュー期の7つの心得

① 「服を着替えると気分が変わる」効果

新しい服を着ると、何となくいつもと違う気分になります。ブランドデビューは新しい服を着るようなものです。新しいVIという「目に見えるもの」が、心持ちとか精神のような「目に見えないもの」に影響を与えます。

② 鉄は熱いうちに打て。始まりが肝心

「鉄は熱いうちに打て」という言葉があります。「物事を進めるときには熱があるときに実行する」という意味として使われます。ブランドのデビュー期はまさに「熱いタイミング」です。

③ 「いつもと違う」を大事に

デビューから少し経つと、雰囲気がそれまでとは違うと感じることがあります。社内の人の発言が以前とは違う、社外の人から「最近、変わりましたね」と言われる、そして自分の気持ちも少し変化していることに気づくことがあります。少しの角度の違いでも、時間が経つことでそれは大きな変化となります。

④ 信じたら任そう

ブランドデビューは、それまで準備を進めてきたメンバー全員にとっての本格活動のスタートの日です。信じて任せましょう。トラブルは想定内です。ブランディングは一人で進めるものではなく、チームのみんな、あるいは会社全体で進めるものです。

⑤ ブランドの前には平等

やるべきこと、やってはならないことの判断の軸はブランドに置きます。たとえ、上司や経営陣でも「明らかにブランドに反していること」があったら「NO!」という姿勢で臨みましょう。簡単にできることではありませんが、ブランドの前には平等です。特に、デビュー期はブランドにとってスタートのタイミングなので改めて認識しておきましょう。

⑥ ネタを「編集」せよ

これまでの活動内容を自分たちが定めた「ブランドの基盤」に適合しているかどうか、一度、棚卸ししてみましょう。ブランドに紐づけて考えることで、新しい価値を見出すことができます。いわば、ブランドを軸とした「活動の再編集」です。改めて内外に発信するテーマになります。

⑦ 外堀から埋めよ

外部に対して「ブランドの表明、あるいは宣言」をしてしまうと、インナーの人たちにも緊張感が生まれます。広告などでは時折この方法が用いられます。中には、「ブランドをテーマとした広告は、『インナーの意識づけ』という位置づけで行っている」と明言している企業もあります。

W o r k ［実践編］

ブランドデビュー期には何をしたらいいか、考えましょう。
（アイデアで構いませんので、考えられることを書いてみましょう）

① アウターに対して何を行いますか？

② インナーに対して何を行いますか？

名刺、パンフレット、看板など、あらゆるところに新しいブランドシンボルを登場させた

Brand Management

48

Q..................

ブランドの
アウター発信は
何に注意すれば
いいですか？

A..................

まず、自分たちで
「考え方」を定めましょう。

Theory ［理論編］

クリエイティブの基準は
ブランドへの適合性

せっかく考えた自分たちのブランドです。アウター（外部）に発信するときには内容、方法に注意を払いましょう。特に、マス広告、インターネット広告は広告の到達範囲（リーチ）も広く、内容の訴求力も高いのでよく考える必要があります。

メディア選定、メディアバイイング（メディアと交渉して適切な広告枠を購入すること）、広告クリエイティブは広告会社（広告制作会社）の専門領域ですが、決して「丸投げ」してはいけません。（「丸投げ」については第1章No.18でも述べました）

広告会社（広告制作会社）にとって困るのは、広告主（クライアント）から「専門家として自由にお考えください」というスタンスで提案を要請されたときです。

自由に、とは言われても幅が広すぎます。そこで、自分たちなりにその対象ブランドを分析し想像力を膨らませてクリエイティブを進めます。当然、複数案を考えます。問題はそれらのクリエイティブが「そのブランドに適合しているか否か」です。作品の質が高かったとしても、そのブランドを表現している

ものでなければ残念ながら「NO!」です。

　もし、適合していないクリエイティブ作品が広告として外部に発信された場合、ブランド自体にマイナスの影響を与えてしまう上、広告費（媒体費、制作費）の浪費にもつながります。広告などを外部発信する際は、きちんと「ブランドの基盤」に沿ったディレクションを行いましょう。

▌ オリエンテーションの内容

　広告会社、広告制作会社などの協力を得てアウターに発信する場合、最初に趣旨説明のためのオリエンテーション（ブリーフィング）を行います。

　特にクリエイティブの場合はクリエイティブブリーフと呼ばれます。（ブリーフィングは「簡単な報告」の意味ですが、広告などの場合は「意図を説明する」意味で使われます）

専門会社への
オリエンテーションの内容：例

1.コミュニケーション施策全体について

①コミュニケーション対象者
　社会一般、自社顧客、ロイヤルカスタマーなどコミュニケーションの対象を明確にします。

②目的
コミュニケーションは何のために行うかを定めます。デビューの場合は一般的には認知獲得が前提となりますが、ターゲットにより異なる場合があります。単なる認知だけでなく、より深い理解を促進するのか、さらに共感を醸成するまで目指すのかはターゲットにより異なります。例えば、ロイヤルカスタマーに対しては認知だけでなく、このタイミングにより愛着を持っていただくことも考えられます。

③期間
　いつからいつまで行うか

④予算

⑤体制
　自分たちの推進体制、担当者を明確にする

2.クリエイティブについて

①ブランドの基盤
- ブランドビジョン、ブランドミッション、ブランドバリュー
- ブランドパーソナリティ
- トーン＆マナー、トーン・オブ・ボイス（定めてある場合）
- ブランドステートメント
- 世界観・イメージ

②ブランドコミュニケーションガイドライン（もしくはビジュアル・アイデンティティガイドライン）
- ロゴ（シンボルマーク）の使い方
- カラー
- 書体
- デザインエレメント
など

3.提案要請内容
　（下記の内容は、コミュニケーション活動全般を広告会社などの専門会社に一括して依頼した場合のもの。実際には活動内容により個別の会社に依頼することが多い）

①コミュニケーション施策全体の考え方
- コミュニケーション対象者
- コミュニケーション目的

- 期間

②媒体計画
- テレビ、新聞、雑誌、ラジオ、インターネット広告、交通広告、屋外広告……
- ソーシャルメディア（Facebook、Twitter、YouTube、Instagram……）
- その他のメディア

③PR計画

④SP計画
- イベント、SPツール（パンフレット、リーフレット、チラシなど）
- SPグッズ

⑤クリエイティブ内容
- クリエイティブの目的
- クリエイティブ作品

⑥予算

⑦推進体制

図48-1 ｜ ディレクションの有無でクリエイティブは大きく左右される

明確なディレクションがある場合
一貫した世界観を伝えることができる。
'頭の中'にイメージの貯金ができる。

明確なディレクションがない場合
それぞれが独立して存在。
'頭の中'にイメージの貯金ができない。

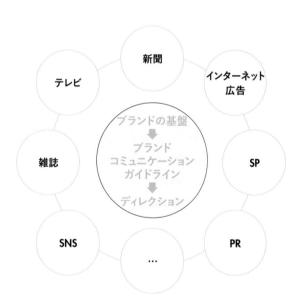

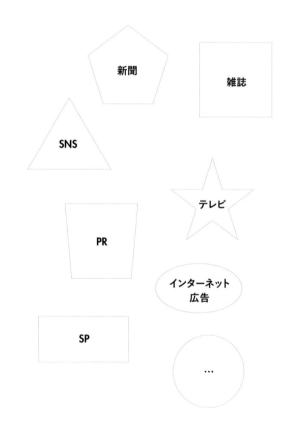

［ 実 践 編 ］

判断は「ブランドらしい」か否か

クリエイティブ時のチェック項目：例

コミュニケーション施策の制作物を判断するときには、次の点を押さえましょう。

1.手段について

①コミュニケーションの対象者が想定されているか
②目的に沿っているか
③媒体の種類、規模、時期に合っているか

2. クリエイティブの内容について

①ロゴ（シンボルマーク）の使い方はブランドコミュニケーションガイドライン（ビジュアル・アイデンティティガイドライン）に適合しているか
　■ 位置、サイズ、カラーなど
②ブランドカラーが正しく使われているか
③書体は正しいか
④トーン＆マナーは守られているか（設定している場合）

⑤ブランドエレメントは正しく使われているか（設定している場合）
⑥ブランドステートメントの位置は正しいか（設定している場合）
⑦トーン・オブ・ボイスは守られているか（設定している場合）

3. 推進体制について

①日常的な連絡をする担当者は誰か
②クリエイティブの責任者は誰か

W ork ［実践編］ ⟩ クリエイティブチェックシートを確認しましょう。

クリエイティブ提案を受けた際は、次のようなチェックシートを用意してください。

媒体種別：広告（テレビ、新聞、雑誌、インターネット、交通広告、屋外広告、SNS広告……）、SPツール（パンフレット、リーフレット、チラシ、ポスター……）など媒体種別に用意します。

媒体種別：

		内容	チェック		
			YES	NO	NOの理由
1 **手段**	**1.**	コミュニケーションの対象者が想定されているか			
	2.	目的に沿っているか			
	3.	媒体の種類、規模、時期に合っているか			
2 **クリエイティブ**	**1.**	ロゴ（シンボルマーク）の使い方はコミュニケーションガイドライン（VIガイドライン）に適合しているか			
	2.	ブランドカラーが正しく使われているか			
	3.	書体は正しいか			
	4.	トーン＆マナーは守られているか			
	5.	ブランドエレメントは正しく使われているか			
	6.	ブランドステートメントの位置は正しいか			
	7.	トーン・オブ・ボイスは守られているか			
3 **推進体制**	**1.**	日常的な連絡をする担当者は誰か			
	2.	クリエイティブの責任者は誰か			
	3.	その人は何か相談したいときに来てくれるか			
	NOの場合	クリエイティブで日常的に相談できる人は誰か			

49

Q
**ブランディングにおいて
広告は
どのように
考えたらいいですか？**

A
広告は目的を考えて
戦略的に進めましょう。

Theory ［理論編］

▎広告の役割

　ブランディングにとって広告は非常に重要な要素です。テレビ、新聞、雑誌などのマスメディアを活用した広告はメッセージを全国に到達させることが可能な上、様々な形態を有するインターネット広告はターゲットにフィットする内容を訴求しています。広告のパワーは絶大です。

　中にはブランディングを広告コミュニケーションと「誤解」している人もいます。しかし、これまで述べてきた通り、ブランドは広告コミュニケーションではできません。広告はブランディングの一部です。

　広告にはいくつかの役割があります。第7章No.44でも触れましたが、「認知」「理解」「興味・関心」「購入・利用意向」「ロイヤルティ」などを促進することを目的に行われます。ひとことで言えば、広告は、「人々に働きかけ、心理変容を促す」ものです。

　このように広告の影響は非常に大きく、そのためブランドに対する印象を左右します。広告を活用する場合は慎重に考えましょう。もし、広告活動においてそのブランドに適合していないメッセージや媒

体選択を行った場合はブランドにとって大きなマイナスになります。

その広告は「経費」か「投資」か

広告は大きく2つのタイプに分かれます。

販売促進型広告
　商品、サービスなどの認知を促進し、興味関心・購入・利用意向を高める広告
ブランドイメージ型広告
　直接的に購入・利用意向を高めるのではなく、ブランドのイメージを伝え、共感を抱いてもらう広告

　販売促進型の広告は、顧客に対して即時的、即効的な反応を促す効果があります。一方で、ブランドイメージ型の広告は、ある程度時間をかけてイメージを醸成していく効果があります。

　ある大手企業のマーケティング担当役員は「**広告は経費であり、投資でもある**」と語っています。つまり、自社の商品購入を促す「販売促進型広告」は「経費」であり、企業のブランドイメージを高める広告はブランドへの「投資」である、という考え方です。

　また、広告戦略コンサルティング会社の株式会社テムズ代表・鷹野義昭氏は「販売促進型広告はフロー型広告、ブランドイメージ型広告はストック型広告といえる」と語っています。

　広告計画を立てる場合は、目的を考えた上で両者

のバランスを取ることが必要です。競合環境が厳しくなってくると販売促進型の広告が活発になります。このような広告の場合、商品・サービスの競合優位性を謳い、有名タレントを起用して強く印象付けをはかる演出が施されます。しかし、その際でも「ブランドらしさ」をどのように表現するかを考えるべきでしょう。

　また、ブランドイメージ型広告はブランドの固有の世界観の表現に関しては特に熟慮が必要です。クリエイティブの工夫のしどころです。

「ブランドらしさ」に基づく広告

　商品・サービスごとに複数ある販売促進型広告でも、ブランドイメージ型広告でも、「ブランドらしさ」が共通して感じられるのが理想です。そのブランドにしかない固有の「ブランドの基盤」に基づいていると、たとえ商品・サービスの種類が異なっていたとしてもブランドイメージが共通しているため、同様の連想が働きます。そうでない場合は商品・サービスについて「一から認知させる」必要があるのでブランドの恩恵をあまり受けることができず、経費的にも「もったいない」ことになります。

　影響力が大きい広告はブランドイメージを高めることにつながる一方で、ブランドイメージを毀損することにもつながります。広告の目的をよく考えて戦略的に企画しましょう。

図49-1	販売促進型広告と ブランドイメージ型広告

販売促進型広告

「製品・サービス・事業」

- ■ 認知・興味・関心
- ■ 購入・利用
- ■ 継続・紹介

「ブランドの基盤」

ブランドイメージ型広告

「ブランド・企業・事業・製品・サービス」

- ■ 共感・共鳴
- ■ 愛着
- ■ ファン

役割は違っても「らしさ」は同じ

図49-2	「ブランドの基盤」が 広告に与える影響

「ブランドの基盤」に基づく広告

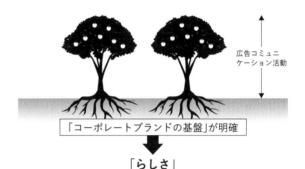

「コーポレートブランドの基盤」が明確

広告コミュニケーション活動

↓

「らしさ」

別々の広告でも同じ「らしさ」が感じられる

「ブランドの基盤」が希薄な広告

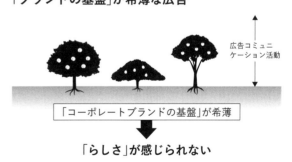

「コーポレートブランドの基盤」が希薄

広告コミュニケーション活動

↓

「らしさ」が感じられない

それぞれの広告が個別最適。
相互の連想が働かず「もったいない」

広告会社との接し方の心得

① 「すごいプレゼン」、でも少し落ち着いて

広告会社などのプレゼンテーションはよくできていて、「なるほど」と思うこともあります。そんなときこそ、少し冷静になりましょう。提案された計画は自分たちのブランドに適合しているか、コミュニケーションの対象者に対してのメッセージは適切かという視点は忘れないようにしましょう。

② 「インパクト」という言葉は要注意

ときどき使われる「インパクト」という言葉。「強い衝撃」という意味ですが、ともすればそのブランドにそぐわない内容になることがあります。「インパクト」という表現を使わないで、コミュニケーションをするにはどうするかを考えましょう。

③ 「タレント」も要注意

ブランドが置かれている環境にもよるためタレント起用の可否は一概には言えませんが、起用の意味を熟慮しましょう。安易に起用すると、「タレント」自身の認知・ブランド力が高まり、肝心な自分たちのブランド認知が相対的に低くなるという本末転倒の事態になりかねません。

④ むやみに「コンペ」はしない

プレゼンテーションが単独であれ、競合形式のコンペであれ、広告会社は知恵を絞ります。提案のためには経費もかかります。また、競合コンペの場合は、広告会社もプレゼン獲得のために思い切った提案をすることもあります。その場合、ブランドとの整合性が取れるかどうかの判断が必要です。「コンペ」はその意味をよく考えて行いましょう。

⑤ 「出席者が多い会議」を避けよ

大規模なプレゼンテーションでは参加者も多くなりがちです。しかし、実質的な話し合いを行うために双方参加者を絞りましょう。ブランドに基づいてどう考えたらいいか、率直に話し合える環境をつくりましょう。

⑥ 専門用語は意味を聞け

広告会社では独特の専門用語、カタカナ用語が使われます。意味が分からないと自分が社内で説明するときに非常に苦労するため、その場で意味を聞きましょう。ブランドという言葉でさえ、認識が異なる場合があります。

⑦ リスペクトの気持ちを忘れずに

外部の会社でも共にブランディングを進めていくパートナーです。理解し合い、リスペクトし合える関係をつくりましょう。互いに自由に意見を交わし合える間柄が理想です。そして、信頼したら任せましょう。社内の事情を持ち込んで、提案内容を都合よく変更するのは避けましょう。可否の判断基準はあくまでもその「ブランドらしいか否か」です。

W_{ork} ［実践編］

あなたが「ブランドポスター」をつくるとしたら、
どんなアイデアがありますか。

自分が考えたブランドビジョン案に基づき次のフォーマットで「ラフ案（仮案）」をつくってみましょう。

（キャッチフレーズ）

写真

ブランドステートメント　　　　　　　　　　　　　　ロゴマーク

357

50

Q ....

PRって何ですか？

A ....

パブリック（公共）との
良好な関係を築くことです。

┃ そもそもPRとは何か

前述しましたが、マーケティングの4Pとして Product（製品）、Price（価格）、Place（流通）、Promotion（広義の販売促進）があります。

その Promotion は広告、SP（狭義の販売促進）、PR、人的販売の4つに分類され、それらを有効に組み合わせて活動を行うことをプロモーションミックス（またはコミュニケーションミックス）と呼びます。この中に PR があります。

PR はパブリックリレーションズ（Public Relations）の略です。

公益社団法人日本パブリックリレーションズ協会のHPでは、アメリカで教科書として定評のある『体系パブリック・リレーションズ』（ピアソンエデュケーション）の定義が紹介されています。

「パブリックリレーションズとは、組織体とその存続を左右するパブリックとの間に、相互に利益をもたらす関係性を構築し、維持するマネジメント機能である。」（https://prsj.or.jp/aboutpr/）

これを解釈するとPRとは「企業や組織がパブリック（公共、公）との良好な関係を築く活動」ということです。そのためPRは一方通行の情報伝達ではなく、人々との双方向の関係により成立するという大きな概念と言えます。

今日の社会的な問題や生活者が直面している問題に対してブランドとして明確な考えを持ち、具体的に解決していく活動は「パブリックとの良好な関係を築く」点で、PR活動そのものです。

また、「パブリシティ（Publicity）」という言葉もよく使われます。

これは、もともとは「宣伝、広く伝えること」などの意味ですが、企業や組織、団体がマスメディアなどに情報をプレスリリースにより提供し、報道を働きかける活動を指します。

パブリシティはマスメディアを通じてパブリックとの良好な関係を築く活動ですので、PRの一部です。

パブリシティには特にお金はかかりませんが、ニュースとして報じるか否かはメディア側の判断によるため自分たちのコントロールは利きません。

これに対して広告はメディアの広告枠を購入するため、自分たちの伝えたいメッセージを伝えることができます。

（パブリシティはPRと同義のように使われますが、パブリシティはあくまでもPRの基本的な要素のひとつであり、すべてではありません）

パブリシティはブランドと結びつけて

広告とパブリシティの機能を大まかに分けてみます。

広告：自分たちのブランドのメッセージを購入した媒体枠を通じて広く伝え、認知・理解・共感を得る。伝えたいメッセージはコントロールできる。媒体費がかかる。

パブリシティ：自分たちのブランドについてメディアを通じて話題にしてもらい、結果として共感・評判を得る。伝えたいメッセージの掲出はコントロールできない。基本的には無料。

これまでにも述べてきましたが、ブランドプロモーション（コミュニケーション）計画を策定する場合は「ブランドらしさ（ブランドの基盤）」をベースにおきましょう。それぞれのプロモーションチャネル（広告、SP、PR、人的販売）の特性に合わせて「何を、どう伝えるか、その結果どう認識してもらうか」を考えます。

PRは広告のように一方的にメッセージを伝えることはしません。しかし、PRの仕方次第でブランドに対する共感を得ることができます。自分たちのブランドの考え方をテーマに据え、それを社会に受け入れてもらえる仕組みを考えてみましょう。

PRストラテジストの本田哲也氏は「戦略PR」と

いう考え方を提唱しています。

　同氏は「戦略PR」とは「商品を売るためにつくり出したい空気＝『カジュアル世論』をつくり、売り上げにつなげる。それが戦略PRなのだ」（『新版 戦略PR 空気をつくる。世論で売る。』アスキー新書）と語っています。

　また、「PRとは『世の中を舞台にした情報戦略』である。そしてPRの究極の目的は『人々の行動を変えること』にある」（『最新版 戦略PR 世の中を動かす新しい6つの法則』ディスカヴァー携書）とも述べています。

　PRは単にパブリシティ活動ではなく、それまでの「常識」を変換し新しい価値を提案することにより自分たちのブランドに対する愛着を得ることができることを示唆しています。

図50-1	広告とパブリシティの違い

	内容
広告	■メディアの広告枠を購入しメッセージを掲載・出稿する。 ■メッセージの内容は自分たちでコントロールできる。 ■媒体費がかかる。
パブリシティ	■メディアに対してプレスリリースなどで情報を提供し、話題として取り上げてもらう。 ■情報掲載の可否はコントロールできない。 ■基本的には無料。

［ 実 践 編 ］

▌情報として取り上げられる工夫

　パブリシティとしてメディアなどに取り上げられ、ニュースとして報じられると、ブランドに対する注目度は増します。また、第三者であるメディアを経由するため、客観性、信頼性を得ることができます。

　しかし、プレスリリースをメディアに送ったとしても報じられるとは限りません。メディアには毎日、数多くの情報が寄せられ、その中から報じる価値のあるものを選んでいます。メディア側の視点に立ち、情報を判断することが大事です。

パブリシティのポイント

　すべてを同時に満たすことはできなくとも、パブリシティの際は以下の点を考慮しましょう。

①独自性があるか

　他と比べての違い、独自性、独創性、新しさなどは読者・視聴者が興味・関心を抱きやすく、ニュースとしての価値があります。「～で初めて」「最初の～」「他には見られない～」という言い方ができるでしょうか。

②社会性があるか

　その情報が社会や生活者にとってどんな意味があるか、です。地域社会や企業、個人が抱えている問題の解決につながるか、社会のニーズに応えたものか、判断しましょう。

③トレンド性があるか

　時期的にふさわしいか、世の中のトレンドに合っているか、旬の話題か、季節感はあるかなど、情報そのもののタイミングです。

④物語があるか

　その情報の背景に何らかの物語が感じられるか、です。その情報にまつわるエピソード、ストーリー、裏話など、深みと広がりを感じさせることができれば価値が生まれます。

⑤絵になるか

　情報を象徴する場所、人、物、活動などが分かりやすく、興味を惹く絵になるか、です。写真や映像で発信する場合に「絵になるか」も大切な要素です。

W_{ork} [実践編]

あなたの会社、あるいは部署の
パブリシティ素材を探してみましょう。
どうすればメディアで取り上げてもらえるか、
考えてみましょう。

PR素材	チェック				
	独自性	社会性	トレンド性	物語性	絵

テ ー マ は
「ブランドをデビューさせる」です

Ⓠ **ブランドデビュー、
どうすればいいですか?**

Ⓐ 期待感をグンと高めましょう。

　ブランドデビューは最初が肝心です。期待感を高め、存在感をアピールしましょう。単に「新しいロゴマークです」「新しいスローガンができました」の告知レベルではなく、企業にとっての変革、改革のチャンスととらえましょう。期待感を高めるために、コミュニケーションの対象、目的、手段、時期・期間を考えた計画を用意しましょう。

Ⓠ **ブランドのアウター発信は
何に注意すればいいですか?**

Ⓐ まず、自分たちで「考え方」を
定めましょう。

　広告会社などに依頼するときには決して「丸投げ」してはいけません。自分たちの「ブランドの基盤」をきちんと説明し、理解してもらった上で、広告メディア計画立案、広告クリエイティブ制作を要請しましょう。そのためには、ブランドに適合したオリエンテーション、ディレクションが不可欠です。

Ⓠ **ブランディングにおいて広告は
どのように考えたらいいですか?**

Ⓐ 広告は目的を考えて
戦略的に進めましょう。

　広告のパワーは絶大です。広告には即効性を重視する「販売促進型」広告とブランドイメージを伝える「ブランドイメージ型広告」があります。いずれの広告の場合も「ブランドらしさ」が感じられるようにしましょう。広告は「経費」でもあり、ブランドを育てていくための「投資」でもあります。広告の目的を考えて戦略的に進めましょう。

◎ PRって何ですか？

Ⓐ パブリック（公共）との
　　良好な関係を築くことです。

　PRはパブリックリレーションズ（Public Relations）の略です。PRは「企業や組織がパブリック（公共、公）との良好な関係を築く活動」です。今日の社会的な問題に対してブランドとして明確な考えを持ち、具体的に解決していく活動は「パブリックとの良好な関係を築く」点で、PR活動そのものです。

　また、PRのひとつとして「パブリシティ（Publicity）」があります。これは企業や組織、団体がマスメディアなどに情報をプレスリリースにより提供し、報道を働きかける活動を指します。パブリシティには特にお金はかかりませんが、メディアの判断によるため自分たちのコントロールは利きません。しかし、第三者が報じることによる客観性、信頼性を得ることができます。

　ブランドへの共感を育むためにはPRは非常に有効な手段です。

採用ブランディング
という考え方

むすび株式会社
代表取締役

深澤了

採用ブランディングは正しく理解し、正しく実行することで、採用だけではなく、経営自体や組織に大きな効果をもたらすことができます。日本で初めて※採用ブランディングを理論化、体系化した『「無名×中小企業」でもほしい人材を獲得できる採用ブランディング』（幻冬舎）、『知名度が低くても"光る人材"が集まる採用ブランディング完全版』（WAVE出版）をもとに、それらを8つのポイントで解説していきます（※それ以前に採用ブランディングに関して理論化、体系化した書籍、論文がないことを根拠にしています）。

採用ブランディングとは何か？　その定義

定義がしっかりなされていない状態で、戦略・戦術構築を行うと、実行に大きな差が生まれ、思ったような効果が出ない、という結果になりかねません。採用ブランディングの定義は、「採用活動のすべてを通して企業が行う強くて、好ましくて、ユニークなイメージをつくろうとする活動」です。「強くて、好ましくて、ユニーク」という言葉はブランド論をデービッド・アーカーと共に形づくったケゼン・レーン・ケラーが出した概念です。

ブランドができるということは、イメージが顧客の頭の中に形づくられる、ということですが、それを採用に置き換えるとこうなります。

また、見落とされがちなことですが「ブランディング」をする主体は「企業」です。しかし、「ブランド」の主体は「顧客（ここでは応募者）」なのです。なぜならブランドは顧客（応募者）の頭の中にできるものだからです。

ここから「応募者との直接の接点である合同企業説明会や単独説明会、面接、面談の場」と「採用広報や採用プロモーションと言われる採用HPや会社案内、チラシ、ポスター、

広告など」を通してつくる「強くて、好ましくて、ユニーク」なイメージは両方必要だということが見えてきます。どちらか一方だけでは、採用ブランディングとは言えないのです。

採用ブランディングの主な3つの特徴

上記を正しく理解した上で、採用ブランディングの特徴を見ていきましょう。

①業種は関係ない

不人気業種と呼ばれるものがあります。例えば飲食、販売、サービス（ホテルなど）、建築、内装など、主に現場で働く人が多い業種です。しかし採用ブランディングは、それらの業種に関係なく効果が出ることが、追跡調査や実績によって分かっています。

②地域は関係ない

「うちは地方だから採用できない」。そんなふうに思っている経営者の方はいないでしょうか。実際そういう言葉を採用の現場で聞くこともあります。しかし採用ブランディングは、地方の事例も多く、地方だから効果が出ないということはありません。

③規模は関係ない

規模は売上、従業員数、採用数、いずれも当てはまります。これまでの事例や追跡調査から、企業規模の大小に関係なく効果を出せることが分かっています。

短期間で採用の課題を一気に解決できる 採用ブランディングの4つの効果

それでは、こうした3つの特徴を持った採用ブランディングは、どのような効果を採用にもたらすことができるのでしょうか。

①即時性

実行後、新卒、中途採用ともに早ければ2〜3ヵ月で効果を実感することができます。

遅くとも１年以内に効果が出ることによって、正しい採用ブランディングが実行できていることが証明されます。

②質の向上（母集団／入社する人）

　質は自社の文化や価値観にマッチする人材の度合いを指します。つまり逆算すれば、自社にとってどんな人なのかを明確にした上で採用を行う必要があります。自社にマッチする人材がどれだけ重要かは後述します。

③ジャイアント・キリング

　弱いチームが強いチームに勝つことをスポーツの世界で「ジャイキリ」と言いますが、採用ブランディングの効果の定義では、知名度があったり、規模が大きい企業と競合したときに、そちらを辞退して自社に入社することを指します。これが１例以上起きることを「ジャイアント・キリング」と言います。

④予算削減

　人材の質と採用数が一定ならば、翌年以降は採用予算を削減できます。自社にマッチする理想の人材が採用できた場合、リファラル（紹介）で採用することができるようになるからです。

採用の課題は結局4つに収斂される

　ここまで採用ブランディングの定義、特徴、効果を見てきました。

　ではこの特徴や効果は採用のどんな課題を解決できるのでしょうか。それも追跡調査によって分かっています。

①集まらない

　採用が思うようにできない企業の多くは「そもそも集まらない」という慢性的な課題を抱えています。しかし採用ブランディングを行うことで、「どんな人物を採用すればいいのか」「その人たちはどこにいるのか」が明確になり、採用を仕掛けにいくことが可能となります。

②途中離脱が多い

　選考途中での離脱の原因は、他社が魅力的であることよりも、自社の魅力づけができていないことのほうが大きいと採用ブランディングでは考えます。この問題は、自社の強みを徹底的に考え、それに基づいた採用フローを構築することで解消できます。

③質が低い（母集団／入社する人）

　自社にマッチした人材を明らかにした上で、その人たちにメッセージを投げかけましょう。そうすることで、母集団の質が改善し、入社する人の質も向上します。もともと母集団が集まる企業では、応募者の会社理解が進んでいるため採用効率が上がります。

④内定承諾率が悪い

　母集団の質が改善すれば、当然内定承諾率は上がりやすくなります。また採用フローで自社のことを理解、共感してもらえるような設計をすることで内定承諾率を上げることができます。

採用ブランディングが中長期的に経営にもたらす様々な効果

　採用ブランディングは先述したように、短期的な効果が上がるだけではありません。組織に中長期的な効果をもたらすことができます。それは次のような流れになります。

①理念共感する人が入社する
　　　　　↓
②理念浸透が進む
　　　　　↓
③活躍人材が増える
　　　　　↓
④売上・利益に反映

　①→②が活躍人材の獲得につながることは、これまでの調査から統計的に明らかです。また②→③も、国内外の様々な調査分析により統計的な相関が指摘されています。ゆえに、採用ブランディングによって、以上のような流れを組織に起こすことができると言えます。実際、採用ブランディングを行った企業が、希望する人材を継続的に採用できたことで上場し、一部上場を短期間で実現した例がいくつかあります。

採用ブランディングの進め方のポイント

　上記のような短期的、中長期的な効果をもたらすには、まずは正しく戦略・戦術を構築し、それに沿って採用ブランディングを実行しなければなりません。実行には21の法則があり、冒頭で紹介した書籍に詳しいのですが、ここではそのポイントをご紹介します。

　まず戦略構築で重要なのが「採用コンセプト（採用スローガン）」の構築です。これは自社の理念・価値観を含んだ「強み」は何かを解き明かし、さらに「こんな人に来てくれたら最高！」という「理想のペルソナ像」にまで具体的に落とし込んでいくことが重要になります。それらを行うことで、次のような結果をもたらすことにつながります。

① 「誰に」「自社の何を」伝えればいいのかが明確になる。
② ①によりメッセージに独自性が出る。
③ ②によりデザインに独自性が出る。
④ ゆえに他社よりも結果的に目立つことで、母集団の数と質を担保できる。

　また「採用コンセプト（採用スローガン）」を軸に、具体的な戦術（採用フロー）をつくることで、採用活動に一貫性ができ、自社の「強くて、好ましくて、ユニーク」なイメージ形成に大きく寄与します。これが先述の効果をもたらす源泉になります。

採用ブランディングを起点にした
組織づくりの今と未来

　私たちが2020年に発表した調査研究によれば、入社時での理念共感は、現在の理念共感と統計的に高い相関関係（.644,N=540,P>.01）があり、さらに回帰分析により因果関係があることが分かりました（標準化係数β0.510,R2乗0.643,調整済みR2乗0,601）。また入社時の理念共感は現在の仕事への働きがいにも大きく影響し、因果関係があることが分かっています（標準化係数β0.170,R2乗,調整済みR2乗同じ）。

　さらに入社時の理念共感は「自社への愛着度」（.417）や「副業・フリーランスへの興味」（.249）、「副業・フリーランスへの目的意識」（.262）、「副業・フリーランスへの成功イメージ」（.330）と、理念共感や仕事へのやりがい、自社への愛着だけでなく、同時に副業・フリーランスへの興味の高さとも相関関係があることが分かりました。

　これはコロナ禍の影響や働き方改革による時代の流れを反映していると言えるでしょう。

　さらに、2021年、テレワークを行っているビジネスパーソンを対象に入社時の理念共感と現在の理念共感の関係性を調べたところ、入社時の理念共感と現在の理念共感の間には高いレベルで因果関係があり（標準化係数β0.71,R2乗0.510,調整済みR2乗0.505,N=500,P>.01）、入社時の理念共感と現在の理念共感は「会社への愛着」「モチベーションの上昇」「チーム力強化」「自身と会社の生産性」「活躍イメージ」のそれぞれで因果関係が見られました。

　つまり、これらの調査を踏まえると、入社時の理念共感が入社後の理念共感に影響し、活躍人材をもたらし、それが会社のチーム力や生産性に大きく寄与するということが分かってきます。

　このような調査研究を踏まえれば、採用ブランディングとは、自社の売上・利益につながる組織力を上げる起点になると位置づけられ、さらに今後の組織づくりにおいて、副業

を始めたり、自社を退職してフリーランスになる人材まで含めて（あるいは一般のフリーランスの人たちを惹きつけ）組織づくりを行っていかなければ、組織を成長させることが難しくなることを示唆していると言えます。理念を中心に、そこに共感した社員、アルバイト・パート、フリーランスをどう集め、活かすかという「同心円状の組織づくり」が必要になっていくでしょう。

採用ブランディングの効果を享受するために気をつけるべきこと

　採用ブランディングは正しく理解し、正しく構築し、正しく実行することで、ここで記述した「結果」を得ることができます。

　採用ブランディングという概念が2018年に登場してから時間が経過し、Googleの検索で約1000万件ヒットするなど、もはや世界で当たり前の概念になりつつあります。だからこそ、様々な解釈が存在し、様々な言葉で採用ブランディングの説明がなされ、独自のサービスをアピールする企業も存在します。当たり前の言葉になっているからこそ、分かった気にならず、自己流にアレンジしすぎず、ここで記述した基本をしっかりと理解し、戦略・戦術を構築されることをおすすめします。

　これまでブランディングは、大きく分ければ企業と事業（商品）ごとにしか理論が存在しませんでした。そこに「採用」という柱を打ち立てることで、より組織にとって有効なブランディングが可能になり、それがブランディングの実効効果を高めるのです。

Chapter 10
成果を活かす

「ブランド価値」を
高めるポイント

この章では何を学ぶか

Q 「ブランド価値」って何ですか?

Q ブランド力を強化するためにはどうすればいいですか?

Q 活動が「ブランドらしい」かどうか、どう判断するのですか?

Q 今後、どのようにブランディングを進めればいいですか?

Q 社員が「ブランドを自分事」にするためにはどうすればいいですか?

この章では次の演習をしてみましょう

Work ▶ 自分たちのブランドの強さをチェックしてみましょう。

Work ▶ ブランド経営を進める場合、あなたはどのように動きますか。

Work ▶ ブランディング開始後、表現物の「ON・OFFブランドミーティング」を
行う場合のチェックシートを作成しましょう。

Work ▶ ブランド経営を進める場合、あなたはどのように動きますか。

Work ▶ あなた自身の「パーソナルブランドづくり」にチャレンジしてみましょう。

第 10 章 の テ ー マ は
[成果を活かす]です

STEP	何をするか	どのように
1	基本を知る	ブランド、ブランディングの基本的知識を得る
2	機運をつくる	ブランディングを始めるための雰囲気をつくり、仲間を見つける
3	組織をつくる	ブランディングを推進する組織をつくる
4	環境を見つめる	マクロ環境（政治、経済、社会、技術）分析 ミクロ環境（業界、競合、顧客）分析 内部環境分析 外部環境の機会・脅威、自社の強み・弱みを把握

準備

STEP	何をするか	どのように
5	進む方向を考える	外部環境、内部環境を「クロスSWOT」分析 プロポジションリスト（自社が提案できること） ブランドの「ありたい姿」議論
6	ブランドの 基盤をつくる	ブランドの基盤（ブランドコンセプト）策定 ・ブランドビジョン、ブランドミッション、ブランドバリュー ・ブランドパーソナリティ ・ブランドステートメント　など 企業・組織の理念体系の整理

凝縮

STEP	何をするか	どのように
7	「伝え方」をつくる	「ブランドらしい見せ方」「ブランドらしい言い方」を決める ブランドコミュニケーションガイドライン 内部浸透活動計画 外部発信コミュニケーション計画
8	「活動」を考える	「ブランドらしい活動」を具体的に考える
9	デビューさせる	ブランドへの期待感を高める活動

拡散

STEP	何をするか	どのように
▶ 10	成果を活かす	各施策の定期的な測定・診断

診断

51

Q..

「ブランド価値」って
何ですか？

A..

「ブランドに
蓄積されている
目に見えない価値」
のことです。

▌「目に見えない価値」を算出する

ブランド価値という言葉を耳にしたことがあるか
も知れません。アップルのブランド価値が世界一、
日本ではトヨタのブランド価値が最大、などと伝え
られます。「何となくすごそう」という感じはしま
すが、少し分かりにくい指標のひとつではあります。

ブランド価値とは一言で言えば、「ブランドに蓄
積されている目に見えない価値」を金額に換算した
ものです。つまり'頭の中'にある「目に見えない価
値」を見えるようにして、その分の金額を算出する
わけです。

ブランド価値の算出方法はいくつかありますが、
ブランドコンサルティング会社のインターブラン
ドによるブランド価値評価は世界的にも有名で、
2010年に国際標準化機構（ISO）からブランド価
値算出方法として世界で初めて「ISO10668」に認
定されデファクトスタンダードと言われています。

例えばの話です。コカ・コーラのブランド価値は
574億8800万ドル（2021年10月発表）、日本円
で約6兆円くらいです。コカ・コーラと言えば、「コ
カ・コーラという名前、レッド、ボトルの形、ロゴ

マーク、アメリカ、スカッとするイメージ……」などが思い浮かびます。これはコカ・コーラにおける'頭の中'にある財産であり、価値そのものです。

　ではコカ・コーラから「名前、レッド、ボトルの形、アメリカ、スカッとしたイメージ……」など、つまり'頭の中'の価値をすべて差し引いたとしたらどうでしょうか。製品の中身が同じだったとして、その商品は果たしてどれだけ売れるでしょうか。おそらくあまり売れないと思います。

▍ 経営とブランド価値

　以下、ブランド価値についてインターブランドのケースをもとに説明します。

　1988年、イギリスの食品会社 Rank Hovis McDougall（RHM）という食品会社が敵対的買収を仕掛けられました。RHMは長い歴史があり、商品ブランドはどれも人々から愛されているにもかかわらず、その提示額はあまりにも安いものでした。そこで、経営陣はインターブランドに相談しました。インターブランドは工場の生産設備、施設など有形資産だけを算出するのではなく、目に見えない資産・無形資産も企業価値に含めるべきではないかと考えました。そして、財務とマーケティングの観点からブランド全体の価値を導く方法を開発しました。この方法は翌年、ロンドン証券取引所に認められました。その後、この考え方はブランディング、マーケティング業界において次第に重要視されるように

なっていきました。

　インターブランドは毎年グローバル企業を対象とした「Best Global Brands」、日本企業を対象とした「Best Japan Brands」を発表しています。現在、グローバルで最もブランド価値が高いのはアップルです。アップルは4082億5100万ドル（2021年）、日本円で40兆円のブランド価値があります。

　日本企業としては7位にトヨタ（541億700万ドル）、25位にホンダ、41位にソニー、59位に日産、70位に任天堂、79位にキヤノン、88位にパナソニックがランキングされています（2021年）。

　現在、企業価値を決定する要因は有形資産から無形資産へとシフトしてきたとされ、その割合は無形資産80％、有形資産20％と言われています。ブランド価値は無形資産のひとつの要素です。ブランド価値が注目されてきている現在、ブランド価値を経営指標のひとつとして設定する企業は次第に増えています。

注：本項「『ブランド価値』って何ですか？」においては、インターブランドジャパンのブランド価値評価コンサルタント取材、および同社サイト「ブランドチャネル掲載記事（画期的ソリューション：「無形資産」の価値が初めて認められてから30年、ブランド価値評価の歴史を振り返る）」、『ブランディング7つの原則【改訂版】』（日経BP　日本経済新聞出版本部）、同社報道資料(2021.2.25、2021.10.21)に基づき概要をまとめたものです。

図51-1 | インターブランドのブランド価値評価

「Best Global Brands 2021」(2021年10月21日発表)

	グローバルブランド	ブランド価値金額
1	Apple	4082億5100万ドル
2	Amazon	2492億4900万ドル
3	Microsoft	2101億9100万ドル
4	Google	1968億1100万ドル
5	Samsung	746億3500万ドル
6	Coca-Cola	574億8800万ドル
7	TOYOTA	541億700万ドル
8	Mercedes-Benz	508億6600万ドル
9	McDonald's	458億6500万ドル
10	Disney	441億8300万ドル

「Best Japan Brands 2021」(2021年2月25日発表)

	国内ブランド	ブランド価値金額
1	トヨタ	515億9500万ドル
2	ホンダ	216億9400万ドル
3	ソニー	120億1000万ドル
4	日産	105億5300万ドル
5	キヤノン	80億5700万ドル
6	ユニクロ	80億2300万ドル
7	NTT DOCOMO	76億4100万ドル
8	任天堂	72億9600万ドル
9	パナソニック	58億4400万ドル
10	MUFG	53億2400万ドル

※グローバルブランドは海外売上比率が30%を超えるもの。
※NTT DOCOMOは海外売上比率が30%未満。
※ユニクロ、MUFGは欧州のプレゼンスが条件(=評価対象基準)を満たしていないためBest Global Brandsには入っていません。

H int ［実践編］

ブランド価値評価の方法

インターブランドのブランド価値評価手法は以下の3つのステップにより構成されています。やや専門的になりますので、ここでは概要を説明します。

（詳しくは同社のホームページもしくは同社編著『ブランディング7つの原則【改訂版】』日経BP日経新聞出版本部をご参照ください）

① 財務分析

ブランドは単なる好感度などのイメージではありません。具体的に利益を生み出しているかが大前提です。そのため、まず財務分析を行います。財務分析はブランドを冠する事業の「現在から将来にわたる経済的利益」を推計します。

② ブランドの役割分析

財務分析で算出された経済的利益の中から「ブランドという目に見えない価値」によって生じた利益を抽出します。これにはインターブランドが過去20年以上にわたって行ったブランド価値評価実績に基づく独自のデータを活用します。

具体的には業界によって「ブランドが購買意思決定」にどれだけ影響するかを指数化（ブランドの役割指数）したものです。例えば、「香水」と「工業材」を比べてみます。「香水」にはブランド名、商品イメージなどが購買に大きく作用します。それに比べて鉄、石材などの「工業材」はイメージではなくそのものの機能的価値が購買に大きく影響します。つまり、業界により「ブランドという目に見えない価値」の役割の大きさが異なるのです。

③ ブランド強度分析

財務分析により「経済的利益」が導かれ、ブランドの役割分析により「その業界のブランドの役割指数」を当てはめることで当該ブランドに対するブランド利益が導かれます。問題はここからです。同じ業界の同じようなブランドでも、それぞれ個別の強さは全く違います。

ブランド強度分析は、そのブランドの強さを10の項目により評価するものです。1項目10点として100点が満点ですが、それぞれの項目について採点します。この採点結果は独自の方法により割引率に変換されます。（ブランド強度分析のスコアが高いほど割引率は低くなります。逆にそのスコアが低いほど割引率は高くなります。「うまい話は割り引いて聞け」という言葉がありますが、あれと同じです）

上記①②により導かれたブランド利益に割引率を掛け合わせることにより、最終的なブランド価値を算出します。

ブランド強度評価モデル10の要素

【社内要素（Internal Factors）】

Leadership（リーダーシップ）
- Direction（志向力）
- Alignment（結束力）
- Empathy（共感力）
- Agility（俊敏力）

【社外要素（External Factors）】

Engagement（エンゲージメント）
- Distinctiveness（独自性）
- Coherence（整合性）
- Participation（共創性）

Relevance（レレバンス）
- Presence（存在感）
- Trust（信用度）
- Affinity（愛着度）

　この10項目のブランド強度の項目はブランドの強さを測る上で重要視されます。ブランド価値は単に認知度の問題ではありません。対内的、対外的双方の側面により総合的に判断されます。

　ブランド価値評価を本格的に行う場合はインターブランドの協力を得る方法があります。財務データ分析、当該業種のブランドの役割分析、当該ブランドのブランド強度分析を行い、ブランド価値の金額を導くことができます。また、企業内の事業別にブランド価値を算出することもできるため、事業ポートフォリオの在り方を検討する際にも有効です。

W[実践編]
ork
▶ 自分たちのブランドの強さをチェックしてみましょう。

インターブランドの「ブランド強度評価モデル10の要素」を用いて、自分たちのブランドの強さを簡易的にチェックしてみましょう（1項目10点）。簡易ですので、自分のイメージで評価してみましょう。

競合と比べて：「非常に悪い」（1〜2点）「やや悪い」（3〜4点）「同じくらい」（5点）「比較的良い」（6〜7点）「非常に良い」（8〜10点）

要素			内容	点数	
				自社	競合
社内要素	リーダーシップ	志向力	ブランドが目指す姿と、それをどのように実現していくかが明確であり、それを実行に導く文化と価値観が定義されているか		
		結束力	組織全体が同じ方向に向かい、その実現に全力を尽くし、事業全体を通じてそれを実行する仕組みを備えているか		
		共感力	組織として顧客やステークホルダーの声を積極的に聞き、その進化するニーズ・想い・欲求を先んじて予測し、それに応える能力を備えているか。		
		俊敏力	組織としてビジネスの機会や課題に対応し、期待を超え続けるために迅速に動くことができるか		
社外要素	エンゲージメント	独自性	特徴的なブランド体験を提供し、際立つものとして既存／潜在顧客から認識され記憶されているか		
		整合性	あらゆる顧客接点でのブランド体験において、一貫性のあるブランドストーリーや世界観が感じられるか		
		共創性	顧客やパートナーを巻き込み、対話を生み、参加や協働を促すことができているか		
	レレバンス	存在感	既存／潜在顧客を含む関連するステークホルダーの間で好意的に語られ、広く知られており、そのカテゴリーにおいて容易に想起されるものとなっているか		
		信用度	顧客の高い期待に応え、誠実に、顧客目線で行動していると思われているか		
		愛着度	ブランドが提供する機能的・情緒的価値や価値観の共有により、顧客が絆を感じてくれているか		

52

Q ....

ブランド力を
強化するためには
どうすればいいですか？

A ....

定期的に
「ブランドの健康診断」を
しましょう。

▍ブランド力は認知だけではない

　ブランド力を確認するためにはブランド認知率、好意率、推奨率などが挙げられます。当然、それらは大事な要素です。しかし、前述のブランド価値の項でもお話ししたとおり、本当にブランド力を高めるためには多角的に調べなければなりません。

　特に、認知率については注意が必要です。

　「認知率が高い＝ブランド力が高い」わけではありません。ブランドは外部へのコミュニケーション活動だけででき上がるものではないため、外部からの認知率の上昇下降にその都度、一喜一憂することはあまり意味がありません。

　認知率が向上することはもちろん歓迎される面もありますが、大切なことは「ブランドらしさ」が伝わっているかどうかという点です。

　実際、テレビCMなど認知を促進する媒体を活用することにより認知率を向上させることは可能です（p.382の注参照）。しかし、認知率が向上したとしても、広告をやめた途端に下降した、ブランドらしくないイメージが広まってしまった、ということになったのでは本末転倒です。

ブランド力把握のためのアプローチ

　自分たちのブランド力を把握するためには、大きく2つの方向からアプローチしましょう。

①ブランドイメージ状況確認

　ブランディングを始める前に実施した調査内容（コラム3参照）を基本として、経年でブランドに対するイメージを確認します。調査の間隔は毎年、あるいは数年おきなど自分たちで設定します。ブランドの「定期健康診断」です。

〈調査項目〉

1. 認知・理解・利用経験(顧客対象)
   - ブランド認知・ブランド認知経路・ブランドステートメント認知
   - ブランド理解の程度
   - ブランド利用経験
2. ブランド関与度(社員対象)
   - ブランドステートメント認知
   - ブランド理解の程度
   - インナーブランディングツール活用程度
   - 「ブランドらしい」活動の実施経験の有無
3. ブランドの「現状活動イメージ」(顧客・社員)
4. 当該業種に「求める活動イメージ」(顧客・社員)
5. ブランドイメージ(顧客・社員)(ブランドパーソナリティで設定したワードも入れる)
6. 満足度(顧客・社員)
7. 好意度(顧客・社員)
8. 推奨度(顧客・社員)

②ブランド強度状況確認

　前述のインターブランドのブランド強度分析で用いた「ブランド強度評価モデル10の要素」を判断の軸に置き、ブランド力を確認しましょう。これは数年おきに考えましょう。ブランドの「健康ドック」です。

〈社内要素〉

- 志向力・結束力・共感力・俊敏力

〈社外要素〉

- 独自性・整合性・共創性・存在感・信用度・愛着度

　これらの要素は定量調査だけでは判断できません。社内要素の場合はキーパーソンに対するインタビュー調査や経営計画全体の分析なども行います。社外要素も外部に対する定量調査だけではなく、顧客に対するグループインタビュー、デプスインタビューという定性的な調査、さらにネットの評判、メディアからの評価も調べます。

　10項目すべてのブランド強度を同時に上昇させることは、現実的ではありません。まず、基本となるのは社内要素です。何をおいても、まず内部を見つめましょう。「ブランドの基盤」について全社的に理解しているか、変化が著しい社会環境をとらえているかという点を確認することは、ブランドがよりよく生きていくためには必須要件です。

外部指標については重点的な要素を定め、そこに力を注ぎましょう。特に、「独自性」は他のブランドとの差異性を認識させるものであり、「整合性」はブランドタッチポイントでの一貫したブランド体験を提供するものであるため、大事な要素です。

図52-1　定期的にブランドチェック！

ブランド 定期健康診断 〈ブランド状況〉	ブランド 健康ドック 〈ブランド強度〉
1.認知・理解・利用経験（顧客対象） 2.ブランド関与度（社員対象） 3.ブランドの「現状活動イメージ」 　（顧客・社員） 4.当該業種に「求める活動イメージ」 　（顧客・社員） 5.ブランドイメージ（顧客・社員） 6.満足度（顧客・社員） 7.好意度（顧客・社員） 8.推奨度（顧客・社員）	〈社内要素〉 志向力・結束力・共感力・俊敏力 〈社外要素〉 独自性・整合性・共創性・存在感・ 信用度・愛着度

注：テレビCMにはGRP（Gross Rating Point／延べ視聴率）という指標があります。GRPとCM認知率、さらにCM認知率と商品認知率には一定の関係性があり、GRPを〇〇％獲得すると商品認知率は〇〇％になるということが予想されます。番組と番組の間、もしくは番組中に流れるスポットCMは1％＝〇〇円として売られており（これをパーコストと呼びます）広告主は自分たちの商品認知を獲得するためのGRPを放送局から買う仕組みです。パーコストはエリア、放送局によって異なりますが、大都市圏の場合は数万円と言われています。

［実践編］

■ ブランド力を経営の指標に

ブランド力を高めるための留意点

①経営の指標にする

　ブランディングは経営戦略そのものです。そのため、定期的な計測による診断、問題点の発見、課題点の抽出、機会点の確認をひとつの仕組みとして運用します。企業によってはブランド価値を経営のKPI（Key Performance Indicator/重要業績評価指標）に設定しているケースもあります。ブランド価値とまではいかなくても、「ブランドイメージに関する指標」あるいは「ブランド強度評価モデル10の要素」などを指標にすることはできます。

②経営陣が関与する

　ブランディングにおいて（ブランディングに限らずですが）経営陣のリーダーシップは非常に重要です。経営陣は外に対しても内に対してもブランドを体現する存在でなければなりません。「ブランド強度評価モデル」の社内要素は経営陣の強いコミットメントなくしては実現できません。

③継続的、長期的視点を持つ

　ブランディングは短期的に効果が現れる性質のものではありません。継続的、長期的な視点に立ちましょう。スタート時点では社内のモチベーションも比較的高いものの、時間が経つに従い、慣れが生じてきます。そのうち、フェイドアウトするように忘れられるケースもありますが、これは「もったいない」です。ブームに終わらせず、折に触れブランディングについて考える機会を持ちましょう。

④変化も考える

　創業理念、企業理念などは恒常的ですが「ブランドの基盤」は時限的であると私は認識しています。社会環境、顧客ニーズ、競合環境、自社環境の変化に柔軟に対応しましょう。環境の変化に合わせてブランドステートメント、ロゴマークなど「ブランドの基盤」に関わる要素を少しずつ変化させているブランドはいくつもあります。

⑤ブランドの「健康診断結果」は社内で共有する

　自分たちのブランドが社内外でどのように認識されているのか、現在地を把握し方向性を確認するために「ブランドイメージ状況」は社内で共有しましょう。このとき、問題点ばかりをクローズアップするのではなく、良好な点・機会点をより伸ばすためにはどうすればいいかについて、より力を入れて検討しましょう。マイナスをゼロにすることは大事ですが、1をより大きくすることはもっと大事です。

　なお、「ブランド強度分析」は多分に経営状況を含み、分析対象も多岐にわたり、判断は定性的に行われるため、社内公開は十分に注意しましょう。

W ork ［実践編］ ▶ ブランド経営※を進める場合、あなたはどのように動きますか。

---

1. 経営者に対して「ブランド経営」について認識してもらうために、あなたならどんなことをしますか。
　いくつでも、考えられるアイデアを書いてください。
　（例：社長に直接説明する・専門家のセミナーに参加してもらう・役員会でプレゼンする……）

---

2. 社員皆さんに対して「ブランド経営」を認識してもらうために、あなたならどんなことをしますか。
　いくつでも、考えられるアイデアを書いてください。
　（例：「健康診断結果」を発表する・社内報でシリーズ的に伝える・ブランドリーダーが伝える……）

※自分たちのブランドの考え方に基づく経営、ブランドを軸とした経営を「ブランド経営」と称します。

Brand Management
53

Q ....

活動が
「ブランドらしい」かどうか、
どう判断するのですか？

A ....

定期的に
「**ON**ブランド」「**OFF**ブランド」
チェックをしてみましょう。

Theory ［理論編］

▌「ONブランド」と「OFFブランド」

　「ブランドらしい」活動は「ONブランド」、「ブランドらしくない」活動は「OFFブランド」と言われます。

　実際には、自分たちの活動が「ブランドらしい」かどうかに関しては判断が難しいことがあります。各部署、各人の職務・業務によって内容は異なる上、正解は複数存在します。特にブランディングを開始した時点では、「ブランドの基盤」についての理解が必ずしも十分ではないため、判断に迷います。

　第7章 No.40でも述べましたが、各部署や社員ひとり一人が「ブランドらしい」活動に向けて考え、実践し、修正していくうちに部署全体、会社全体が「ブランドらしさ」に向けて整っていきます。特に、大企業に比べて社員数が少ない中小企業は「らしい活動」の伝播が速い傾向があります。

　「ONブランド」か「OFFブランド」かを判断する場合はブランドビジョン、ブランドミッション、ブランドバリュー、ブランドステートメントなど「ブランドの基盤」を判断の基準におき、それぞれの活動についてひとつずつ議論していきます。自分たちのブランドのあり方が根づいている企業では判断の

際の用語があります。

- それって、（私たちのブランド）「らしい」か
- どの点が、「らしい」か
- その活動を「らしく」するにはどうしたらいいか
- それは他社の〇〇には合っているけど、××の点で私たち「らしく」はない
- ブランドステートメント（スローガン）に合っているか

中長期経営計画、短期経営計画、それに伴う各事業計画、部門計画などの計画が立てられ、さらにそれに基づく個々人の業務計画・活動計画があります。それらの様々な計画に、「ブランドらしさ」が息づいていることこそが「ブランド経営」としての理想的な姿です。

あるメーカーの経営者の方は「テーブルの真ん中にブランドプラットフォームをおいて話をする」と語っていました。

営業、開発、生産などに関わる案件があった場合、それぞれ個別に判断するのではなく、ブランドに照らし合わせて「らしい」か「らしくないか」それぞれの意見を交わし合い、一致点を見つけていく進め方です。これもひとつの方法です。

計画を立案するとき、またそれを実行するときには「ONブランド」「OFFブランド」の判断をする

習慣をつけましょう。

何かあったときも 「ONブランド」が判断基準となる

社会的に大きな出来事があった場合、あるいは自社に関連して問題が起きた場合、あるいはSDGsのような社会的な課題に対するときはどうすればいいでしょうか。

そのときはやはり「ブランドらしさ」が判断の基準になります。

海外の事例ですが、大きな事件があり社会が混乱しているとき、「原点を思い出せ。ビジョンに立ち返れ。まず、身内から固めよ」という基本精神のもとに活動を続けた話があります。

また、国内の事例でも大きな災害が起きたとき、即座に対応チームを設置し自社の「ブランドらしさ」に基づいて活動を開始した企業がいくつもあります。

企業として社会的な課題に対してコミットすることは当然ですが、その際もどのように関わることが「自分たちらしい」かを活動の物差しにすることにより、方向性が明確になるばかりか、活動自体がブランド力を強化することにもつながります。

図53-1　「ONブランド」か「OFFブランド」か

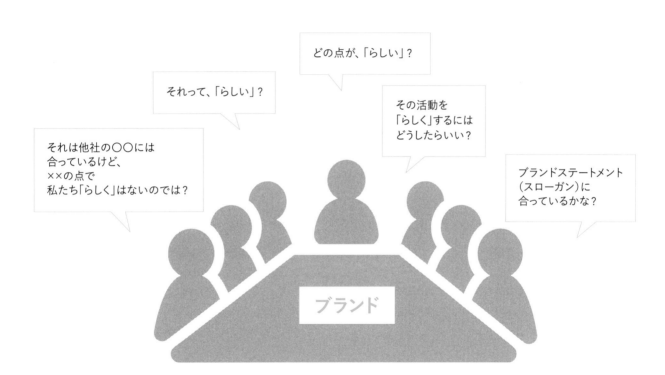

「ONブランド」は 繰り返せば見えてくる

制作物の「ON・OFFブランド ミーティング」の進め方

ブランドタッチポイントは直接的にステークホルダーのブランド体験に結びつきます。特に、広告、SPツール（会社案内・カタログ・リーフレット・パンフレット・チラシ……）、展示会、店舗、ショールームなどVI（ビジュアル・アイデンティティ）を表現する制作物はブランド全体の印象に大きく作用します。

①表現物を集める

VIを表現している現物もしくは写真を集めましょう。各事業所、営業所、海外拠点で独自に制作しているSPツールも集めます。

②ビジュアルオーディット（視覚的監査）を行う

第7章 No.37でも説明しましたが、ビジュアルオーディットを行います。ブランディング開始時点で理解を得ていたとしても時間経過とともに齟齬が生じてきます。ブランドコミュニケーションガイドライン（VIガイドライン）に基づき、ON・OFFを判断します。この場合、デザイナーなどデザインの専門家（できればガイドライン策定担当者）に意見を求めましょう。また、実際に制作を担当している外部パートナー会社の担当者も参加して議論するとさらに内容は深まります。

③「ONブランド」「OFFブランド」の 傾向と理由をまとめる

ビジュアルオーディットを行うと「ONブランド」「OFFブランド」の傾向が見えてきます。表現のトーン＆マナー、写真の使い方などは定性的な判断になりますが、傾向はつかむことができます。なお、ロゴマーク、カラー、書体、グラフィックエレメントはルールが明確に定められているため、ON・OFFの判断は比較的スムーズに進めることができます。

④その結果を関係者が共有する

検討結果をまとめ、社内の関係者および社外のパートナー会社（広告会社、制作会社、デザイン会社）と共有しましょう。このメンバーは共にブランディングを進めているひとつのチームです。

⑤定期的、継続的に開催する

この「ON・OFFブランドミーティング」は定期的、継続的に開催します。それにより次第にブランドに適合した表現が生まれ、「ブランドらしい」表現が培われてきます。

W_{ork} ［実践編］

ブランディング開始後、
表現物の「**ON・OFF** ブランドミーティング」を行う場合の
チェックシートを作成しましょう。

前提		「ブランドの基盤」&その他のブランドを規定する要素
判断の軸となるもの		ブランドコミュニケーションガイドライン（VIガイドライン）
主催者		
参加者	自社	
	関連会社	
対象		■ 広告（テレビ、新聞、雑誌、インターネット、交通、屋外…） ■ ホームページ、SNS ■ SPツール（パンフレット、リーフレット、ポスター、チラシ…） ■ イベント、展示会、グッズ… ■ その他制作物

制作物	ブランド適合性		評価
	ON	OFF	

54

Q ....

今後、どのように
ブランディングを
進めればいいですか？

A ....

ブランディングを推進する
HUB組織をつくりましょう。

ブランディングは
一過性のキャンペーンではない

「はじめに」で、「ブランドをマネジメントするのではなく、ブランドでマネジメントする」と書きました。ここまで、「ブランドの基盤」を定めそれに基づいて経営を行う「ブランド経営」について説明してきました。

ブランディングを開始した段階ではブランドに対する社内機運の盛り上がりもありスムーズに進みますが、少し時間が経過し一段落すると動きが止まってしまうことがあります。新入社員、中途採用社員の増加、人事異動、経営陣の交代など、組織自体の変化によりブランドに対する認識の変化、意識の相対的な低下が起こるのです。

ブランディング推進委員の声
「人事異動で他の部署に行くことになった。ブランディングはどうなるのだろう」
「これまで進めてきて手ごたえもあった。ただ、組織が変わるこれからはどうすればいいか」
「初めのころはみんながブランドに集中していたが、最近は慣れてしまってそれほどでもない」

ブランディングを主導的に行っていた経営者の声

「自分たち経営陣が最前線にいるうちはブランドはブレないが、代替わりしたときが心配」

「ブランディングは組織の隅々まで考え方が行きわたらなければ意味がない。まだまだ十分ではない」

「今後、中心になってブランディングを進めてきた人に積極的に経営に関与して欲しい」

以上の声は、コンサルタント時代に私が実際に聞いたものです。ブランディングに関わっていた人ほど、その後の継続性、連続性を課題として認識しています。

ブランディングは一過性のキャンペーンではありません。一時的な盛り上がりで「何となくうまくいった」（瞬間的に注目を浴び、そういう認識になることがあります）ということではなく、一歩ずつでも継続して進み続けることが非常に大事です。

「ブランドは一日にしてならず」です。

ブランディングをスムーズに進めるための組織

ブランドマネジメントに関わる組織としては「ブランド室」「ブランドマネジメント室（部）」「コーポレートブランド室（部）」というブランドを冠しているケース、あるいは「広報室」「宣伝部」「広告部」などコミュニケーション関係部門の中に設けられているケースがあります。企業の事情があり一概には言えませんが、ブランド経営を推し進めるためには経営に直結する組織として位置づける選択もあります。これは経営として自分たちのブランドを重要視していることの表明にほかなりません。

また、ブランディングを積極的に進めている企業には「CBO（Chief Branding Officer）」というポストがあります。CBOはブランディングに関してのすべての権限と責任を負っています。CBOは経営者の一人としてブランディングの推進役であると同時に「ブランドらしさ」をチェックする役割も務めます。経営会議などで、「それはブランドに合っているか」「どの点がブランドらしいのか」「ブランドとしてやるべきことは何か」という視点で問いかけ、よりブランドを磨いていく役割です。

CBOを中心にブランディングを推進するHUB組織が理想的です。

ブランディングHUB組織の役割

- 組織変化にかかわらず「ブランドらしさ」の継続
- 社内事業部・部門に対して「ブランドらしさ」視点からの関与
- 「ブランドらしい活動」の蓄積と共有
- 外部に対して「ブランドらしさ」を発信
- VI表現の「ON・OFF」チェック
- 活動の「ON・OFF」チェック
- 「ブランドらしい活動」の新機軸を発案
- 社会環境の変化に合わせてブランドの進化、変化の検討

図54-1 ブランディングHUB

［実践編］Hint

▌あなたがCBOになれ

Chief Branding Officer になるために

以下は、「ブランディングを推進し成果を上げてきた人」の特徴です。一人ですべて満たしているわけではありませんが、いくつかは共通しています。

①「想い」がある

「こんな会社にしたい」「○○のようなブランドにしたい」という「想い」です。おぼろげでも未来への道筋について想像力を働かせイメージする力です。

②俯瞰する姿勢

自分の仕事や部署だけでなく、会社や組織全体を俯瞰し客観視することができるかどうかです。それにより現状の問題点も必然的に明らかになります。

③自分の会社が好き

会社や組織への愛着です。問題点も認識しつつ、良い点、好きな点もたくさん挙げることができる人です（これは特に共通して見られました）。特に、会社の歴史、エピソードに誇りを持っています。

④少し頑固で、しかし柔軟

自分の信念や志に関しては頑固ですが、手段に関しては柔軟に構え、どうしたら目的に近づくことができるかという発想をします。機が熟していないのに強引に進めることは避けるようにしています。

⑤話し好き

情報を得ること、そして自分なりの考えを伝えることが得意です。総じて、話が上手く、話し好きです。自分なりのビジョンを持っているため、話もつい熱を帯びることがあります。

⑥自分で企画書、提案書を書く

企画書の巧拙はあっても、「想い」は伝わります。ブランディングが成功した段階では「あの企画書から始まった」と言われることがあります。

⑦楽しいことが好き

仕事を楽しむ姿勢です。もちろん楽しいことばかりではないですが、ブランディングは将来の夢を語り合う機会でもあり、「ゆとり」が会社には必要です。

⑧人脈が広い

社内外問わず課題を共有できる相手を持つ人のことです。こういう人は、社内では特に顔が広いです。

⑨知識欲、教養がある

マーケティングに関する知識、最新のトレンドに対する知識だけでなく、教養が感じられます。分野は様々ですが、仕事に関する以外の知識があります。

⑩本人のブランドができている

社内だけでなく社外に対しても存在感を示し、発信力がある人です。ブランディングを進めるためには進める本人のブランドができていると説得力は増します。本人が「あの人らしい」「さすが○○だ」と認識されているかどうかです。

大規模なこと、中規模や小規模なこと、将来のこと、直近のことなど、何でもいいのでアイデアを書いてください。すべては「ひとりの頭の中」のアイデアからスタートします。

私はCBOとして、次のことを考えている

以上

年　　　月

氏名：

Brand
Management

55

Q ....

社員が
「ブランドを自分事」に
するためには
どうすればいいですか？

A ....

コーポレートだけでなく、
あなた自身のブランドを
確立させましょう。

［理論編］
Theory

▌コーポレートブランドの
▌理念と個人の価値観

　これまで、主に会社や組織全体のブランディング
について述べてきました。コーポレートとしての会
社やグループが「ブランドの基盤」を定め、その構
成員である社員がブランドの基盤に基づいて活動す
ることでブランドが強化されると説明してきました。

　では、そこに働く人、働いている個々人はどうな
のでしょう。

　実は、コーポレートブランドと個人の価値観とは
大きな関係があることが分かってきました。一橋大
学大学院経営管理研究科の阿久津聡教授は次のよう
な見解を述べています。

　「個人の価値観」と「コーポレートブランドの理念」
の一致は、個人の精神的、肉体的健康につながり企業
の業績の向上、ブランドの価値向上につながると考え
られる。
　（愛知東邦大学地域創造研究所シンポジウム
2021.2.13）

　会社のブランドに共感・共鳴し、自分も自身の価

値観を大事にしながら活動することにより、心身の健康が保たれ会社自体も業績も良くなる、まさにwin-winです。

　近年、コーポレートブランドの理念とそこに働く個人の価値観の関係性に関して議論が進んでいます。
　コーポレートブランドだけでなく、そこに働く個人の価値観、いわばパーソナルブランドのあり方も注目されてきています。
パーソナルブランドは「自分らしさ」そのものです。

図55-1	コーポレートブランドと パーソナルブランドの両立

■「ブランドらしく」&「自分らしく」の方法

　コーポレートブランドの考え方を「自分事」にしてみる試みをしてみましょう。
　コーポレートブランドを自分自身の価値観に照らし合わせ、自分として「解釈」してみると新たな発見があります。
　ここでは、「自分らしく」ありながら「ブランドらしく」ある方法について説明します。

Step1：「自分らしさ」を探る
　「自分らしさ」を探るための方法はいくつかありますが、下記にコーポレートブランディングの手法を個人にあてはめたやり方を紹介します。

①自分の心を探る→自分の情緒的価値、価値観
- 自分の原体験を振り返る。（自分史グラフをつくり、自分の人生の岐路、そのときの感情を振り返る）
  自分の発想、考え方の原点はどこにあるか。
- 自分が大切にしている価値観を挙げてみる。（価値観を探るツールなどを活用）
- 友人、知人、仲間と話し合い、自分に対してどのように感じているかを話してもらう。

②自分の「Skill」を探る→自分の機能的価値
- 自分が得意なこと、自慢できる能力を探る。

③自分の「Will」を考える→
ビジョン、ミッションなど

- 短期的、中長期的に「やりたいこと」「ありたい姿」「想い」を挙げてみる。

④「パーソナルステートメント
　（パーソナルスローガン）」をつくる

- 「自分らしさ」を一言で表現する。
- ビジョン、ミッションを一言で表現する。

⑤「パーソナルブランドポスター」をつくる

- パーソナルステートメントを入れ込み、写真やイラストを用いて自分のポスターをつくる。

Step2:「ブランドらしく」「自分らしい」活動を探る

⑥「コーポレートブランド」を解釈する

- 「（コーポレート）ブランドのビジョン（ミッション、バリュー）、ブランドステートメント」と「自分のビジョン、ミッション、パーソナルステートメント」を考え合わせ、その実現のために自分は何ができるか、何をしたいか考える。

⑦「JOBステートメント」をつくる

- 自分の仕事に対する心構えを簡潔にまとめる。

⑧「JOBミッション」をつくる

- 「JOBステートメント」に合わせて、自分の仕事を定義する。
　「自分の仕事はAではなく、B（を提供する仕事）である」
　（注：Aは職務分掌などで表されている物理的、機能的な内容。Bは自分のJOBステートメントに合わせた質的、情緒的な内容）

⑨「自分らしい」仕事実践

- 「JOBミッション」に合わせて、自分の担当業務を見直し具体的な活動内容を考え、実践する。

図55-2	「自分らしさ」＝パーソナルブランディング

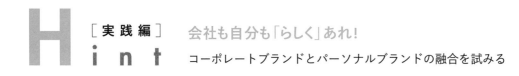

H i n t ［実践編］ 会社も自分も「らしく」あれ！
コーポレートブランドとパーソナルブランドの融合を試みる

パーソナルブランディング×コーポレートブランディング

コーポレートブランディング	組織の原点・原体験	ブランドの基盤づくり
	創業理念、企業理念、歴史、物語、経営者の想い・精神、DNA	
	コーポレートブランディング	
パーソナルブランディング	ブランドの基盤（ブランドプラットフォーム） ■ビジョン（ブランドコンセプト）、ミッション、バリュー、パーソナリティ・ブランドステートメント	

個人の原体験	「自分らしさ」とは何か	Will		「自分らしい仕事」とは何か		インナーブランディング
■何を大切にしてきたか ■何が嬉しいか ■何をしたくないか ■どうありたいか →個人の発想の原点を探る ■個人の価値観を探る		■ビジョン（どんなふうになりたいか） ■ミッション（やりたいこと） ■志	**JOBステートメント** ■自分の職務上のステートメント（スローガン） ■企業のブランドコンセプトに基づいて考える	職務分掌・職務	仕事のあり方 活動の仕方	
		Skill ■自分の得意なこと ■固有の能力				
自分の価値観			**JOBミッション** ■自分の仕事の意味は何か ■物理的価値だけではなく、仕事自体が組織の中で、社会の中で、顧客に対してどのような意義があるかを考え、定義する			
		パーソナルステートメント／セルフポスター ■自分のステートメント ■スローガン、モットー、キャッチフレーズ				
←	自分らしさ	→	←	自分らしい活動	→	

事例：上條憲二の場合

コーポレートブランディング	組織の原点・原体験			ブランドの基盤づくり
	東邦学園 「真に信頼して、事を任せうる人格の育成」「真面目」			
	コーポレートブランディング			
パーソナルブランディング	オンリーワンを、一人に、ひとつ。			

個人の原体験		Will	「自分らしい仕事」とは何か		インナーブランディング

個人の原体験	「自分らしさ」とは何か	Will ■誠実でありたい ■自分の知識を提供したい ■共に成長したい ■「気づきのキッカケ」となりたい ■知的、ユーモア、フレンドリーでありたい	JOBステートメント 「その1%を見つけ出し、100%にする」 JOBミッション 自分の仕事は、ただ学生に知識を提供することではなく、個々の学生のまだ眠っている可能性に気づかせること、さらにこの大学自体の個性を最大限に発揮させブランディングで最も進んだ大学にすることである。	「自分らしい仕事」とは何か

職務分掌・職務／経営学部教授　仕事のあり方 活動の仕方

	職務分掌・職務 経営学部教授	仕事のあり方 活動の仕方
教育	講義型授業	すべての学生とのダイアローグ
	演習型授業	企画立案・プレゼンコンペ
	プロジェクト型授業	外部ビジコン参加
	…	
研究	ブランド研究	ブランド経営の啓発
		所属学会理事
		健康経営ブランディング
		研究書籍出版
学務	地域創造研究所	地域の知の拠点化
	ブランド推進委員会	学園ブランディング推進
	産学連携委員会	地域企業ブランディング
	…	

自分の価値観
「多様性を認め合う精神の自由」

Skill
■研究者
■ブランディング実務者
■理論と実践の融合

パーソナルステートメント
「曖昧を確信に。」

← 自分らしさ →　　← 自分らしい活動 →

399

W<small>[実践編]</small>ork

あなた自身の「パーソナルブランドづくり」に
チャレンジしてみましょう。

	STEP	内容・方法	結果
1	自分の心を探る	■自分史グラフをつくり原体験を振り返る ■自分の考え方、発想の原点を考える ■自分の価値観を挙げてみる	
2	自分のSkillを探る	■自分の得意なこと、自慢できること、他人から認められたことなどを挙げる	
3	自分のWillを探る	■自分がしたいこと（ミッション）、 　ありたい姿・志（ビジョン）を挙げる ■短期的、中期長期	
4	パーソナルステートメントをつくる	■自分の価値観、ビジョン、ミッションを眺め、 「一言で簡潔」に表現する	
5	パーソナルブランドポスターをつくる	■パーソナルステートメントと自分の名前を入れ、写真・イラストを活用してパーソナルブランドポスターをつくる	

【事例】
コーポレートブランドとパーソナルブランドの融合：
「企業のらしさ」と「個人のらしさ」をどう両立させるか。筆者を事例として

Step1：「自分らしさ」を探る

①**自分の心を探る**
- 「多様性を認め合う精神の自由」という価値観（略）

②**自分の「Skill」を探る**
- トータルコミュニケーション計画の立案
- ブランドの研究者であり、コンサルタントであり、実践者
- 理論と実践の融合
- 複雑な内容を分かりやすく伝える

③**自分の「Will」を考える**
- 自分の知識を提供したい
- 「気づきのキッカケ」となりたい
- 知的、ユーモア、フレンドリーでありたい
- 自分が勤務する大学をブランディングが最も進んだ大学にしたい
- 誰でもブランディングができるようにしたい
- ブランディングの伝道者になりたい

④「パーソナルステートメント
（パーソナルスローガン）」をつくる
- 「曖昧を確信に」
- 「ブランディングリーダー」

⑤「パーソナルブランドポスター」をつくる

Step2：「ブランドらしく」
「自分らしい」活動を探る

⑥「コーポレートブランド」を解釈する

愛知東邦大学の「ブランドの基盤」
ブランドビジョン：21世紀の寺子屋
ブランドミッション：
学生ひとり一人が自分だけの'知の武器'を身につける教育をする
ブランドバリュー：
機能的価値→教員一人当たりの学生数が少なく、密度の濃い教育を提供できる
情緒的価値→喜怒哀楽を分かち合える人間性・成長実感・委ねられる安堵感
ブランドステートメント（コンセプトフレーズ）：
オンリーワンを、一人に、ひとつ。

「コーポレートブランド」を、「パーソナルブランド」を基準として解釈

- 愛知東邦大学は「21世紀の寺子屋」を目指している。教職員は学生ひとり一人と本気で向き合い、その個性を伸ばすことが使命である。
- 自分（筆者）は、これまでの経験の中から多様な価値観を認め合うことが最も大切だと認識している。大学のコンセプトフレーズ「オンリーワンを、一人に、ひとつ。」は学生ひとり一人に向き合い、それぞれ異なる長所・個性を存分に活かすことである。このコンセプトフレーズは自分の価値観と合致している部分がある。
- 自分の価値観を活かしながら「オンリーワンを、一人に、ひとつ。」を実現するためにはどうしたらいいかを考える。

⑦「JOBステートメント」をつくる

　筆者のJOBステートメント：その1%を見つけ出し、100%にする。

⑧「JOBミッション」をつくる

　（「自分の仕事はAではなく、B（を提供する仕事）である」という言い方にあてはめる）

　「自分の仕事は、ただ学生に知識を提供することではなく、個々の学生のまだ眠っている可能性に気づかせること、さらにこの大学自体の個性を最大限に発揮させブランディングで最も進んだ大学にすることである」

⑨「自分らしい」仕事実践

筆者のパーソナルステートメント

曖昧を確信に。

Branding Leader
上條憲二

JOBステートメント
（大学のブランドコンセプト
「オンリーワンを、一人に、ひとつ。」を受けて）

その1%を見つけ出し、100%にする。

大学のブランドステートメント		オンリーワンを、一人に、ひとつ。	
経営学部教授としての職務		➡	「自分らしい」仕事（例）
教育	講義型授業		すべての学生とダイアローグ
	演習型授業		チーム競合コンペ・企画立案・実施
	プロジェクト型授業		外部ビジコン参加
	…		
研究	ブランド研究	**JOBステートメント** その1%を見つけ出し、100%にする。 **JOBミッション** 自分の仕事は、ただ学生に知識を提供することではなく、個々の学生のまだ眠っている可能性に気づかせること、さらにこの大学自体の個性を最大限に発揮させブランディングで最も進んだ大学にすることである。	ブランド経営の啓発
			所属学会理事
			健康経営ブランディング
			研究書籍出版
学務	地域創造研究所		地域のスター企業育成
	産学連携委員会		地域企業ブランディング
	ブランド推進委員会		大学ブランディング最先端
社会貢献	学会		ブランド経営学会設立
			ブランド経営企業の育成
	セミナー・講演		企業講演・ワークショップ

テーマは
［成果を活かす］です

Ⓠ 「ブランド価値」って何ですか?

Ⓐ 「ブランドに蓄積されている
目に見えない価値」のことです。

　ブランド価値とは一言で言えば、「ブランドに蓄積されている目に見えない価値」を金額に換算したものです。つまり'頭の中'にある「目に見えない価値」を見えるようにしてその分の金額を算出します。ブランドコンサルティング会社のインターブランドのブランド価値評価は世界的にも有名で、2010年に国際標準化機構（ISO）からブランド価値算出方法として世界で初めて「ISO10668」に認定され、デファクトスタンダードと言われています。ブランド価値を経営指標のひとつとして設定する企業は次第に増えています。

Ⓠ ブランド力を強化するためには どうすればいいですか?

Ⓐ 定期的に「ブランドの健康診断」を
しましょう。

　ブランド力を把握する方法にはブランドが人々にどのように認識されているかという「ブランドイメージ状況確認」とブランド自体の力を分析する「ブランド強度分析」があります。前述のインターブランドのブランド強度分析で用いた「ブランド強度評価モデル10の要素」を判断の軸におき、ブランド力を確認する方法もあります。「ブランドイメージ状況確認」と「ブランド強度分析」という「ブランドの健康診断」を定期的に行い、常に「ブランドの現在地」を確認しましょう。

ⓠ 活動が「ブランドらしい」かどうか、どう判断するのですか？

ⓐ 定期的に「ONブランド」「OFFブランド」チェックをしてみましょう。

「ブランドらしい」活動は「ONブランド」、「ブランドらしくない」活動は「OFFブランド」と言われます。

「ONブランド」か「OFFブランド」かを判断する場合はブランドビジョン、ブランドミッション、ブランドバリュー、ブランドステートメントなど「ブランドの基盤」を判断の基準におき、それぞれの活動についてひとつずつ議論していきます。

経営としての多くの計画に、「ブランドらしさ」が息づいていることこそが「ブランド経営」としての理想的な姿です。計画を立案するとき、またそれを実行するときには「ONブランド」「OFFブランド」の判断をする習慣をつけましょう。また、社会的な問題が起きたとき、自社にとって大きな影響がある出来事が起きたときなど、何かあったときも「ONブランド」が判断基準になります。

ⓠ 今後、どのようにブランディングを進めればいいですか？

ⓐ ブランディングを推進するHUB組織をつくりましょう。

ブランディングは一過性のキャンペーンではありません。「ブランドをマネジメントするのではなく、ブランドでマネジメントする」ためには、ブランドをブームで終わらせない体制が必要です。そのためにはブランディングに関してのすべての権限と責任を負う「CBO（Chief Branding Officer）」のもとに推進するブランディングHUB組織を設けることも有効です。

ⓠ 社員が「ブランドを自分事」にするためにはどうすればいいですか？

ⓐ コーポレートだけでなく、あなた自身のブランドを確立させましょう。

コーポレートブランドと個人の価値観には大きな関係があります。「個人の価値観・性格」と「コーポレートブランドの理念」の一致は、個人の精神的、肉体的健康につながり、企業の業績の向上、ブランドの価値向上につながると考えられるという研究結果も出ています。コーポレートブランドだけでなく、そこに働く個人の価値観、いわばパーソナルブランドのあり方も注目されてきています。パーソナルブランドは「自分らしさ」そのものです。「コーポレートブランドらしさ」と「パーソナルブランド」の両立を考えてみましょう。

実践コーポレート
ブランディング
悩めるブランドマネージャーを導く10か条

自動車メーカー
元ブランドマネージャー
齋藤嘉昭

私はある自動車メーカーのブランドマネージャーとして4年間にわたって自社のコーポレートブランディングを構築する貴重な経験を持った。しかし、その過程は試行錯誤の連続で、途中全く先が見えない状態に何度も陥った。この実体験から得られた教訓や知見を整理しブランディングの構築プロセスに沿って構成したものが、このコーポレートブランディング10か条である。これが多少でも、同じような課題に直面するブランディング担当者の参考になれば幸いである。

I 基本の考え方（コーポレートブランディングの中核）

#1 青い鳥は社内にいる

社内にある暗黙知を言葉にせよ。
いかに魅力的な言葉も社内に根拠がなければ響かない。
社内が動かなければ外には伝わらない。

自社のブランドの'らしさ'の核心は社内にある。
自社の課題や強み弱みと真剣に向き合い、自分たちの言葉で率直に議論すること。その議論の末に自社の暗黙知を表す言葉が見つかる。それがブランディングの核心、ブランドアイデンティティである。

#2 借りてきた猫は使えない

自社で考え、自社で決めよ。

ブランディングの教科書に答えは書いていない。
他社のマネでは自分たちのブランドにはならない。

　青い鳥を見つけるプロセスには十分に手間をかける必要がある。この過程は省略できない。そして、何が青い鳥かは自分たちで決めるしかない。ブランディングの教科書にはたくさんの事例が書いてある。しかしその通りにマネることはできないし、しょせん他社のこと。コンサルティング会社や広告代理店は、きれいなプレゼンで手助けはしてくれる。しかし彼らが決めてくれるわけではない。

#3　歴史はお金で買えない

自社の歴史は自社だけのもの、足跡すべてが自社の価値。
どんなに新しい会社でも創業の志あり。

　青い鳥を探すには、自社の歴史も振り返る必要がある。創業者は何を目指したのか、先人たちはどんな困難を克服してきたのか。スタートアップ企業であっても、創業の志、その原点があるはず。それこそが他社にはない自社だけの資産であり価値である。自分たちの歴史を見つめ直すことで、青い鳥はより強く羽ばたける。

II　議論の進め方（インナーブランディングの実践）

#4　議論は全員で、決断は少数で

社内に広く知らしめ巻き込め。しかし決定はごく少数で行え。
ブランドを語る者は多いが責任をとる者は少ない。

　青い鳥を探す作業は、社内を広く巻き込み粘り強く取り組む必要がある。市場における自社の立ち位置や顧客像など、俯瞰的、客観的な情報をできる限り提供し、同じ土俵で建設的な議論ができるよう仕掛けも必要だ。しかし、問題は決断。最後はブランディング担

当者と経営トップ、責任を取る覚悟のある者たちがごく少数で決める他はない。多数決では責任が曖昧になる。それでも社内を巻き込んで議論を重ねてきた到達点の決断であれば、社内の多くから自分の意見が反映された、自分たちで決めたという納得感が付与される。

＃5　鳴くまで待とう

いかに揉めようと、納得できるまで議論し、考え抜け。
途中で妥協すれば、結局続かない。

担当者として我を張って強行突破する手もある。あるいは妥協すれば、事を進めるのはたやすい。しかし、議論を突き詰めなければ、青い鳥は逃げてしまう。必ず失敗する。社内の議論が収束するまでひたすら耐えること。ブランドは10年の計、企業の長期戦略を担う決断である。短期間のマーケティングキャンペーンとは違うことをブランディング担当者は自覚し耐え抜く覚悟が必要である。

III　言葉のまとめ方（ブランドのロジックと構造）

＃6　言葉を選んで削ぎ落とせ

ブランドはロジックだ。
言葉で説明できないものはブランドにならない。
選びに選んで最後に残ったものがブランドになる。

言葉選びは苦しい作業である。ブランディング担当者が慎重に厳密に考え抜いて最終的に残ったひとつか2つの言葉がブランドの青い鳥になる。3つ以上では焦点が定まらない。10年先も見据えて通用する言葉を選ぶ必要がある。経営トップの趣味嗜好に忖度したり、流行の表現で選んではならない。
それはほんとうに自社にとっての青い鳥なのか？　自社の強みや目指すところと一貫するロジックで説明できるのか？　その思考がしっかりしていれば、商品やサービスに具現

化する際に一貫性を持って展開できる。

＃7　日本語の情緒に流されるな、英語の見た目に騙されるな

日本語で考えて分かったつもりになっていないか？　英語に翻訳してみよ。

流行りのカタカナ英語でごまかすな。日本語で説明してみよ。

英語ネイティブにも、非ネイティブにも通用するまで言葉を磨け。

ロジックとしてのブランドを表す言葉を考えるとき、英語に翻訳してみると、そのロジックが成立するのかの検証になる。日本語は使い慣れているがゆえに思考が省略されロジックが曖昧になっている可能性がある。またカタカナ言葉、英語からの借用語には細心の注意が必要だ。カタカナ英語の表面的なかっこよさに流されていないか？　日本語で説明できなければ使ってはいけない。

同時に、グローバルにブランドを考えるとき、世界のビジネスの共通言語としての英語でどう表現するかを避けては通れない。自分たちの意図を正確に伝える言葉なのか、同じ英語ネイティブの人々でも国や文化が違えば意味が違う可能性がある。しかも世界を見渡せば、非英語圏のほうが圧倒的に多い。単純な言葉ですら通用するとは限らない。

＃8　世界を見よ

どんなローカル企業、どんな小さな企業でも、グローバルに考えよ。

発した言葉やイメージは地球の裏側まで瞬時に伝わることを認識せよ。

そのメッセージが自社の知らないところで仲間もつくり、敵もつくることを覚悟せよ。

たとえ世界に打って出ようなどと思わなくても、ブランディングはグローバルに考える必要がある。今や発した言葉やイメージは、インターネットで地球の裏側まで瞬時に伝わり、自分たちの知らぬところで、いつ何が起きるか、どこに影響するか分からない。そのメッセージが仲間もつくり、誰かの人生に影響を与え、あるいは文化的、宗教的な諍い（いさか）に発展するかも知れない。

IV　維持発展のやり方
（コーポレートブランディングの定着と発展）

＃9　筋を通せ、鉄の掟で縛れ

声の大小、地位の高低、いっときの流行ではなく、ブランドに従え。

企業活動のすべてをブランドで貫け。

いかに素晴らしい商品やデザインでもブランドと一貫性がなければ採用してはならない。

ビジネスの実行と同期して進めよ。

いかに素晴らしいメッセージでも行動で示さねば絵に描いた餅。

例外を認めるな。認めればそこからブランドは崩れる。

ブランドはこれを守る者にのみ力となる。

　コーポレートブランディングは、言葉をつくって終わりではない。それは出発点であって、ビジネスの現場で徹底的に実行して初めて意味がある。商品の企画から人材の採用、投資判断に至るまで、社長からアルバイトまで、あらゆる場面、あらゆる階層で、ブランドを判断軸に業務が遂行されねばならない。すべては自社のブランドに照らして是か非か、である。実際の商品やサービスで示さなければ、そのブランドは虚構である。そして、ブランドを社内外に打ち出すタイミングと商品やビジネスの展開は必ず同期させること。これはコーポレートブランディングの成功には非常に重要な要素である。

　ブランディングをきちんと実行するには決まりや基準が必要になる。ブランディング担当者は鉄の意思でこれを社内に守らせる必要がある。相手がたとえ経営トップであっても、現場の切なる願いであっても、ブランディング担当者は妥協してはならない。妥協すれば、お客様に見透かされてしまう。ブランドと整合しないものにはNOと言う責任がある。ただし武器はブランドの理念、ロジックのみ。

　謙虚に、しかしブランドに忠節に。

#10　ブランドは一日にしてならず

10年先に完成する覚悟で取り組め。
庭木と同じく水をやり害虫を除けて世話をしなければ枯れてしまう。
ブランドは一過性の広告キャンペーンではない。

　ブランドは経営と表裏一体、長期視点の戦略である。短期の戦術や施策ではない。10年先に完成する覚悟で取り組むこと。
　世界にはブランドで名の通った企業が多くある。しかし最初から有名だったブランドはない。社内を巻き込み、議論を尽くし、自分たちの言葉を探し出し、精緻にロジックを構築し、実務に展開し、鉄の意思でこれを守ること。それを10年続ける覚悟を持って取り組めば、青い鳥はブランドの確立に導いてくれる。

Good Luck!

組織と個人、
どんな関係？

組織と個人の関係は

　コラムの最後に取り上げるのは組織とそこに働く個人の関係です。以下に述べることは、研究過程で、まだまだ仮説の段階です。私が過去の経験から定性的に認識したものであることを最初にお断りします。

　企業に伺い、その会社の社員の皆さんとお話ししていると会社によって醸し出す雰囲気が全く違うことに気づきます。会社が違うので当然と言えば当然ですが、会議の進め方、発言の仕方、発言内容はもちろん、会議室の設え、掲示物の内容、環境づくり、等々、その会社の風土・文化が感じられます。

　ここで企業のタイプをブランディングの観点で整理してみます。具体的には、p.415の図の通りです。縦軸にコーポレートブランドの軸として「企業（ブランド）理念の明確さ」を、横軸にパーソナルブランディング「個人の想いの尊重」（個人としての「らしさ」）を配置し、この２つの軸によりポジショニングを試みました。

Aタイプ：統制型

- 企業（ブランド）理念は明確で、社員はそれに従うことを求めている組織。
- 組織としての統制が取れているが、社員個々人の想いへの配慮は相対的に希薄。

　コーポレートブランドの強化という観点からすると、このタイプの組織は「良好である」

と判断できるかも知れません。ブランドマネジメントを行うことはブランドにとっては有利に働きます。また、「ブランド基盤（ブランドビジョン、ブランドミッション、ブランドバリューなど）」に従うことがブランドを強化するとも述べてきました。

　しかし、「ブランドの基盤」を教科書的に押しつけることは社員にとっては息苦しさ以外の何物でもありません。ブランドらしい活動の正解はひとつではなく、そこに働く人々の発想力、想像力によってより高く、より広く拡がるものです。

対応策

　ともすれば「ブランド偏重」に陥りがちな組織ですが、働く人それぞれが何を望んでいるか、個々人の想いやビジョンを大事にしながら企業（ブランド）理念との融合を図るようにするとブランド全体（コーポレート、パーソナル）がよりイキイキと活性化します。

Bタイプ：放任型

- 企業（ブランド）理念が曖昧であり、また個々人の想いに対する企業の配慮が相対的に希薄。
- 企業が何を求めているかについての社員の関心が薄く、仕事も個々人が自己流で活動。

　企業理念は当然ありますが、その内容があまりに汎用的、一般的であるために企業としての独自性が認められず、多くの社員も自分事としてとらえていない傾向があります。価値判断の基準、行動基準が曖昧なため、そこに働く人は往々にして自己流あるいは所属組織のローカルルールで活動しがちです。社員にとってはあまり干渉がなく、一見すると自由に見えますがある意味「放任」でもあります。企業全体のブランド力が十分ではないため市場の中では厳しい状況に陥ることが予想されます。

対応策

　まず、企業（ブランド）理念を明確にしましょう。コーポレートブランディングを行い、

413

「ブランドの基盤」を決めていきます。その際は、働いている人の意見を十分に聞き、その内容をブランドの基盤（ブランドビジョン、ブランドミッション、ブランドバリューなど）に活かしていくようにしましょう。ブランドに合わせて個々人がどのように行動するかという個人のクレドを考える方法もあります。

Cタイプ：親睦型
- 企業（ブランド）理念は曖昧であるが、働く人の個々人の想いを尊重。
- 会社の雰囲気は悪くはなく「良い会社」であるが、企業としての行動の基準、判断基準が曖昧なため、人により活動にばらつき。

　企業は社員の人材育成に力を入れており、スキルアップ、モチベーション喚起のための活動を進めています。社内のコミュニケーションも良好で働いている人にとっては良い環境です。しかし、企業としてどこに向かっているか、存在目的は何かなどの企業（ブランド）理念が曖昧なため、せっかくの人材という財産がブランド力を高めるために十分に活かされていない可能性があります。

対応策
　働いている人の意識や想いを尊重しながら、自分たちはどのような存在になるべきか、何をすべきか、というコーポレートブランディングを進めていきましょう。コミュニケーション環境が良好な場合は、ブランディングはスムーズに進みます。

Dタイプ：両立型
- 企業（ブランド）理念が明確であり、そこに働いている個々人も自分の個性を活かしながらブランドに適合した活動を推進。
- コーポレートブランドとパーソナルブランドの両立。

　企業は「ブランドらしく」そして個人は「自分らしく」という組織です。コラム7でも

お話ししましたが、企業（ブランド）理念への共感・共鳴は働く人自身の心身の健康につながります。共感・共鳴は「決まったことなので従う」という受け身の姿勢からは生まれません。企業（ブランド）理念が個々の社員の想像力を掻き立て、創造性をより発揮できる組織はコーポレートブランドとパーソナルブランドを両立させることができます。

おわりに

「最初のひとり」になる

　「この大学にも、そのブランディングの方法は適用できるんですか。ブランディングで輝かせることはできるんですか」
　「大丈夫です。確固たる理念があり、強い意欲があればできます。問題は、内部の人たちがそれをやり切れるかどうかです」

　後に私が勤めることになった大学での理事長との最終面接でのことです。大学教員としての面接というより、むしろビジネスとか経営に関する話の応酬でした。私にはそのとき、何となくではありますが上手く進められる確信のようなものはありました。これまでの経験から、「歴史があり、理念があり、トップの意志が強い企業」はブランディングが成功する可能性が高い、という想いがあったからです。
　成功した会社にはブランディングのきっかけをつくった「最初のひとり」が存在しています。今でもその人たちが書き記した企画書、メモ、会議での発言などを覚えています。

　私は大学卒業後、広告会社で主にコミュニケーション計画を立案してきました。その後、ブランドコンサルティング会社で多くの企業のブランディングのお手伝いをしてきました。
　それらの仕事は私にとって非常に刺激的で、教えられることばかりでしたが、いずれの場合も「外部の立場」としての参加でした。自分が「内部の当事者」として活動したことはありませんでした。

　理事長との面接の中で、私はいつのまにか自分が「最初のひとり」になろうと思うようになりました。
　私が勤めることになった大学は愛知県の小規模私立大学です。創設は1923年、愛知県の産業の基盤をつくった下出民義氏が、次代の人材を育てるために私財を投じて設立した高校がルーツです。4年制大学としての歴史はそれほど長いというわけではありませんが、地域密着型の教育活動を続けてきました。
　少子化が進行する中、大学を取り巻く環境は非常に厳しいものがあります。入学定員確保も大きな課題です。今後、約4割の私立大学が経営難に陥ると予想されています。特徴がない大学、わざわざそこで学ぶ意義が見出せない大学、あるいは「ふつうの大学」は残念ながら退場を余儀なくされます。この

大学も例外ではありません。

　一方、この大学には展望もあります。創設者が名古屋の産業の基盤を創った人物であるということ（これは、他の大学にはない固有の財産です）、リニア中央新幹線開業を控えて中京地区の産業が活性化するということ、地域密着の人材はそれらの産業を支える力になれることなど、脅威ばかりではなく機会点も見出すことができます。

　細い道かも知れませんが、よく考えればずっと先に光は見えてきます。

白紙からのスタート

　「最初のひとり」になる、と思いつつも、実際にはいくつかの問題もありました。ブランドコンサルタント時代は、コンサルティングに入る前に相手の企業はコンサルタント内容について理解はしていました。推進体制的にも一定程度整備されている状況から始めることができました。経営層からの強い要請がある場合もあります。つまり、ブランディングの機運はあるわけです。

　しかし、今回は違いました。全くの白紙状態からのスタートでした。

- 誰も私のことを知らない
- 私は地元の人間ではない
- 知り合いが一人もいない
- ブランドやブランディングについて学内で認知がない
- 私自身、この大学のことも大学という教育機関のことも全く知らない
- 大学という組織は企業と違ってトップダウンで物事を進める仕組みではない
- 私自身が実践の当事者・責任者として推進したことがない

　これは、一見マイナスではありますが、考えようによっては「最初のひとり」になる条件がすべて揃っています。この状況でブランディングを進めることができれば、それはかけがえのない経験、そして「ゼロからブランディングを行った」ケーススタディになると考えました。

　その後の経過については本編の中で折に触れ、事例として解説してきました。この大学はその後、教員、職員、理事会が一体となり愚直にブランディングを推進しました。その結果、時間はかかりましたが軌道に乗り始め、志願者の増加、定員充足、学生満足度の向上などの成果が見え始めました。

　2019年には「Japan Branding Awards 2019」のWinnersを大学界としては初めて受賞しました。

ブームから文化へ

　この活動を自ら実践しながら確信したことがあります。外部からの参加ではなかなか気づかなかったことです。それは、中にいるひとり一人の「ほんの少

しの気持ちの変化」が実はとても大きな力になるということです。

今回、自らをその渦中に置き、インナーのメンバーの気持ちが全体を左右することを実感しました。

「ブランディングは広告キャンペーンではない」と本編の中で語ってきました。広告キャンペーンで素晴らしいことを謳っていても、肝心な内部の人たちそれぞれが「ハラ落ち」していないとなかなか実効は得られません。

インナーのそれぞれの人の心にほんの少しでもいいので「面白そうだ」「自分も意見がある」「まあ、やってみるか」「自分もできることがあるかも」と、火を点けることが最大のカギです。

ブランディングにおいて「らしい活動」の正解はひとつではありません。そして、何が正解かは即断できません。

インナーの人々が、「ブランドらしい」活動を自ら見つけ、試してみるうちに、次第に育まれてくる性質のものです。そういう活動をしているとき、組織にはイキイキとした空気が横溢し、前に進む息吹が感じられます。

そして、そのことが習慣化・継続化し、自然と「ブランドらしい」発想、思考、実践をするようになると、それはその企業・組織の独自の文化となるのです。

ブランディングが一時のキャンペーンによるブームではなく、その会社・組織の文化へと展開してい

くことは理想かも知れませんが、チャレンジする価値はあります。

ブランドらしく、自分らしく

第10章で書いた「ブランドらしく」「自分らしく」という考え方については、これまでにも研究がなされています。コーポレートブランドとパーソナルブランドの両立は、なかなか難しい問題です。コーポレートブランドの「ブランドの基盤」を理解しながら、一方で個人の価値観を堅持しつつ「自分らしく」仕事をしていくということは、多くの企業にとっては理想かも知れません。そもそも「自分らしさ」自体が曖昧な場合もあります。

私は、自分が当事者として実践している中でブランディング推進組織のメンバーから次のようなことを言われました。

「ブランディングなんて最初は何が何だか分かりませんでした。しかし、みんなでコンセプトを決め、大学として進むべき方向を決めることができました。しかしそのとき、自分たち自身はどうなんだろうと思いました。果たしてコンセプトが実践できるか、自分の価値観にどの程度合っているかを考える必要があると思いました」

その後、その人の部署のメンバーは各自で自身の価値観について考え、自分の得意を活かしながらブランドコンセプトを実践していく方法を模索し実践しています。コーポレートブランドとパーソナルブ

ランドの両立に向けての活動を進めています。

　なお、この「ブランドらしく」そして「自分らしく」生き、働くという考え方を唱え、それを啓発している会社もあります。

　「組織には目的地が必要です。その目的地に向かって会社はどう動くべきかを考えます。その中にあって個人にもコンパスがあるべきです。『組織に目的地を、個人にコンパスを』、組織の目的と個人としての価値判断の尺度がうまく融合できればどちらも幸せになれると思います」（「株式会社らしさコーチング」本社名古屋市・安藤仁志社長）

　ブランディングについて研究し執筆された本、コンサルタントの立場として理論と実際を語った本、あるいは現場で苦労された内容を書かれた本など、ブランディングに関しては多くの書籍が出版されています。その内容もまさに正鵠を射たものばかりで非常に多くのことを学ぶことができます。

　本書は、研究者×コンサルタント×実践者という立場から書きました。いわば、先に挙げた書籍の「いいとこどり」です。とはいえ、私自身の経験によるところも多く、「自己流」に解釈し、実践を試みた部分もたくさんあります。

　この本が、会社や組織、製品、サービスのブランディング、さらには皆さまご自身のブランディングのお役に立つことができれば筆者としてこれに勝るものはありません。

　最後にこの本の執筆を応援してくださった皆さまにこの場を借りて感謝の意を表させていただきます。

　大学のブランディングのきっかけを与えてくださった東邦学園・榊直樹理事長、本書執筆に際しましてサジェスチョンをいただきました並木将仁CEOはじめインターブランドジャパンの皆さまに深く感謝いたします。

　また、事例紹介に快く応じてくださった企業の皆さま、コラム執筆にご協力くださった皆さま、日ごろブランドについて刺激をくださっている日本ブランド経営学会の皆さま、一橋大学大学院・阿久津聡教授、本書の編集をしてくださったディスカヴァー・トゥエンティワンの元木優子さま、そしてより良い内容にするためにヒントをくれた私のパートナー。皆さまのお陰で今回このような形で書籍にすることができました。

　本当にありがとうございました。

　　　　　　　　　　　　　　　　　　上條憲二

修 了 証

　　　　　　　　　　　　　　　　　　　　　殿

あなたが『超実践！ ブランドマネジメント入門』を読み、
実践編 Work にチャレンジされたことに対しまして、
敬意を表するとともに感謝の意を表します。
ありがとうございました。

　　　　　　　　　　　　　　　　　　　上條憲二

会社・組織がどんどん変わる！
ワークシート

本書では、あなたの会社・組織の「宝」を見つけ、世の中に発信し、人々から選ばれ・愛されるようになるためのステップとして、55のワークをつくりました。このワークに何度も取り組みたい、という方もいらっしゃると思います。そのため本書をお読みくださった方限定で、ワークシートをご用意いたしました。ぜひ使ってみてください。

特典はこちらからダウンロードできます。

ユーザー名 ▶ discover2826
パスワード ▶ brandmanage

https://d21.co.jp/special/brandmanage

超実践！ ブランドマネジメント入門

発行日　2022 年 2 月 20 日　第 1 刷

Author
上條憲二

Book Designer
新井大輔　八木麻祐子（装幀新井）

Designer & DTP
小林祐司　伊比優

Publication
株式会社ディスカヴァー・トゥエンティワン
〒 102-0093　東京都千代田区平河町 2-16-1 平河町森タワー 11F
TEL　03-3237-8321（代表）　03-3237-8345（営業）
FAX　03-3237-8323　https://d21.co.jp/

Publisher
谷口奈緒美

Editor
千葉正幸　元木優子

Proofreader
株式会社 T&K

Printing
日経印刷株式会社

Store Sales Company
安永智洋　伊東佑真　榊原僚　佐藤昌幸　古矢薫
青木翔平　青木涼馬　井筒浩　小田木もも　越智佳南子
小山怜那　川本寛子　佐竹祐哉　佐藤淳基　佐々木玲奈
副島杏南　高橋雛乃　滝口景太郎　竹内大貴　辰巳佳衣
津野主揮　野村美空　羽地夕夏　廣内悠理　松ノ下直輝
宮田有利子　山中麻吏　井澤徳子　石橋佐知子　伊藤香
葛目美枝子　鈴木洋子　畑野衣見　藤井多穂子　町田加奈子

EPublishing Company
三輪真也　小田孝文　飯田智樹　川島理　中島俊平
磯部隆　大崎双葉　岡本雄太郎　越野志絵良　斎藤悠人
庄司知世　中西花　西川なつか　野﨑竜海　野中保奈美
三角真穂　八木眸　高原未来子　中澤泰宏　伊藤由美
蛯原華恵　俵敬子

Product Company
大山聡子　大竹朝子　小関勝則　千葉正幸　原典宏
藤田浩芳　榎本明日香　倉田華　志摩麻衣　舘瑞恵
橋本莉奈　牧野類　三谷祐一　元木優子　安永姫菜
渡辺基志　小石亜季

Business Solution Company
蛯原昇　早水真吾　志摩晃司　野村美紀　林秀樹
南健一　村尾純司　藤井かおり

Corporate Design Group
塩川和真　森谷真一　大星多聞　堀部直人　井上竜之介
王廳　奥田千晶　佐藤サラ圭　杉田彰子　田中亜紀
福永友紀　山田諭志　池田望　石光まゆ子　齋藤朋子
福田章平　丸山香織　宮崎陽子　阿知波淳平　伊藤花笑
伊藤步志　岩城萌花　岩淵瞭　内堀瑞穂　遠藤文香
王玮祎　大野真里奈　大場美範　小田日和　加藤沙葵
金子瑞実　河北美汐　吉川由莉　菊地美恵　工藤奈津子
黒野有花　小林雅治　坂上めぐみ　佐瀬遥香　鈴木あさひ
関紗也乃　高田彩菜　瀧山響子　田澤愛実　田中真悠
田山礼真　玉井里奈　鶴岡蒼也　道玄萌　富永啓
中島魁星　永田健太　夏山千穂　原千晶　平池輝
日吉理咲　星明里　峯岸美有

https://d21.co.jp/inquiry/
ISBN978-4-7993-2826-2　©Kenji Kamijo, 2022, Printed in Japan.

Discover

人と組織の可能性を拓く
ディスカヴァー・トゥエンティワンからのご案内

本書のご感想をいただいた方に
うれしい特典をお届けします！

特典内容の確認・ご応募はこちらから

https://d21.co.jp/news/event/book-voice/

最後までお読みいただき、ありがとうございます。
本書を通して、何か発見はありましたか？
ぜひ、感想をお聞かせください。

いただいた感想は、著者と編集者が拝読します。

また、ご感想をくださった方には、お得な特典をお届けします。